高校教学实验室管理

滕利荣　孟庆繁　编著

科学出版社
北　京

内 容 简 介

本书结合教育部"质量工程"和国家级实验教学示范中心的建设，针对高等学校教学实验室的管理现状，提出了如何通过"精、细、实"与现代化管理手段相结合的管理模式，来实现教学实验室管理的规范化、制度化和科学化，从而最大限度活化各种实验教学资源，保证实践教学质量的不断提高，保证高素质创新型人才的培养。本书共分十四章，包括教学实验室管理概述、教学实验室的管理育人、教学实验室的宏观管理、教学实验室仪器设备的管理、教学实验室实验材料的管理、教学实验室家具的管理、实验教学的管理、实验教学人员的管理、教学实验室经费的管理、教学实验室档案图书的管理、教学实验室信息化的管理、教学实验室开放与创新实验的管理、教学实验室环境与安全的管理、特殊实验室的管理等。每章先概述本章管理改革的理念和意义，然后阐述各项管理制度与具体管理措施。

本书注重体现"以人为本"、"管理育人"的教学理念为学生的个性发展和创新能力培养营造良好的空间环境。注重实用性和可操作性，适用于实验教学人员、实验室管理人员和大学生实验教学及实验室管理使用。

图书在版编目(CIP)数据

高校教学实验室管理/滕利荣，孟庆繁编著. —北京：科学出版社，2008

ISBN 978-7-03-022058-5

Ⅰ.高… Ⅱ.①滕…②孟… Ⅲ.高校—实验管理 Ⅳ.G642.423

中国版本图书馆 CIP 数据核字(2008)第 086732 号

责任编辑：刘 丹 / 责任校对：张怡君

责任印制：赵 博 / 封面设计：耕者设计工作室

科学出版社出版

北京东黄城根北街 16 号

邮政编码：100717

http://www.sciencep.com

北京厚诚则铭印刷科技有限公司印刷

科学出版社发行 各地新华书店经销

*

2008 年 6 月第 一 版 开本：787×1092 1/16

2025 年 1 月第八次印刷 印张：14 1/2

字数：325 000

定价：68.00 元

（如有印装质量问题，我社负责调换）

编写人员名单

主　编　滕利荣　孟庆繁

副主编　逯家辉　程瑛琨　王贞佐　孟　威　陈亚光

编　委　（按姓氏汉语拼音排序）

陈　霞　陈亚光　程瑛琨　崔银秋　费晓方　高　波
高朝辉　侯阿澧　姜　丹　金元宝　梁涌涛　林　凤
林相友　刘　艳　刘　洋　刘成柏　逯家辉　孟繁清
孟令军　孟庆繁　孟　威　权宇彤　任晓冬　苏维彪
汤海峰　滕国生　滕利荣　田晓乐　王德利　王彦峰
王贞佐　武　毅　谢秋宏　许　月　闫国栋　杨东升
赵建军　赵明智　张桂荣　张　瑶　周　杰

序　言

理论教育和实践教育构成了高等教育的主体。教学实验室是实践教育的主要载体，担负着培育具有实践能力和创新能力人才的艰巨任务。本人与实验室打交道四十余年，与实验室有着深厚的感情，深知教学实验室的管理是一项纷繁复杂的工作。而且教学实验室能否发挥最大的功效，能否满足高素质综合型人才培养的要求，关键之一在于是否有科学的管理方法。滕利荣、孟庆繁等所作《高校教学实验室管理》一书，从教学实验室的地位、教学实验室的管理理念和教学实验室的管理方法等方面进行了详细的阐述，内容翔实、具体，系统性很强。书中结合吉林大学国家级生物实验教学示范中心具体情况，生动地分析了时代发展对现代教学实验室建设与管理的具体要求，既阐述了教学实验室超前的管理育人理念，又详尽地介绍了实验中心管理特色的实践经验与方法，书中的每一处都凝结了实验室管理者多年的心血，具有很高的实用价值。

《高校教学实验室管理》一书以吉林大学国家级生物实验教学示范中心为背景，又不局限于生物学领域。全书贯穿“以人为本”的管理理念和“全面系统”的管理方法，同样适用于其他学科教学实验室的管理。书中将现代化管理手段与传统的管理模式相结合，利用现代化信息技术，把教学管理、资源管理、仪器检测和环境监测等项目有机整合，统一管理。这种超前的观念和与时俱进的管理思维已将实验室管理上升到科学的层面。相信本书的出版将对高等学校的教学改革起到很好的推动作用。

在科学技术飞速发展的新时代，教学实验室担负着培育新世纪创新人才的历史重任。《高校教学实验室管理》一书系统地展现了教学实验室管理过程中的科学与艺术，为我国高校教学实验室管理提供了可借鉴的宝贵经验，是高校教学实验室管理人员和实验教学人员的良好参考书，也可作为教育与管理相关专业的参考资料。

周其凤

2008 年 3 月于长春

前　言

高等教育肩负着培养高素质专门人才和拔尖创新人才的重要使命。如何办好让人民满意的高等教育、提高学生创新能力，是目前摆在高等教育面前的重要课题，也是建设创新型国家、构建社会主义和谐社会的重要内容。2007年教育部实施了“质量工程”，做出了把高等教育的重点放在提高质量上的重要决策，这对实现我国经济社会全面协调可持续发展具有重要的历史意义和现实意义。

高等学校的教学主要包括理论教学和实践教学，二者是教学体系中既相互联系又相互独立的两个环节。与理论教学相比，实践教学在培养实践能力和创新能力人才方面，具有理论教学所不可替代的作用，实验教学是大学生素质养成、能力培养的重要环节，是整个教学工作的一部分，其质量的好坏直接关系到人才培养质量的高低。加强实验室建设，提高实验教学质量，培养高素质创新人才已成为新形势下高等学校的紧迫任务。

实验室是学生巩固基础、拓宽知识、提高能力、增强素质的重要场所，作为培养人才和发展科技的基础，具有极其重要的作用。衡量一个实验室工作水平的高低，除了看技术水平外，还要看实验室工作管理水平，没有一流的实验室工作管理水平，就不可能有一流的教学与科研水平。教学实验室和科研实验室在人才培养中都占有重要的地位。因篇幅所限，本书重点阐述如何通过对教学实验室科学管理，充分发挥教学实验室育人的功能。

当前，我国高校的实验室建设已进入一个新的历史阶段，为推进实验室管理及实验教学管理模式的改革与创新，教育部计划重点建设500个左右国家级实验教学示范中心和若干个省级实验教学示范中心。在实验室管理方面，提出以培养学生实践能力、创新能力和提高教学质量为宗旨，以实验教学改革为核心，以实验资源开放共享为基础，以高素质实验教学队伍和完备的实验条件为保障，建立有利于激励学生学习和提高学生能力的有效管理机制，创造学生自主实验、个性化发展的良好环境，全面提高实验教学水平和实验室使用效益。

吉林大学国家级生物实验教学示范中心（以下简称“本实验中心”），为了进一步提高实验室工作的管理水平，促进实验教学示范中心的建设，依据学校和学科的特点，整合分散建设、分散管理的实验室和实验教学资源，建立了面向多专业的实验教学中心，实现了中心主任负责制，统筹安排调配，使优质实验教学资源共享，形成了仪器设备先进、资源共享、开放服务的实验教学环境和现代化高效运行的管理机制；仪器设备配置品质精良，组合优化，数量充足，满足综合性、设计性、创新性等现代实验教学的要求；实验室环境、安全、环保符合国家规范，设计人性化；建立网络化的实验教学和实验室管理信息平台，具备信息化、网络化、智能化条件，实现了网上辅助教学和网络化、智能化管理。运行维护保障措施得力，适应开放管理和学生自主学习的需要。在教学实验室管理上构建了“精、细、实”与现代化管理手段相结合的管理模式，建立了一套规范、科学、合理的管理规章制度，实现了教学实验室管理的规范化、制度化和科学化，以保证高校实践教学质量的不断提高，促进创新型高素质人才的培养。

本书首先概述了教学实验室的发展沿革、地位与作用、管理内容、管理方法和管理育人，然后结合国家级实验教学示范中心建设的管理经验，从教学实验室、仪器设备、实验材料、实验家具、实验教学人员、实验室经费、档案图书等方面阐述了实验教学资源的管理改革与管理方法；从实验教学、信息化平台、环境与安全、特殊实验室、实验室的开放共享、创新实验等方面阐述了以人为本、为学生的个性发展和创新能力培养营造良好空间环境的措施。本书实用性和可操作性强，是实验教学人员、实验室管理人员和参与实验的学生必读书籍。

本书的编写由多年来长期从事实验教学、实验室建设和管理工作，致力于实践教学改革和人才培养模式研究，具有一定专业水平和管理水平的第一线工作人员共同完成。在本书编写过程中，得到了教育部、科技部、吉林大学等相关单位专家和领导的大力支持，他们为本书提供了诸多合理化建议；中国科学院院士、吉林大学校长周其凤先生为本书作序，在此一并表示诚挚的谢意！

由于水平和能力有限，在编写过程中难免存在不足和错漏，恳请同仁不吝赐教，以便及时改正。

编　者

2008 年 2 月于吉林大学

目　　录

第一章

教学实验室管理概述

在人类社会发展的历史中，社会的进步、生产的发展、人类的文明、社会的和谐，都是与科技进步密切相关，而科技的进步离不开科学研究，科学研究的成果来源于实验。科学实验是知识的源泉，是人类认识自然、改造自然最直接的活动，是推动社会进步及科技发展的重要动力。从 1673 年荷兰的列文·虎克（Antonie van Leeuwenhoek）创制的第一台放大 200～300 倍的显微镜、1781 年英国的詹姆斯·瓦特（James Watt）发明蒸汽机、1821 年英国的迈克尔·法拉第（Michael Faraday）发明电动机、1866 年德国的维尔纳·冯·西门子（Ernst Werner von Siemens）发明了发电机、1869 年俄国的德米特里·伊万诺维奇·门捷列夫（Dmitri Ivanovich Mendeleev）发现了元素周期规律、1876 年美国的亚历山大·格拉汉姆·贝尔（Alexander Graham Bell）发明了电话、1879 年美国的托马斯·阿尔瓦·爱迪生（Thomas Alva Edison）发明电灯、1889 年法国的巴斯德·路易斯（Pasteur Louis）发明狂犬疫苗、1895 年德国的威廉·康拉德·伦琴（Wilhelm Conrad Rontgen）发现了 X 射线，到 1910 年美国建成了世界上第一个无线电广播电台、1946 年美国的宾夕法尼亚大学研制出世界上第一台电子计算机、1952 年英国的马丁（Martin）创立气相色谱法、1957 年苏联世界上第一颗航天卫星的发射成功，等等，对社会的发展和人类的进步做出了巨大贡献。然而，这些发明创造都是在实验室中完成，实验室为科学发明创造提供了必要条件。同时科学技术的进步又促进了实验室的建设与发展，也使得实验室的管理逐步形成一门科学。

1.1 教学实验室的发展

从我国古代东汉时期（公元 25—220 年）人们的炼金、炼丹的场所，到唐朝（公元 618—907 年）炼丹家们发明火药的场所等，均为十分简陋的私家小作坊，当时所进行实验的场所就是实验室的雏形。从发明望远镜的伽利略·伽利雷（Galileo Galilei），发明发电机的迈克尔·法拉第（Michael Faraday），发现万有引力定律并且发明了反射望远镜的艾萨克·牛顿（Isaac Newton），以及实验科学的先驱者弗朗西斯·培根（Francis Bacon）磨制对日取火的金属凹面镜，到尼古拉·哥白尼（Nicolaus Copernicus）开展实验研究的天文观测台等，他们的实验室大都是私人的用房或生活场所，几乎没有供专门实验用的建筑物，其场所带有浓厚的作坊色彩，所以最早实验室都是以私人实验室的形式出现。随着社会生产力的提高和技术需求的变化，科学实验的规模迅速扩大，到17世纪已逐步出现了科学社团的组织。这标志着实验室正开始走出私人家庭，向着社会化迈出了步伐。例如，意大利1657年建立了齐曼托学社（即实验学社），法国1666年建立的官方科学机构——巴黎科学院，德国1672年创办过实验研究学会等等。

随着社会的发展和科技的进步，人们越来越认识到人才在科学研究中的作用，实验室的功能也逐步向科学研究与人才培养相结合过渡，逐步建立了教学实验室。19世纪初期，由英国格拉斯哥（Glasgow）大学化学系教授托马斯·汤姆生建立了第一个供教学实验用的化学实验室。后来，英国物理学家威廉·汤姆生（William Thomson，1824—1907年）教授又在该校建立了第一个用于教学的物理实验室，与此同时，各国著名的大学都相继成立了教学实验室。逐步把科学研究、人才培养和产品研发融为一体，形成现代的教学实验室。

我国教学实验室的建设与发展，得到了党和国家及各级政府的高度重视，促进了高等学校实验教学理念的不断更新。在20世纪50年代提出了实验教学是培养学生的三基能力：即掌握实验基础知识的能力；掌握基本实验方法和基本操作的能力；培养学生分析问题解决问题的能力。60年代进一步提出通过实验培养学生严谨的科学态度、逻辑思维能力以及培养学生的忠诚老实、勤俭节约的优良品质。80年代又强调了创新意识及能力的培养。随着高校实验教学理念的不断提升，增强了对我国教学实验室地位的重视，促进了教学实验室建设的发展。1986年成立“全国高校实验室管理研究会”，象征着我国高校的实验室工作进入到了一个新的阶段。1992年6月27日原国家教育委员会下发第20号令《高等学校实验室工作规程》，第一次将高校实验室的建设纳入法制化管理，对于提升高校实验室的建设与管理理念，促进高校实验室的规范化管理，具有指导性意义。1995年，教育部开展了基础课教学实验室合格评估工作，有效地推动了基础课教学实验室的建设、管理水平和实验教学质量的提高。1990年原国家教育委员会发布的《普通高等学校教育评估暂行规定》和2002年教育部出台的《普通高等学校本科教学工作水平评估方案》中，实验室建设和实验教学改革由原来的一般指标，提升为重要指标，对实验室的建设和实验教学改革起到了非常重要的推动作用。1999年全国第三次教育工作会议提出：“高等教育要以提高全民族素质和创新能力为重点，强化教育体制和结构改革，全面推行素质教育。高校实验室工作是提高人才培养的基础性工作，高等学校对学生开展实验教学和操作技能的训练，在现代教育体系中有着至关重要的的作用。”实验室作为进行实验教学、提高学生综合素质的重要基地，其地位日益突出。2001年开始，教育部分学科组织专家对“实验教学示范中心建设标准”进行研究；2003年以来，各省陆续开展了“重点建设省级实验教学示范中心”的建设工作；2005年教育部启动了“高等学校国家级实验教学示范中心建设”工作；2007年教育部下发《关于高等学校教育教学质量工程实施办法》教高［2007］1号文件和教高［2007］2号文件，其中，“国家精品课”、“国家级实验教学示范中心”、“国家教学名师”、“大学生创新性实验”、“创新人才培养模式实验区”、“特色学科和特色专业”和“国家优秀教学团队”等建设项目，均与实验教学和实验室建设密切相关，对于进一步推进高等学校教学实验室的快速发展、全面提升高等学校教育教学质量起到了重要作用，为培养具有国际竞争能力的人才奠定了基础。

1.2 教学实验室的地位与作用

教学实验室是高等学校主要从事实验教学工作的实验室。教学实验室是培养学生的动手能力、综合能力和创新能力的重要场所；是具有一定规模和实验条件，能对学生有组织地、系统地开展实验教学的基地。实验课教师、学生可以充分利用实验室资源、信息资源、技术物资装备完成教学实验任务，对巩固、提高学生的有关基础或专业理论知识的认知能力，启迪学生创新思维和实事求是精神都起着非常重要的作用。

1.2.1 教学实验室在高校中的地位

实验室作为高等教育的重要组成部分，已成为高等学校教学与科研活动的中心和基地。教学实验室是新形势下培养高素质人才、出高水平成果、为经济建设服务的主要场所，是反映高校教学水平、科研水平、管理水平和科学技术发展的重要标志。从某种意义上说，一个学校的实验室的建设和实验教学水平，也体现了一个学校的教学、科研和管理水平以及在高校中的地位。因此，决定了教学实验室在高等学校培养学生的创新精神和实验能力等方面不可或缺的地位。

1.2.2 教学实验室在人才培养中的作用

在知识经济的时代，国家的创新能力，包括知识创新和技术创新能力，是决定一个国家在国际竞争和世界格局中地位的重要因素，知识创新和技术创新关键是创新型人才，高等教育肩负着培养创新型人才重要的历史使命。教学实验室是人才培养和教学科研的重要基地，是培养学生严谨求实的科学态度、激发学生探索创新的欲望、提高学生综合能力的课堂。

学生在实验室进行实验的过程，是学习和培养的统一。通过实验，可巩固和加深理解所学的理论知识。同时，学生可以通过实验来认识自然规律，学习新的知识。通过实验操作、现象观察、测量数据、分析问题、排除故障等过程，培养学生的观察能力、操作能力、创造能力。通过实验数据处理、统计分析、编写实验报告，培养学生的思维能力、写作能力、组织能力。学生在整个实验教学活动中，使知识、能力和素质全面协调发展。因此，根据本校人才培养目标建立的教学实验室，可有效地培养不同层次的社会需要的各类人才。

1.2.3 教学实验室在经济发展中的作用

要实现社会经济的跨越式发展，离不开创新型人才，而教学实验室是培养创新型人才的摇蓝。只有通过教学实验室对学生实践能力和科学思维的训练，才能为经济建设输送大批优秀人才。这些优秀人才在各自岗位上为经济建设服务，推进了经济的发展。同时，教学实验室通过与科研、生产的紧密结合，为新知识、新技术、新方法、新成果、新产品提供了最好的环境和条件，推动了新知识、新技术、新方法、新产品的不断诞生，从而推动科技发展、社会进步和经济的繁荣。教学实验室通过为高新企业技术人员培训，提升职工业务素质和水平，促进企业新技术、新产品的吸收、引进和转化，推动经济的快速发展。

1.3 教学实验室的管理内容与管理方法

1.3.1 教学实验室的管理内容

教学实验室的管理对象包括人、事、物、信息、经费等。涉及到教学实验室建设、发展和实验教学的全部活动。主要包括：教学实验室建设规划、设置，教学实验室管理模式与运行机制，实验室仪器设备配置与使用，实验材料与低值易耗品管理，实验室基本信息管理与档案管理，实验教学队伍建设与培训，实验教学与科研实验管理，实验室的经费使用与检查等。

教学实验室通过建立各项规章制度、制定相关政策、建立有效运行机制和采取有效措施，使教学实验室的各种资源充分发挥应有的功效，为教学改革和人才培养提供强有力的保障。

1.3.2 教学实验室的管理方法

要对实验室实施有效的管理，管理人员必须选择正确的管理方法。主要有规章制度管理法，用制度来规范实验室的各种活动。计划管理法，用科学预测的方法，对实验室的人员、任务、时间、经费进行计划管理和对实验室发展规划与建设计划执行情况的反馈。技术管理，主要包括实验室有关常规实验操作程序，专用仪器设备操作程序，实验技术档案资料，有关报表、仪器使用与维修记录，实验室特殊容器，实验废弃物，实验项目档案，科研课题与实验成果等方面的管理。行政后勤管理，主要指对实验室的日常事物，实验室人员，实验室设备，设施的账目，实物的管理，实验室对外开放，实验室安全，实验室的水、电、湿控、温控、通风等方面的管理。经济管理，主要指对实验室建设、运行和开放等经费管理。计算机管理，主要指对实验室基本信息和实验教学过程实行计算机的时实管理。

第二章

教学实验室的管理育人

培养社会需要的优秀人才是高等学校首要任务，这种培养不仅仅指知识、能力的培养，更包括心理、道德和综合素质的培养。育人就是在先进的教育理念的指导下，运用科学的教育方法，培养具有社会责任感、有事业心、有科学文化知识和开拓能力、德才兼备的高素质人才。而实验室作为高等学校办学的三大支柱（教师、图书馆、实验室）之一，其育人功能的发挥对人才培养起着不容忽视的作用。实验室管理的育人功能主要表现在通过实验室的教师与科研技术人员对学生的管理、管理人员对实验室内部的管理所产生的教育、引导、陶冶的功能。而实验室功能的发挥，是通过有效的管理来发挥人的主观能动性与创造性，保证实验教学和科学研究顺利实施。因此，只有科学化、人性化的管理，才能有效调动参与实验教学人员积极性，才能充分发挥教学实验室资源育人的优势，把“教书育人、育人为本”渗透到实验教学各个环节，贯穿于实验教学全过程之中。几年来，本实验中心从资源的科学管理、教学实验室的环境条件建设和教师的队伍建设等方面人手，来实现全方位育人的目的。

2.1 加强资源的科学管理，发挥育人功能

教学实验室资源在整个高校教学资源中占有相当大的比例，随着高等教育的快速发展，教学实验室在高素质创新型人才的培养中发挥着重要作用，在育人环境中处于重要地位。如何通过对实验教学资源的科学管理，使其真正发挥育人的作用，是各高校教学实验室面临的首要问题。本实验中心从理顺实验室管理体制、制定以人为本的管理制度、实行实验室全方位开放等措施，活化了各种教学资源，使其真正为育人服务。

2.1.1 理顺实验室管理体制，为全方位育人奠定基础

实验室的管理体制直接影响到实验教学改革的进程和教学实验室的建设与发展，只有改革原有不利于发挥实验室功效的管理体制，实验教学的一系列改革才能得以顺利进行，实验教学的各种优质资源才能活化与共享，实验室的建设才能适应新形势下人才培养的需要。自 1999 年开始，本实验中心以原有的 7 个教学实验室为主体组建生物实验教学中心，校院两级管理，实行主任负责制，实体化运行，实验教师和实验技术人员由

实验中心自行聘任，实验室建设经费和实验教学运行经费由实验中心主任严格按项目要求审批集中使用，实验室、仪器设备和实验材料由实验中心主任统一调配，实验教学由实验中心统一安排，“真正”实现了资源共享。几年的实践证明，这一举措为实验教学内容体系、师资队伍、管理模式等一系列的改革奠定了基础，保证了教学实验室全方位育人功能的充分发挥。

2.1.2 制定以学生为本的管理制度，为全方位育人提供保证

教学实验室制定各项管理制度的目的是保障人才培养方案的顺利实施，保障各种资源真正为育人服务。制度本身是严肃的、无感情的，但是如果运用制度进行的管理活动是围绕服务于人的中心思想进行的，那么，实验室的制度就会有感情。为此，在制定制度时，要充分考虑到教师与学生的学习与研究需要，做到一切从有利于满足师生需要的角度出发。在处理违反制度的事件时，要根据事情的性质和涉及到师生的具体情况，本着保护教师、学生的研究与学习热情为出发点灵活处理，不能一概而论。例如，为了培养学生良好的实验习惯，实验中心制定了《学生实验习惯评定办法》21 条，违犯规定减相应分数，每门课累计减 10 分取消该门课的实验成绩，学生重修该门课程。为了体现管理的人性化，在执行过程中，保证制度严肃性的同时，注意保护学生的自尊心和实验积极性。一般在减前均有实验教学督学亲自找学生谈心、沟通和交流，了解学生违反规定的实际情况，在得到学生的理解后才进行通报。同时，在规定中对表现好、实验习惯好的同学，均有相应的奖励分。通过这种办法，给学生创造弥补过失的机会，让学生切身感受到制度的制定完全是为了保证集体的利益和个人的良好成长。因此，通过以人为本制度的制定与执行，可以规范学生行为，培养学生良好的心理素质和过硬的思想品德。

2.1.3 加强实验室的开放，为学生个性发展创造条件

实验室是学生开展科技创新活动的重要基地。创新是科技进步和社会发展的源动力，学生的创新能力与科学思维的形成离不开大量的科学实验和实践，学生参加各种科技创新与实践活动，对于构成学生合理的知识与能力结构是十分有益的。而实验室提供的这样一个平台为学生科技活动的开展开辟了广阔的空间。建立全面开放的实验室，实行教学资源全面共享的机制是提高教学资源利用率，充分发挥实验室在育人环境中综合效益的有效途径。2001 年开始，本实验中心实验室实行 24 小时开放，通过建立智能门锁系统、实验监控系统、实验网上互动系统等实验室开放技术平台，建立课内外结合的创新教育内容体系，设立“创新实验”专项奖学金等措施，不仅调动了学生实验的积极性，激发了学生实验的热情，促进了学生自主学习、合作学习、研究学习，而且培养了学生实践能力、创新意识、创新精神、科学思维和攻坚毅力，在学生中引起强烈反响，学生把自己开放实验的体会发表在《高教研究与实践》上，题目为“开放实验使我们受益匪浅”。同时，通过实验室对学生全方位开放，使学生更多业余时间在实验室参加科技创新活动，不仅可以拓展学生视野，而且从一个侧面了解社会发展的实际需要，拉近理论与实际之间的距离，激发他们的学习热情与探索精神。

2.2 加强教学实验室育人环境条件建设

近年来，随着教育事业的快速发展，各级部门对教学实验室的建设与发展非常重视，先后利用“211”工程、“985”行动计划、世界银行贷款和学校配套经费等投入，极大地改善了实验教学条件，一批先进的仪器设备、实验装置充实到实验室，使其在学校育人环境中的资源优势更加突出。不仅改善了实验室装备条件，保证了实验教学需要，更重要的是为学生的健康成长和综合能力与素质的提高提供了更为广阔的空间。充分调动并利用实验室教学资源，完全可以在学校育人环境建设中形成培养高素质人才的突破口与制高点。本实验中心从搭建教学实验室软硬件条件平台、创造人文环境、营造学术氛围和为学生提供自我管理的锻炼机会等方面，来加强教学实验室育人环境条件建设，取得了很好的效果。

2.2.1 构建以学生为本的实验室软硬件平台

以人为本的实验室环境建设，首先就要研究教师与学生需要，搭建有利于学生知识传授、能力培养和素质提高的实践教学条件平台，配置先进的实验室软硬件设施，并使其最大程度地发挥作用。只有实验条件一流，才能满足今天大学生对知识的渴望、科学的崇敬、能力的培养。几年来，本实验中心搭建了基础、专业、实训和实习系统的实践教学条件平台，配备了先进的仪器设备、图书室、资料室、免费对学生开放的机房和11个多媒体实验室及现代化的多媒体教室，可以满足实践教学和开展各项育人活动的需要。

2.2.2 创造有利于学生素质提高的人文环境

研究人的心理需求，为了人的发展服务，在此前提下进行环境建设，环境就会附加上人的思想与情感，就有了教育的功能。本实验中心非常注重营造有利于学生素质培养的文明、和谐、发展的人文环境。从宽敞明亮、整洁干净的实验室，到实验室配备的现代化教学设施；从走廊的学生实验查询、选课系统，到墙壁上科学家的简介及学科知识的介绍；从实验室的花卉到学生存放物品专用柜、急救药品箱；从实验台上的冲眼器、电子互动显示屏到两面贴标签的试剂瓶；从一本本仪器使用记录到学生迟到自签簿、值日生完成登记簿……无不体现育人为本的理念。

2.2.3 营造浓郁的学术氛围

实验室的角色，不仅仅是单一的教学、科研功能，而且应该是具有广泛育人内涵的复合性功能，这种内涵功能应该延伸到建立一种实验室育人的运行机制和实验室特有的育人文化氛围与环境。使学生不仅仅只是在实验室完成实验或者从事科技活动，单纯提升自己的知识与技能，而是让他们在实验室还要感受到一种催人向上、奋发努力的力量和精神，并产生对科学技术与知识的强烈渴望，对实现人生价值与目标不懈努力的欲望，对形成个人良好人格、品质、素养的主动追求。几年来，本实验中心重点采取了以下措施：第一，鼓励与支持从事实验教学和管理的教师开展科研工作，使教师潜心于学术研究和教学研究，淡泊名利。用这种高尚的品德影响、熏陶学生，使学生逐步形成或强化这种品德。同时，鼓励学生参加科学研究，可以在实验室更近距离与教师交流，接触了解科技发展新动态，有利于提高学生的认知能力和水平。第二，鼓励与支持学生积极参加科技创新活动，让学生在这样一个天地里充分发挥和展示自己的想象力和创造力，感受到创造的乐趣，领悟到人生的价值，塑造自己追求科学而不懈努力、坚韧不拔的毅力和品质。第三，实验教学与科学研究的有机结合，实验教学中不断引入科研成果，这些成果可以丰富和充实实验教学内容，形成实验方法、手段的多样化，促进实验教学水平的提高。第四，创造学术环境氛围，经常组织大学生聆听大师们的学术报告、实验技术和学术交流；在走廊、楼梯墙上悬挂科学家图片等形式，让学生目睹科学先驱们为了人类的发展和社会的进步呕心沥血、勇攀高峰的身影，激发他们崇敬先辈、热爱科学、追求真理的远大理想，并落实到具体的学习生活中。

2.2.4 提供更多学生自我管理的煅炼机会

高等教育承担着培养创新、创业和管理高层次人才的重任，管理能力是当代大学生必备的素质之一。教学实验室可以通过各项管理制度、管理方法来影响学生，可以通过学生的自我管理来提高管理意识和管理水平，以适应经济社会发展的需要。几年来，本实验中心通过建立“精、细、实”与现代化管理手段相结合的管理模式，使学生切身感受到管理给他们的学习、生活带来的效益。有意识地为学生创造自我管理的机会，使学生通过自我管理，提高管理能力。如，进实验室的学生，都有对应的实验台、实验凳和仪器设备编号；每个实验都设有实验用品清单，学生签字确认后，由学生自行管理，实验后归位；设有迟到自签簿、值日生工作完成登记簿，让学生一进实验室就有一种责任感；要求学生填写仪器使用记录簿、实验室开放记录簿、实验材料消耗记录簿和设计创新实验记录本等，规范学生实事求是、严谨的学风；开发了实验教学互动监控系统，学生可自行查阅自己管理的物品去向；学生设计创新实验材料部分自行采购，培养学生社会适应能力。通过为学生创造自我管理的条件，使学生人人参与实验室的管理，逐步培养学生良好实验习惯、优秀的科研品质和较高的管理能力。

2.3 加强教师队伍建设，提高育人本领

“育人”的关键是要有高素质“育人”的人，通过这些人向学生传授知识、培养能力的同时，提高学生的综合素质，在授业解惑之中把学生塑造成为具有健康人格与良好素养、积极进取的优秀人才。只有教师有较高的学术水平、专业知识、实验技术和良好的师德风范，才能提升育人的质量和层次。因此，作为教师要加强自身业务水平和师德修养建设，使其言行举止能够对学生在知识、技能、思想品德等方面起到教育影响作用，从而保证高校实验室管理育人功能的实现。

2.3.1 提高自身业务水平

随着科学技术的不断发展，新知识、新技术、新方法的不断出现，现代化实验室

管理手段不断更新，实验教师的知识和理念也应不断更新，才能保证实验教学质量的不断提高。因此，加强师资队伍的培养和培训是实验教学和管理发展的需要，是提高人才培养质量的需要。为此，本实验中心制定了培养培训计划，鼓励与支持实验教师在职提高学历教育、参加岗前培训和实验技术培训，参加国内外学术交流。已经有 8 名教师在职攻读博士学位，6 名技术人员在职攻读硕士学位，15 名青年教师参加岗前培训，12 人次参加实验室建设与管理培训，136 人次参加国内实验技术培训。通过各种培训与交流，拓宽了知识面，提升了教育理念、学术水平、技术水平、教学水平和管理水平。

2.3.2　从细微处入手

实验教学作为教学活动的重要组成部分，在培养学生成材和成人方面具有不可替代的作用。这对实验教学队伍提出了很高的要求，要求我们在实验教学中，从细微处入手，认真贯彻既教书又育人的教育教学理念，切实把育人工作落实到实验教学的各个环节和各个方面。做到全员育人，全程育人，全方位育人。把教书育人、育人为本融入到学校的教育教学的各个方面，渗透到学生学习、生活的各个环节。我们的做法是：实验前，认真备课、做好预实验，认真讲授实验理论和相关知识。实验中，教师必需提前佩戴名签到实验室，检查学生预习情况，巡视、指导、并认真回答学生提出的问题，耐心帮助学生解决实验中遇到的各种问题，要求学生养成良好的实验习惯，教育学生要注重节约，并且以身作则，培养学生求真务实的工作作风和勇于战胜困难的品德。实验后，及时组织学生进行实验总结讨论，认真批改和及时返还实验报告，准确、科学地评定实验成绩，引导学生知识、能力和素质全面协调发展。

2.3.3　加强师德建设

古语曰：“经师易得，人师难求”。“人师”是教师修养的最高境界，不仅教书，而且育人；既要有学识魅力，又要有人格魅力。在教育教学实践中，以自己的智慧启迪学生的智慧，以自己的情感激发学生的情感，以自己的心灵交换学生的心灵，以自己高尚的人格塑造学生的人格。“学为人师，行为世范。只有道德高尚的老师才能够教出品学兼优的学生。”师德不但是教师个人思想、道德品质的反映，而且反映一个学校的校风、教风和学风，对学校、学生都将产生非常深远的影响。要热爱学生，关心学生，了解学生，和学生建立和谐、民主、平等的师生关系。这样，学生才能“亲其师”，从而“信其道”，教育的功能才会真正得以实现。在实践中，需要教师们用自己广博的知识、娴熟的技术、严谨求实的作风感染、熏陶学生，用自己吃苦耐劳的敬业精神、团结协作的团队意识、洒脱大度的人格魅力、与时俱进的创新精神潜移默化地影响学生，才能培养出高素质的优秀人才。

几年来，经过师德建设，本实验中心陪养了大批优秀教师，他们能够全身心投入到实验教学改革和实验室建设与管理工作。广大教师努力与学生们建立平等的师生关系，并勇于开展“批评与自我批评”。不论是老师、学生，还是实验中心主任，都努力恪守着实验中心的准则。例如，实验教学督学刘宝琦老师有一次通报一名学生迟到时把学生专业写错，了解情况后当面向学生表示道歉，并亲自写了一份道歉信。学生看后非常受感动地说："老师，今后我到任何地方工作，我都不会迟到了"。教师们的敬业精神和职业道德，往往会对学生产生潜移默化的影响。一位学生在反馈调查中介绍自己的成长历程："一次次实验的完成的确犹如一次探险，过程中会出现许多意想不到的困难，不论预先的设计怎样绞尽脑汁，还是会有不可避免的意外发生。作为一个探险者，不仅要有专业的知识，勤奋的态度，还要有顽强的毅力和拼搏进取的精神。一次又一次的失败，有时候真的会给自己打退堂鼓，但是一想到是许多老师付出了辛勤的汗水才使我有了一次可以自我锻炼的机会，就咬咬牙坚持了下去。"

第三章

教学实验室宏观的管理

加强实验室管理，丰富实验室职能，全面提高实验教学水平是培养创新型人才的关键。实验室的管理体制直接影响到教学实验室的建设与发展，只有改革原有不利于发挥实验室功效的管理体制，实验教学的一系列改革才能得以顺利进行，实验教学的各种优质资源才能活化与共享，实验室的建设才能适应新形势下人才培养的需要。因此，必须创新实验室管理模式，成立实验中心，实行校院两级管理、主任负责制、实体化运行。建立的实验中心打破课程之间、专业之间的界限，根据学科发展的需要，逐步建成完整的实验教学体系。所有实验室由实验中心统一管理，实验人员由实验中心自行聘任，仪器设备集中管理和使用，并根据实验教学需要合理地进行配备仪器设备和技术力量，达到最佳优化，使实验室的技术装备上档次、上水平，最大限度地发挥每一台设备和每一个实验技术人员的作用。仪器设备进行集中管理，协作共用，从而解决了重复购置问题，充分发挥投资效益；技术人员集中管理，统筹安排，易于业务培训提高，充分调动技术人员的积极性和能动性，促进中心的建设和发展；实验室由中心统一调配，综合利用，可以充分发挥实验室整体功能；由于每个实验室都有专人管理，便于向学生开放，有利于培养学生的动手操作能力，进一步提高实验教学效果，推动素质教育。

本实验中心根据实验教学改革的需要，制定了《教学实验室管理工作规程》和《教学实验室使用管理规定》等管理规章制度，以保证实验教学改革顺利进行，确保教学实验室真正发挥其应有的作用。

3.1　教学实验室管理工作规程

总　　则

第一条　为贯彻国家原教委《高等学校实验室工作规程》，加强高校教学实验室建设和管理，保障教学质量，提高办学效益，特制定本章程。

第二条　教学实验室隶属于高等学校或依托高校管理，从事实验教学，着重服务于本科学生和研究生，培养适合二十一世纪科学快速发展的高素质创新型人才。

第三条　高校教学实验室必须努力贯彻国家的教育方针，以不断改革的实验教学体系为先导，不断提高实验教学水平；加强实验室的管理体制的改革，使之成为管理制度化、科学化和现代化的实验室。

第四条　实验室的建设要从高校学科专业发展实际出发，统筹规划、合理设置，要适当提高实验室的现有规模。实验室建设要做到建筑设施、仪器设备、技术队伍与科学管理相互配套，使之成为实验设施完善、实验装备精良、实验队伍整齐、实验教材先进、图书资料完善的现代化开放式教学实验室。

教学实验室任务

第五条　承担生物科学、生物技术、制药工程（生物制药）、药物制剂、化学生物学（理科实验班）计划内本科生实验教学；承担全校非生物类生命科学基础实验教学；承担全校本科生生命科学设计创新实验教学；承担全校本科生辅修专业的基础和专业实验教学；承担兄弟院校相关专业实验教学；承担本学院研究生实验教学；承担高校师资培训；承担高新企业技术人员培训。

第六条　根据本学院人才培养目标，确立实验教学整体方案，建立科学实验教学体系、内容和方法；组织专门人员重新编写适合实验教学改革的实验教材、教学大纲、指导用书，编制和引进多媒体教学课件，制作网络课程和实验教学视频录像。

第七条　根据实验教学新体系改革的需要，完成实验室管理体制的改革。

第八条　根据实验教学体制改革的需要，制定实验中心的管理制度，保证新的实验教学体系顺利实施。

第九条　建立实验室的开放与管理的运行机制，提高实验室的使用效益。

第十条　完成实验中心仪器设备的管理、维修、计量及标定工作，使仪器设备经常处于完好状态。

第十一条　完成实验教学师资队伍建设，建立课程实验教学梯队，安排实验指导人员，保证高质量完成实验教学任务，并制定相应的培训计划和培训方案。

第十二条　建立实验教学质量评估评价体系，保证人才培养质量。

第十三条　实验中心应不断进行实验教学和实验室建设研究工作，不断总结经验，不断改进。

第十四条　努力提高实验教学质量，切实加强学生基本实验技能的培训和综合素质的培养。同时，通过实验教学培养学生理论联系实际的学风、良好的实验习惯、团结协作的精神、吃苦耐劳的毅力、严谨的科学态度、创造思维和创新能力，把教书育人贯穿于实验教学的始终。

第十五条　教学实验室要与科研实验室建立良好互动关系，教学实验室在完成教学任务之外，为科研教师提供科研需要条件，吸引科研教师承担实验教学任务；科研实验室有责任承担本科生的设计创新实验和本科生毕业论文（毕业设计）；教师将科研成果中适合本科生教学的学科前沿项目引入到实验教学中，提高实验项目水平。通过教学实验室和科研实验室的良性互动，教学和科研相长，调动师生参与实验的积极性，为教师、研究生和本科生创造条件，以确保高效率、高水平地完成实验教学和科学研究任务。

第十六条 实验室在完成教学或科研任务的前提下，创造条件开放实验室，面向学生，面向社会，积极开展社会服务和技术开发，充分发挥人力、物力的作用，挖掘仪器设备的潜力，努力提高利用率，并积极开展学术、技术交流活动。

教学实验室建设

第十七条 教学实验室的建设与发展规划，要纳入学科建设的总体规划，要充分考虑环境、仪器设备、人员结构、经费投入等综合配套因素，按照立项、论证、实施、监督、竣工、验收、效益考核等“项目管理”办法的程序，由学院、学校和教育部统一管理、全面规划。

第十八条 教学实验室的建设要按计划进行。按照国家级实验教学示范中心的建设标准，多方筹措资金改善实验教学条件。无论在实验设备配置，还是在实验项目设置以及人员配备、结构调整等方面均应按改革后的教学体系、建设方案和建设目标进行。

第十九条 加强教学实验室环境条件建设，实验室学生人均使用面积不低于 $2.5m^2$，实现安全环保达标率为100%，真正体现以人为本。

第二十条 加强实验课程体系建设，在改善和加强宏观层次实验建设的同时，重点加强细胞水平和分子水平层次实验的建设。

第二十一条 实验室的建设和改造，不仅考虑房屋、设备、附属设施等物质条件，还应该考虑实验技术人员和管理人员的配套。各级领导要注重实验技术人员和管理人员业务素质的提高，通过培训、自修多渠道提高他们的素质以适应科学技术发展的需要。

第二十二条 实验室建设要讲求效益。避免重复建设和仪器设备的重复购置，不搞“小而全”。仪器设备的购置，应按计划办理，认真选型，注意配套和安装条件，尽快发挥效益。精密、贵重和大型仪器设备的购置，必须进行购前可行性论证，由学校采购中心集中招标采购，并对其进行机时定额考核合同化管理，设立贵重仪器开放基金，建立起良好的运行机制，实现资源的协作共用，以发挥其投资效益。

第二十三条 积极创造条件，搭建开放式的教学实验室和大学生科技创新实践教育基地平台，以适应创新型人才培养的需要。

实验室体制

第二十四条 教学实验室由学校审批，独立建制，实行校院两级管理。

第二十五条 教学实验室实行主任负责制。教学实验室根据学科发展，将基础教学实验室、专业实验室和校内实训基地资源整合，建立实验教学中心，中心设主任1人，副主任1～2人，均由学校任命。实验中心主任全面负责实验中心的建设规划、管理、实验教学安排和人员聘任与考核工作，负责实验室工作人员、实验物品、实验经费、实验教学等的调配与监控工作。

第二十六条 教学实验室主管部门由学校教务处和资产与实验室管理处分管。教学实验室的资产、实验教学经费、实验人员定编与岗位培训、工作业绩考核和奖惩、晋级及职务评聘工作由资产与实验室管理处负责管理；实验教学、实验教学改革研究和成果鉴定工作由教务处负责。

第二十七条　设立教学实验室工作委员会和实验教学督学委员会，工作委员会由实验中心主任、经验丰富的教师、实验技术和管理方面的专家3-5人组成，负责对实验室建设与发展规划、实验教学大纲的修订、精密贵重仪器设备的购置、人员聘任置等重大问题审议、咨询和决策。督学委员会负责实验教学计划的执行、检查、监督、指导和教学质量评估工作。

实验室管理

第二十八条　教学实验室除了严格遵守国家、教育部、学校等有关管理法律法规外，结合教学实验室工作情况制定相应的具体管理办法。同时，建立“精、细、实”和现代化管理手段相结合的管理模式，确保人才培养方案的顺利实施。

第二十九条　实验中心物资管理。实验室的所有物资（包括仪器设备、实验器材、低值易耗品、实验材料、办公家具等）均由实验中心主任指派专人管理，并建账、建卡，做到账、卡、物一致，并实行计算机管理。实验室的物资根据实验教学的需要，由实验中心主任随时调配，以保证实验教学工作的顺利进行。

第三十条　实验中心人员管理。被实验中心聘任的工作人员，要认真完成实验中心的实验教学和管理任务，严格遵守实验室的各项规章制度，履行实验中心的工作规程，积极参加实验教学改革和实验室建设，并应服从实验中心主任的调动，一切服务于实验教学。按照《高等学校实验教师岗位责任制》、《高等学校实验技术人员岗位责任制》、《高等学校实验人员工作考核细则》和实验室的管理制度等细化各项管理，责任落实到人。每年对实验室工作人员的工作量及技术水平进行总结评比和表彰。

第三十一条　实验中心资金管理。实验中心的建设经费、实验教学经费和创新实验经费等由实验中心主任和学院主管财务院长统一管理。仪器设备、实验材料和教学相关用品，根据实验教学的需要，由实验中心指派专人负责统一购买和管理，并及时录入计算机建账。实验中心经费要专款专用，否则按违反财务制度处理。购入设备、实验材料等先入账，由实验中心主任复查签字后，方可到财务部门办理报销手续。

第三十二条　实验教学管理。实验中心要按照改革后的实验教学体系从事实验教学活动，建立学生实验成绩评定办法和成绩管理数据库，制定实验教学相关文件，组织实验教学检查和实验教学质量评估工作。

第三十三条　加强实验教学研究的管理。组织实验中心工作人员积极申报各种教改项目，鼓励、支持各类教改项目的成果尽快应用到实验教学中，并建立实验教学研究档案和计算机管理档案。

第三十四条　实验室安全及环保管理。教学实验室要严格遵守国务院颁发的《化学危险品安全管理条例》及《中华人民共和国保守国家秘密法》等有关安全保密法规和制度，定期检查防火、防爆、防盗、防事故等方面安全措施的落实情况。要经常对师生开展安全保密教育，切实保障人身和财产安全。实验中心成立安全及环保检查小组，由实验中心常务副主任担任主任，由实验室日常管理人员负责实验室的安全及环保工作。各实验室管理人员要每日检查一次，实验中心主任每两周检查一次，确保实验室的环境和安全达标率为100%。实验室管理人员的工作表现和工作成绩将记入本人工作档案，作为提职晋级和奖金发放的考核内容之一。做好环境的监督和劳动保护工作，对高温、低温、辐射、病菌、噪声、毒性、激光、粉尘、超净等对人体有害的环境，要进行技术安全和环境保护部门检查认定。凡不符合认定条件的实验室，要停止使用，采取措施，限期进行技术改造，落实管理工作。待重新通过检查合格后，才能投入使用。严格遵守国家环境保护工作的有关规定，不得随意排放废气、废水、废物，不得污染环境。当实验项目有可能对环境造成污染时，应在实验开出前向相关管理部门提交详细情况说明，经采取必要措施后方可进行实验。

第三十五条 教学实验室的档案管理。建立实验室各种资料管理档案，做到科学化、规范化，并保持档案资料的连续、完整，及时为学校或上级主管部门提供实验室的准确信息，为以后实验室的建设提供可靠的依据。

第三十六条 实验中心实行计算机管理。实验中心实行信息管理现代化，其中信息部分包括：实验室基本信息、经费信息、人员信息、物资信息、实验教学信息、实验室开放信息、学生实验管理信息等。

第三十七条 实验室的开放管理。制定实验室开放实施程序、管理办法，确保实验室开放有序进行。

第三十八条 教学实验室评估体系。按照《高等学校实验室评估指标及评分标准》和《国家级实验教学示范中心建设标准》，定期对实验室进行评估，改善条件，加强管理，提高效益。

实验室工作人员

第三十九条 实验中心工作人员必须拥护党的领导，坚持四项基本原则，热爱本职工作，认真履行岗位职责，努力完成实验室各项工作。

第四十条 教学实验室工作人员包括：实验中心主任、实验教师、实验技术人员、助教研究生、技术工人和管理人员。各类人员要有明确的职责分工，要各司其职，同时做到团结协作，积极完成各项任务。

第四十一条 实验中心主任。应由具有较高思想政治觉悟，有一定的专业理论修养，有实验教学或科研工作经验，组织管理能力较强的相应专业的具有高级职称的人员担任。

第四十二条 实验教师。根据实验教学课程门数、参加实验的学生数、实验教学工作量等配备相应的实验教师，并建立实验课程梯队，一般应有副高职以上职称教师做课程建设负责人。

第四十三条 实验技术人员。根据实验教学工作量、实验室仪器设备数量和价值等，合理折算后确定实验技术人员编制人数，实行聘用制。

第四十四条 助教研究生。每学期根据实验教学需要，择优聘任研究生做实验课程的助理教师，并制定相应应完成的实验教学工作量。

第四十五条 技术工人。教学实验室根据工作性质，可将技术性要求不高的工作由技术工人完成。

第四十六条 管理人员。根据教学实验室的管理工作量，可配备1～2名秘书，承担实验中心文字、实验教学安排、信息化管理等工作。其余工作可由实验技术人员兼职。

第四十七条 教学实验室工作人员实行聘任制。将教学实验室的工作详细划分的各个岗位，由实验室工作人员申报、竞聘，实验室工作委员会考评，确定每个人的工作岗位和职责。

第四十八条 实验中心各类人员的职务聘任、级别晋升工作，根据实验室的工作岗位设置、本人工作成绩和学校有关规定执行。

第四十九条 实验中心要定期开展工作评估检查、评比活动，对成绩显著的个人进行表彰和鼓励；对违章失职或因工作不负责造成损失者，进行批评教育或行政处分，直至追究法律责任。

附　则

第五十条 本规程适用于教学实验室及在实验室从事实验教学的教师、助教研究生、实验技术人员和管理人员。

第五十一条 本规定如有与上级主管部门规定相抵触的条款，按上级主管部门规定执行。

3.2 教学实验室使用管理规定

教学实验室是学校实验教学工作的重要支撑和保障。为活化实验室的资源，提高实验室的使用效率，保证实验教学改革的顺利进行，充分发挥教学实验室在人才培养中的作用，从而全面提高实验教学质量和教学水平，结合我校生物学教学实验室的实际情况，制定教学实验室的使用管理办法。

第一条 教学实验室是从事实验教学的场所，是培养高科技人才的基地。因此，教学实验室要全面服务于实验教学工作，要把教师和学生的实验教学工作放在首位，要把培养具有实践能力和创新能力的人才做为工作重点。

第二条 实验中心所属各种资源，均由实验中心主任根据教学和科研的实际需要，随时调整实验室的功能，调动仪器设备、家具和材料，安排各种实验教学活动，随时调整实验室的管理人员和实验室工作人员等。

第三条 进入开放实验室工作的人员由实验中心主任统一安排、协调，不经实验中心主任批准，任何人不得收纳实验室以外任何人到实验室进行各种活动。如发现私自收纳外来人员开展各种活动，实验中心将追查责任人并追究责任。

第四条 各实验室的管理人员，要切实负起所管理实验室的安全、卫生、物品、花卉、人员、钥匙、各种记录、实验室改造和维修等管理和建设责任。每天都要巡视、检查所管理实验室的安全、卫生、人员和物品，做好各项记录。如因管理不当造成一切后果由管理人员负责。

第五条 各实验室不经管理人员同意，不得随意搬动各种物品（包括室内搬动和拿到室外）；物品调动时，必须有实验中心主任签发“物品调动通知单”，管理人员做好调动交接记录，修改管理数据库相关信息，并提交给相关管理人员和档案室备案。

第六条　各实验室管理人员要针对不同实验室制定出相应的管理办法（如无菌室使用管理规定、细胞培养室管理细则、动物室管理细则、低温冷库使用管理规定、GMP实验室管理规定、灭菌室管理规定等），责任落实到人，并严格执行。

第七条　各实验室物品发生损坏、丢失要及时向管理人员汇报，管理人员负责追查损坏、丢失原因，按规定提出处理意见，并向实验中心主任汇报，确定处理意见。如未及时报告或未查出损坏、丢失原因，由管理人员负责赔偿。

第八条　各实验室物品（包括小件仪器设备、低值易耗品、实验材料、各种试剂等）不得长期囤积，两个月内不使用的（包括大实验室教学不用的物品）要及时返库，以活化各种资源，提高使用效率，避免重复购置而造成的浪费。实验中心主任不定期抽查，如发现有物品囤积情况，将视情节予以通报批评或更换管理人员。

第九条　各实验室及仪器设备均为教学和科研服务平台一部分，任何人不得以任何借口不让实验室教师、学生使用实验室及仪器设备，但使用人必须征得管理人员同意，严格按各实验室的管理规定使用，确保实验室及物品安全。如有物品损坏要及时与管理人员联系，等待处理意见；如使用人不按各实验室管理规定执行，管理人员有权停止使用人以后使用该实验室及物品。

第十条　不经管理人员同意任何人不得私自打开实验室门及使用室内物品（已批准进入开放实验室工作的本人所在研究室除外），否则造成的后果由开门人负责。若使用人自己实验室有的物品（坏的和不好用的物品，要追紧维修），其他实验室管理人员有权不予借用。管理人员同意使用的实验室和物品，使用人要管理好，不得随意敞门离开，否则管理人员有权停止使用人以后的使用。

第十一条　实验室任何非私人物品（包括仪器及配件、电脑及打印机、家具、低值易耗品、材料、试剂、花卉等）不经实验中心主任批准不得外借或拿到实验楼外；如必须外拿，需经实验中心主任签字后门卫才放行。如私自将物品外借或拿到实验楼外，一经发现将结合相关规定严肃处理。

第十二条　进入实验室工作人员需穿着工作服；实验室要经常保持室内清洁卫生（包括实验台、水池、试剂架、地面、墙面、窗台、仪器表面、门框、废品回收桶、药品柜等），物品摆放整齐；不得存放与实验无关的杂物；空瓶、废液瓶、垃圾等要及时处理。

第十三条　实验室必须做好以防火、防盗、防毒、防污染为主的安全管理工作。实验室内禁止吸烟，不准从事与实验无关的其他活动。做实验使用明火期间，实验操作区内不得离人。

第十四条　管理人员每天离开实验室前必须对室内的水、电、煤气等进行安全检查，并填写实验室安全日志，确认安全后方可离开。

第十五条　以上规定有与上级主管部门和国家有关规定相抵触的，按上级主管部门和国家规定执行。

第四章

教学实验室仪器设备的管理

高校实验室仪器设备的管理，是一项具体、细致而又复杂的系统工程，是管理工作的一个重要组成部分，是保证教学、科研工作顺利进行的主要物资条件，对实验教学工作效果有很大的影响，如何让仪器设备在实验教学工作中充分发挥作用，提高效益，抓好仪器设备的管理是关键。为了加强仪器设备的管理及提高利用率和完好率，防止积压浪费、损坏丢失，更好地为教学、科研服务，根据教育部《高等学校仪器设备管理办法》的有关规定，结合实验中心实际情况，制定了可操作性强的《仪器设备和器材管理细则》、《贵重精密仪器设备管理办法》、《仪器设备器材损坏丢失赔偿办法》、《仪器设备采购流程》、《仪器设备维修流程》、《仪器报废程序》、《公用储藏设备管理办法》等。从仪器设备使用预约程序、仪器使用培训手册、仪器操作规程、仪器使用记录、贵重仪器设备使用记录、仪器条码管理、仪器调动登记簿、仪器预约申请表、仪器借用审批表等多方面加强仪器设备的日常管理，使仪器设备管理更加制度化、规范化、科学化。

4.1　仪器设备和器材管理细则

为加强实验中心仪器设备的管理和使用，提高设备的使用效率，保证实验教学工作的顺利开展，根据教育部和高等学校关于实验室仪器设备管理等有关规定的要求，特制定本管理细则。

第一条　实验中心所有仪器设备和器材，在学校主管部门和主管实验中心的院长领导下，由实验中心指定副主任负责统一管理，包括建立文件档案、计算机数据库、仪器卡片、订购审批、检查验收等工作，并根据实验教学的需要统一调配。

第二条　采购、验收：实验室工作人员根据实验教学要求提出申请，实验中心主任根据仪器设备总体情况进行审核，确定仪器设备的型号、配置，指派专人上报到学校主管部门进行招标、采购；到货的仪器设备由实验中心组织人员进行验收和使用培训，并建立设备配件和技术文件的档案及计算机管理数据库。

第三条　仪器分布：除公用设备和大型仪器设备安放在仪器室外，其余仪器设备及器材根据实验教学需要安放在各实验室。

第四条　管理

（一）实验中心的全部仪器和各大型仪器设备由实验中心主任指派专人兼管，各实验室的仪器由实验室管理人员负责管理。

（二）每台仪器设备建立文字管理档案（含技术资料、验收情况、运行情况、维修情况等）和计算机管理数据库。

（三）各实验室建立仪器信息簿（仪器基本信息、调动情况记录）。

（四）每台仪器根据使用要求分别建立使用记录，随时记录使用情况。

（五）全部仪器设备统一编号，实行条码管理。

第五条 配件管理：各仪器配件均由仪器设备管理人员统一管理，由实验中心建档并实行计算机数据库管理。

第六条 使用

（一）各实验室仪器负责人，制定本人所管理仪器设备的标准操作规程和注意事项等，经塑封后摆放在仪器设备旁边。实验中心主任组织实验室人员对每种仪器设备的标准操作规程和注意事项等汇编成册，每学期开学初借给学生使用。学生在每学期初（前三周）利用实验室开放时间，进行本学期使用仪器设备训练，并执行“仪器使用证”制度。

（二）根据教学需要，仪器设备由实验中心统一调动，仪器设备一律面向实验教学，并实行对外开放，实验教学使用仪器设备、器材均由各实验室管理人员统一编号，学生也对应分组编号（每台仪器、器材均要落实到每个学生），仪器、器材损坏或丢失按实验中心《仪器设备、器材损坏丢失赔偿的管理办法》执行。各实验室管理人员不得以任何理由拒绝实验教学使用仪器设备。

（三）学生使用仪器设备前，仪器负责人必须对学生进行严格的操作技术培训，经考查合格者，发给“仪器使用证”。取得“仪器使用证”者，才可直接操作使用专项仪器设备。在仪器设备使用中，如仪器损坏，必须及时上报实验室主管人员，查清原因，做好事故记录，并提出处理意见，同时上报实验中心主任审批。损坏仪器不报者，一经查出，按《仪器设备、器材损坏丢失赔偿的管理办法》加倍处罚。

（四）各实验室管理人员要负责学生仪器设备、器材使用记录的监督、检查，发现不按时填写记录本者要及时通报。

（五）学期末要做好仪器清查和归位工作。各实验室仪器负责人要根据仪器条码记录，及时做好仪器清查工作，对自己管理的仪器、器材进行收缴和归位。

第七条 维护和维修

（一）对于需要特殊保养的仪器设备，要按要求及时保养（如彩色打印机、紫外检测系统需要定期开机；灭菌设备、制冷设备等需除水、除霜；制水设备、提取设备需要清洗；膜过滤设备、高压液相柱要求冲洗等等）。

（二）仪器设备损坏，实验室仪器设备管理人员要及时登记并组织工程师维修，自己能解决的故障要求当天解决；不能当天解决的要及时向实验中心主任书面汇报，并等候主任指示。保修期内的仪器设备不许擅自拆封修理；技术要求高、专业性强的仪器设备要请专业人员修理。

（三）及时填好仪器维修记录，并录入计算机数据库。

第八条 报废：年久失修设备需要报废，由各实验室仪器负责人提出申请，实验中心主任组织专家审核；对于较贵重仪器设备（10 万元以上），由管理人员提出申请，实验中心主任组织专家审核，学校组织专家论证，上报资产与实验室管理处审批。实验中心的全部设备和器材，个人无权私自处理，一经发现按学校规定处罚。

第九条　各实验室仪器管理负责人，要相互协作，服从实验室主任统一调配。各实验室的仪器、器材、管理人员，年终由实验中心主任根据对设备、器材管理好坏，写出考核意见，存入本人档案，做为评定职称或晋级的重要内容之一。

第十条　每学年对全部仪器设备使用和管理进行评估。

第十一条　本细则如与上级部门抵触，按上级主管部门规定执行。

第十二条　本规定自公布之日起执行。

4.2　贵重精密仪器设备管理办法

根据教育部《大型精密仪器管理办法》、吉林大学《贵重仪器设备的管理办法》和《贵重仪器设备效益考核办法》等有关规定，结合大型仪器设备的使用特点，特制定本管理办法。

第一条　凡是单台件价值在10万元以上，或成套单价在5万元以上，实验中心均视为大型贵重仪器设备。

第二条　贵重精密仪器设备的使用范围。实验中心贵重仪器设备在满足本科生的实验教学基础上，为提高仪器设备的使用效率，发挥贵重仪器的功能，可对科研和社会有偿测试或服务。

第三条　贵重精密仪器设备必须派专人负责，专人管理。

第四条　贵重精密仪器设备要建立技术资料档案，包括仪器自带的说明书、装箱单、合格证、光盘和全部软件等技术资料。

第五条　制定贵重精密仪器设备标准操作规程及使用注意事项，并塑封后摆放在仪器旁边，以便随时查阅。

第六条　按规定填写贵重精密仪器设备使用记录。

第七条　要定期对仪器设备的性能、技术指标进行校验和标定，对精度和性能降低的仪器要及时进行修复。

第八条　要建立贵重精密仪器设备的维修记录和维修资料档案及其维修的计算机管理档案。

第九条　除本科生实验教学外，要制定对外测试收费标准。所收费用由学校财务部门统一管理，并根据有关部门规定将其中大部分经费返还给有关实验中心用于补偿仪器设备的运行、消耗、维修及支付必要的劳务费用。

第十条　贵重精密仪器设备的使用、维修、管理的工作人员必须经过培训和考核，经发给“仪器使用证”后方可上机操作，并建立相应的岗位责任制和管理办法。

第十一条　根据《高等学校贵重仪器设备效益年度评价表》每学年对贵重精密仪器设备使用效益进行考核，并建立效益考核计算机管理档案。

第十二条　实验中心每年进行一次设备使用效益和管理评比，并表彰奖励先进。对利用率低，使用效益差的设备，实验中心对此进行通报并扣发设备管理人员奖金，或更换专管人员。

第十三条　对于未按其职责要求，对仪器设备管理不善，造成仪器设备及配件流失、损坏、闲置者；发生事故隐瞒不报，造成严重后果者；不服从指导、不遵守操作规程，造成仪器设备损坏者；擅自拆改设备者；私自出租出借设备者，视其情节和造成的后果分别承担不同赔偿、处罚或追究责任。

第十四条　本办法如果与上级部门规定不符，按上级文件执行。

第十五条　本办法自公布之日起实施。

4.3　仪器设备、器材损坏丢失赔偿的管理办法

为了加强物资管理工作，维护设备、器材（实验台、实验凳、实验柜、低值易耗品、贵重玻璃仪器和实验材料等）的完整及安全有效使用，避免损失和丢失，保证实验教学工作的顺利进行和实验教学改革的进一步落实，特制定本管理办法。

第一条　对实验中心所属的仪器设备、器材要实行层层负责制。按照实验中心对各实验室管理人员、管理人员对实验教师、实验教师对学生进行逐级落实责任。

第二条　凡使用仪器设备者必须按照标准操作规程执行，遵守管理制度。凡因责任事故造成仪器设备、器材的损坏和丢失，除对责任人进行批评教育外，还要责令其赔偿物资损失。

第三条　除实验教学需要由实验中心主任批准实验室内部调用的仪器设备和器材外，任何人不得将仪器设备借出实验室，对擅自挪作私用的应立即追回，如有损坏丢失，一律按现价赔偿。有意做假和隐瞒损失者，加重处理。

第四条　凡管理、使用仪器设备时，由于下列主观原因造成的责任事故，给国家财产造成损失者，均应赔偿。

（一）违反标准操作规程者。

（二）在使用、管理过程中粗心大意，不负责任，工作失职者。

（三）野蛮装卸、搬运、乱扔乱放，造成损失者。

（四）其他因不遵守规章制度等主观原因造成设备、器材损坏或丢失者。

第五条　由下列客观原因造成仪器设备的损失，经有关负责人证实和现场鉴定确认，经实验中心主任批准，可不予赔偿。

（一）因仪器本身的缺陷引起的损坏。

（二）使用年久，在正常使用时发生的损失。

（三）经实验中心主任批准，采用新的实验操作方法试用、运行或检修，虽经采取措施，仍未能防止的损失。

（四）因意外客观原因（如发生火灾、被盗、突然断水、断电、停气等）而造成的损坏或丢失，经有关人员论证确认非本人责任者。

第六条　在责任赔偿中，本着教育、引导和培训为原则，根据情节象征性进行赔偿的办法，以达到教育、提高认识为目的。凡属于责任事故造成仪器设备、器材损坏和丢失，其损失价值可按以下原则计算赔偿：

（一）操作不当损坏丢失的玻璃仪器和小型低值仪器配件，10 元以下的（含 10 元）按 100%赔偿；11～50 元按原价 80%赔偿，最低赔偿为 10 元；51～100 元按原价 60%赔偿，最低赔偿为 40 元；101～500 元按原价 50%赔偿，最低赔偿为 60 元；501 元以上按（250 元＋原价×20%）赔偿。

（二）操作不当造成大型仪器损坏，根据损坏程度，赔偿仪器修理费。若修理费较高，根据实际情况按维修费×50%赔偿。

（三）对贵重仪器配件和适于个人使用的生活用品损坏或丢失时，视情节酌情按原价×折旧率赔偿。

第七条　如实验过程中发生仪器设备、器材损坏或丢失的事故，实验教师要查明原因，重大事故要及时上报实验中心、学院、主管部门。如因实验教师在仪器设备使用中，没有事先教授学生使用方法和注意事项而造成实验仪器设备损坏者，或者仪器设备损坏没有查明原因和责任人者，实验教师要承担责任。

第八条　实验中心组织人员随时抽查仪器的使用情况与完好率，实验人员应及时汇报仪器的损坏与赔偿情况。

第九条　出现责任事故需要赔偿时，要填写仪器设备损坏丢失赔偿处理单一式五份，由实验室管理人员提出处理意见后转交学校资产与实验室管理处核定，由赔偿责任人到财务部门办理交款手续。

第十条　为树立学生的责任意识，对于不能按期交付赔偿费的学生，不给实验成绩；补交赔偿费后再给实验成绩。

第十一条　以上规定有与上级主管部门和国家有关规定相抵触的，按上级主管部门和国家规定执行。

第十二条　本办法自公布之日起实施。

4.4　仪器设备采购流程

为了建立规范的仪器设备采购运行机制，根据高等学校实验室仪器设备和器材管理细则等有关规定，制定仪器设备采购流程（图 4-4-1）。

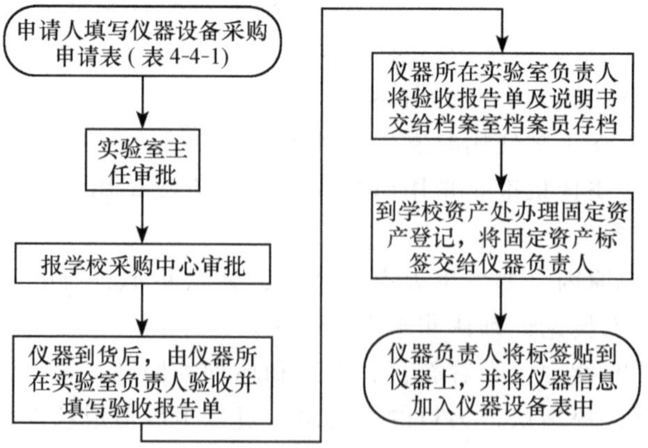

图 4-4-1　仪器设备采购流程图

表 4-4-1　仪器设备采购申请表

单位（盖章）		经费科目	
联系人		电话	
仪器设备名称			
数量		金额	
详细技术要求			
参考厂商	厂商名称	联系人	电话
	1.		
	2.		
	3.		
	4.		

单位负责人：____________　　　　________年________月________日

4.5　仪器设备维修流程

为了加强实验室仪器设备的维修管理，保证实验用仪器设备经常处于完好状态，提高其使用效益，制定仪器设备维修流程（图 4-5-1）。

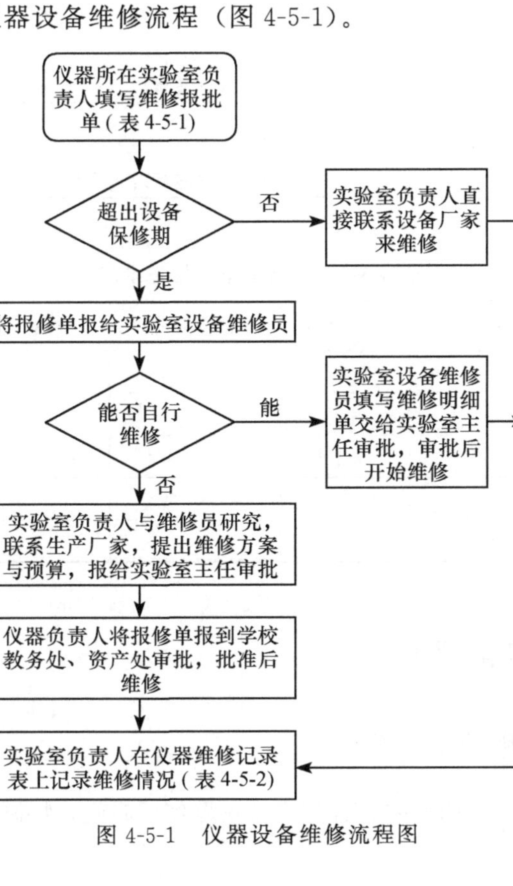

图 4-5-1　仪器设备维修流程图

表 4-5-1 仪器设备维修立项报批单

使用单位：__________院（处、所、中心）________室　　　　________年____月____日

<table>
<tr><td rowspan="2">项目</td><td>设备编号</td><td>仪器设备名称</td><td>型号规格</td><td>单价（元）</td><td>购置日期</td><td>数量</td><td>使用方向</td><td>承担主要工作内容</td></tr>
<tr><td></td><td></td><td></td><td></td><td></td><td></td><td></td><td></td></tr>
<tr><td>维修原因</td><td colspan="8">经手人（签章）：　　　　年　月　日</td></tr>
<tr><td>拟检修项目</td><td colspan="8">检验人（签章）：　　　　年　月　日</td></tr>
<tr><td>维修部门</td><td colspan="2"></td><td colspan="2">预算经费（元）</td><td colspan="2"></td><td>联系电话</td><td></td></tr>
<tr><td rowspan="2">处理意见</td><td>使用单位</td><td colspan="5">负责人（签章）：　　　　年　月　日</td><td>自筹经费（元）</td><td></td></tr>
<tr><td>设备主管部</td><td colspan="7">负责人（签章）：　　　　年　月　日</td></tr>
<tr><td>验收情况</td><td colspan="8">负责人（签章）：　　　　年　月　日</td></tr>
</table>

表 4-5-2 仪器设备维修记录表

日　期	仪器编号及仪器名称	规格型号	检修部件	检修单位及经手人	仪器使用人

4.6 仪器设备日常管理

4.6.1 仪器设备使用预约程序

为了提高仪器设备的使用效率，合理安排仪器使用时间，特制定本流程（图 4-6-1）。

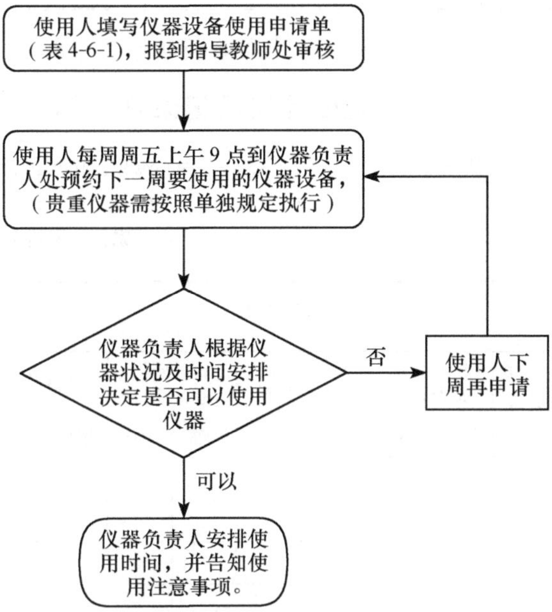

图 4-6-1　仪器设备预约程序

学生使用贵重仪器设备，需经主管教师审核其使用该仪器的必要性及合理性（开放设计实验、研究生实验需经指导教师批准）。对于不填写仪器设备预约申请单（表 4-6-1），擅自使用仪器设备者，将禁止其继续在实验室做实验。

表 4-6-1　仪器预约申请单

实验项目	仪器名称	型　号	用　途	指导教师（签章）	设备负责人（签章）	使用时间

4.6.2　仪器使用记录

所有仪器设备使用后必须填写仪器使用记录本。记录本按照不同仪器的特征印制，例如，分光光度计使用记录本（图 4-6-2、表 4-6-2）。

吉林大学国家级生物实验教学示范中心

分光光度计使用记录本

仪器名称：紫外分光光度计　　中心编号：100246

规格型号：752　　出厂编号：13

使用时间：2004.03　　生产厂家：上海精密仪器公司

(a) 封面

年月日	姓名	班级	仪器台面是否污染		比色槽是否干净		比色皿是否冲洗		仪器状态		验收教师或实验员签字
			用前	用后	用前	用后	用前	用后	用前	用后	

(b) 内文

图 4-6-2　分光光度计使用记录本

4.6.3　贵重仪器设备使用记录

贵重仪器设备使用记录要结合仪器设备特点，制作单独的使用记录。例如，高效液相色谱仪（表 4-6-2）。

表 4-6-2　HPLC 使用记录

<table>
<tr><td>操作人员</td><td></td><td></td><td colspan="2">用户单位及个人</td><td colspan="2"></td></tr>
<tr><td>开机时间</td><td colspan="4">年　月　日　时　分</td><td>关机时间</td><td colspan="2">月　日　时　分</td></tr>
<tr><td rowspan="2">人员属性</td><td>教师</td><td>研究生</td><td>本科生</td><td rowspan="2">工作类型</td><td>教学</td><td>科研创新</td></tr>
<tr><td></td><td></td><td></td><td></td><td></td></tr>
<tr><td>样品名称</td><td colspan="4"></td><td>数量</td><td></td></tr>
<tr><td>数量检测项目</td><td colspan="6"></td></tr>
<tr><td>课题名称</td><td colspan="6"></td></tr>
<tr><td colspan="7">测试条件：
分析柱名称：　柱规格：
柱温度（℃）：　柱压力：
流动相：　配制比例：
波长（λ）：　流速(ml/min)：
保留时间：　是否制备：</td></tr>
<tr><td>测试结果</td><td colspan="6"></td></tr>
<tr><td colspan="2" rowspan="2">冲洗仪器试剂</td><td colspan="3" rowspan="2"></td><td>冲洗开始时间</td><td>时　分</td></tr>
<tr><td>冲洗结束时间</td><td>时　分</td></tr>
<tr><td colspan="2">仪器运转及维护情况</td><td colspan="5"></td></tr>
</table>

4.6.4　仪器条码管理

对实验中心所有仪器设备统一编号，实行条码管理（图 4-6-3）。

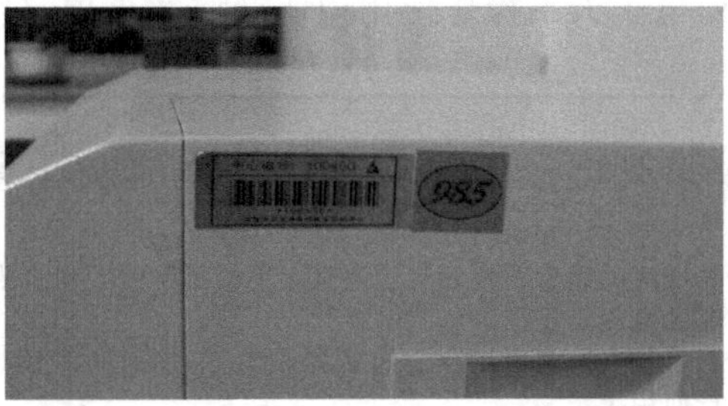

图 4-6-3　仪器条码

4.6.5　仪器使用证

为了加强实验中心仪器设备使用操作技能，每台仪器设备使用前都必须由专门实验技术管理人员对学生或使用人进行培训，经培训后能达到独立操作使用者，由培训教师在仪器使用证上签字“培训合格”（图 4-6-4、表 4-6-3）。

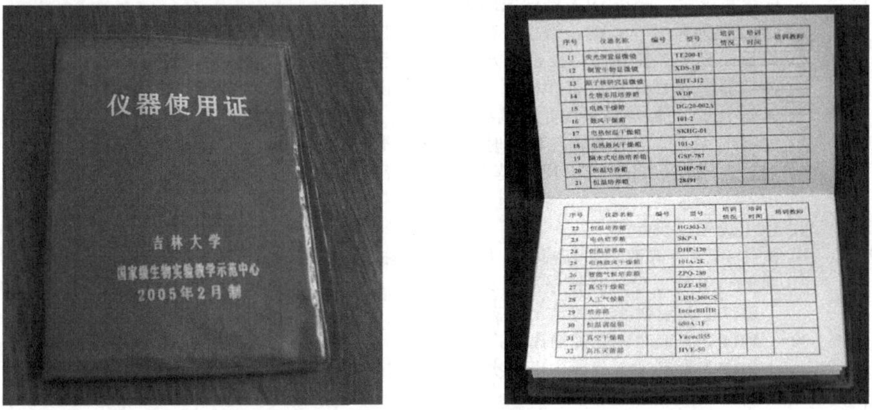

图 4-6-4　仪器使用证

表 4-6-3　仪器培训记录

序　号	仪器名称	型　号	培训情况	培训时间	培训教师
1					
2					
3					
4					
5					
6					
7					

4.6.6 仪器操作规程

每台仪器旁边放有本仪器的简单操作规程的塑封页，便于学生使用仪器时温习操作规程。例如，FA/JA 系列电子天平操作使用说明及注意事项（图 4-6-5）。

FA/JA 系列电子天平操作使用说明及注意事项

一、称量前准备

1. 使用前用天平底座的螺旋调整旋扭先调整天平的水平度，使水泡位于水平仪中心
2. 选择合适的电源电压，连接好电源电缆
3. 天平接上电源，就开始通电工作（显示器未工作），通常需预热 30min 后方可开启显示器进行使用操作
4. 准备好称量器具
5. 查看本天平最大称量量程

二、称量操作

1. 轻按 **ON** 键，开启天平，显示器全亮。依次显示：
   ±888888 % g→天平型号 1003→0.000g 或 0000g 数字稳定后即可称量
2. 置容器于称盘上，数字稳定后，即显示的是容器的重量
3. 轻按 TAR，显示消隐，随即出现全零状态，容器重量显示值已去除，即去皮重
4. 再置被称物于容器中，数字稳定后，这时显示的是被称量物的净重
5. 当拿去容器，就出现容器重量的负值，再轻按 TAR 键，显示器为全零，即天平清零
6. 称量完毕后，轻按 **OFF** 键即关闭天平
7. **CAL** 键为天平校正键，当天平存放时间较长，位置移动，环境变化或为获得精确测量，天平在使用前需校正。方法为：取下称盘上所有被称物，轻按 **CAL** 键，当显示器出现 **CAL**—时，即松手，显示器就出现 **CAL-100** 为闪烁码，表示校准砝码需要 100g 的标准砝码．此时就把准备好的“100g”校准砝码放于称盘上，显示器即出现——等待状态，经稍长时间后显示器出现 100.000g．拿去校正砝码，显示器应出现 0.000g，若出现不是零，则再清零，重复上述操作（每次校准最好两次）．
8. **PRT** 为输出设定键
   按住 **PRT** 会有四种循环模式，显示那种模式，松手即可选定那种模式．
   即 **PRT-0** 为非定时按键输出模式
   PRT-1 为定时半分钟输出一次
   PRT-2 为定时 1 分钟输出一次
   PRT-3 为定时 2 分钟输出一次

三、注意事项

1. 一定要注意称量前的各项准备工作
2. 每次称量后要注意使天平清零，不用时即关闭
3. 不要用腐蚀性液体清洗天平。擦洗天平时，要把天平总电源关掉，而且不要让清洗液流进天平内，一般用软布或牙膏轻轻擦洗。

图 4-6-5 仪器操作规程

4.6.7 仪器借用管理规定

因实验需要借用仪器时，借用人需填写仪器借用申请表（表 4-6-4），经实验中心主任审批，然后到仪器负责人处领取仪器及其使用记录本。此表一式两份，借用人一份、审批人一份。借用的仪器必须在规定时间内归还（一般学期末必须归还）。同时仪器管理人员填写仪器借用登记簿信息（表 4-6-5）。

表 4-6-4　仪器借用申请表

编号：________

实验项目	仪器名称	型　号	用　途	设备负责人（签章）	归还时间

借用人：________　审批人：________　________年________月________日

表 4-6-5　仪器借用登记表

借用人	日期	仪器名称	仪器编号	借用天数	经手人	审批人	归还日期	验收人

4.6.8　仪器设备调转单

实验室仪器调转需填写仪器设备调转单（表 4-6-6），经实验中心主任签字批准后，方可调转使用。仪器调转申请单一式三份，仪器原负责人一份、调入仪器负责人一份、档案室存档一份。仪器设备管理信息卡跟随仪器调动（在仪器设备借用时，卡片不动）（图 4-6-6）。

表 4-6-6　仪器设备调转单

调转日期：________年________月________日

序　号	仪器编号	仪器名称	型　号	调出房间	调出房间负责人（签章）	调入房间	调入房间负责人（签章）

审批人：__________　________年________月________日

仪器设备管理信息卡

仪器名称：	中心编号：
规格型号：	仪器编号：
制 造 商：	金　　额：
出厂日期：	国　　别：
经费来源：	收进日期：

（a）正面

仪器设备调动记录				
调动时间	调动经手人	仪器负责人	仪器状态	
			调动前	调动后

（b）背面

图 4-6-6　仪器设备管理信息卡

4.7　仪器设备报废程序

因仪器设备的技术落后、损坏、无零配件或维修费过高确需报废的仪器设备，按以下程序办理：

（1）仪器设备负责人填写《吉林大学仪器设备报废单》（表 4-7-1），说明理由，由实验中心主任签署意见。

（2）报资产与实验室管理处有关专家审议，提出技术鉴定报告和意见。

（3）贵重仪器设备报主管校长批准。

（4）任何人不得擅自拆卸报废仪器设备。有利用价值的零部件，经批准后方可拆卸，但必须登记建账。

（5）报废仪器设备由学校资产与实验室管理处统一回收、处置。

表 4-7-1　设备报废单

序　号	仪器编号	仪器名称	型号规格	单　价	生产厂家	购置日期	备　注
报废理由：							
校技术小组鉴定结果： 鉴定人（签章）：　　年　月　日				交接记录： 经手人：　　年　月　日			
审批意见	使用单位（公章）	院、处、所、中心负责人（签章）			设备主管部门（公章）		

4.8 公用储藏设备的管理

为防止使用公用储藏设备存放实验物品时有乱放、错拿或无人认领等情况，根据实验室物品管理要求，必须填写物品登记表（表 4-8-1），并由公用储备设备管理人员确认签字后，才可将该实验物品放入或取出于公用储藏设备。

表 4-8-1 物品存放（取出）登记表

编　号	物品名称	数　量	使用人	放入时间	取出时间	管理人签字

第五章

教学实验室实验材料的管理

实验材料是高等学校开展实验教学、科学研究和科技开发必备的物质条件之一，是高等学校对具有实践能力和创新能力人才培养必备的物质保障。因此，实验材料供应与管理也成为高等学校实验室管理工作的重点之一，其管理水平的高低会直接影响到高校的教学、科研、科技开发和生产。随着我国高等教育事业的发展，各高校在财力非常紧张的情况下，都优先保证实验教学需要的实验材料经费，使得各教学实验室的实验材料种类、数量不断增加。如何使实验教学的实验材料管理规范化和科学化，使其真正在人才培养中发挥最大功效，成为各高校教学实验室面临的重要问题。对此，本实验中心本着教育师生树立节约意识、资源共享、人人参与管理的原则，对实验材料采取统一采购、统一使用、统一管理的办法，避免实验材料重复购置、积压和浪费现象，并制定实验材料与低值易耗品管理办法，实验材料采购流程、实验材料和低值易耗品日常管理、玻璃器皿使用管理及丢失损坏赔偿规定、实验动物管理规定、实验动物使用细则、实验动物饲养室日常管理、微生物菌种（细胞）管理规定等8项管理制度。

5.1　实验材料、低值易耗品管理方法

作为实验中心物资组成部分之一的实验材料、低值易耗品，也是实验中心物资管理工作重要内容。随着实验中心的发展，多渠道经费的投入，使实验材料、低值易耗品的种类、数量相应增多。如何加强实验材料和低值易耗品的管理，使之真正在实验教学中发挥其应有的作用，是各教学实验室面临的难题。为了杜绝实验材料的积压、浪费、损坏率过高、遗失等问题，同时引导师生树立节约意识，增强责任意识，保证教学和科研的安全、顺利进行，结合本实验中心建设和管理具体情况，对实验材料和低值易耗品制定以下管理办法：

第一条　本管理办法所指的材料和低值易耗品是指：凡不属固定资产标准，如单价在500元以下的低值仪器设备；200元/台（套）以下的工具、量具、容器、消耗性物品（玻璃仪器、化学试剂、生化试剂、实验动物、微生物菌种和细胞）等。

第二条　采购

（一）审批

实验课用实验材料、低值易耗品，每学期末各实验室根据教学计划提出下一学期所

用材料名称、数量、规格和厂家，实验教师与实验室管理教师核对实验室库存数量后，需要补充的物品填写《实验材料申请单》（表 5-3-1）后，由实验中心主任审批后交材料采购人员；设计创新实验所用材料和用品，由领用人填写《实验材料申请单》（表 5-3-1）后，实验教师根据实验方案和进度确定使用的必要性和使用数量的准确性后签字，由领用人所在实验室管理教师核对该实验室是否有库存，确定需新进数量后签字；每周三由实验中心主任审批签字后，交材料采购人员。

（二）购买

1. 材料采购人员根据各实验室管理教师提交采购计划进行汇总，并与库管人员核对实验中心库存后，确定新购数量，生成《实验材料采购单》（表 5-3-2）方可购入。对于总价超过 2 万元的由采购中心统一招标采购，并由资产与实验室管理处组织验收后方可入库。

2. 常规实验材料和易耗品一般在使用前一周购入，易燃易爆等危险品在使用前 2 个小时购入，原则应是用多少够多少；进口材料和标准品应提前 2 个月提出申请订购。

第三条　管理

（一）库房管理

1. 实验材料、低值易耗品入库由实验中心主任指派专人统一管理。

2. 实验材料、低值易耗品购入后，由库管人员对供应商验收、签字、入库、建账，并录入计算机管理数据库。

3. 库管人员每个月要向实验中心主任提交一份实验材料购入、消耗、库存报表；每学期末提交一份学期实验中心实验材料购入、消耗、库存、存放位置报表；采购人员每学期末向中心主任提交每个实验项目的成本报表。

4. 贵重、剧毒和放射性物品的使用和管理必须采用双人双锁制，建立明细账，做到领用、消耗逐项记录。剧毒试剂的使用过程更应严格控制和监督，对其领、用、剩、废、耗的数量必须详细记录，空容器必须专门处理。原则上有两位管理教师现场监督使用和处理。

（二）各实验室管理

1. 实验材料和低值易耗品，各实验室均应建账和建立计算机管理数据库，随时录入各种购入、消耗、库存及其他实验室调用的实验材料信息。

2. 各实验室学期末，要及时查对上报各种实验材料和低值易耗品购入、消耗、二级库存报表，并与库管人员核对，统计每门实验课的成本。

（三）使用管理

1. 实验材料、低值易耗品的使用实行领用签字制度，领用人对库管人员、实验室管理教师对领用人、学生对实验教师等逐级签字。

2. 货到后库管人员及时入库，并填写《实验材料入库单》（表 5-3-3）和录入信息管理系统，及时通知实验室管理教师领取签字，将出库信息录入管理系统。如不能当时在库管人员电脑录入管理系统，不许出库。

3. 实验室管理教师将领用的物品及时录入该实验室的二级管理数据库。

4. 剧毒和放射性物品的领用应由实验中心主任再次确认审批，指派两名管理教师和领用人员签字，限量发放。

5. 对于多次使用的材料要由实验室管理教师负责管理，随用随取，不得一次性交给学生。

6. 各实验室所领或申购的材料、低值易耗品，只限应用于实验教学，不准移为科研或随便送人，实验中心指派专管人员，要随时记录消耗和结存，便于实验中心随时组织抽查。

7. 领用工具、低值仪器仪表、一些控制物品和贵重稀缺物资时，必须由实验中心主任审批，指派专人负责管理，不得外借。

8. 对于在实验室进行设计创新实验和毕业论文的学生，离开实验室前，相应实验室管理教师要及时收回各种物品，并确认后签字，报实验中心主任确认后，方可批准办理离开实验室手续。

（四）特殊管理

1. 需要更换的物品：玻璃仪器（如烧杯、量筒、三角瓶、试剂瓶等）、低值易耗品（如乳胶手套、线手套、毛巾、大褂、塑料制品、毛刷、试剂盒、小型仪器等）有增补的，由采购人员和库管人员确认实物，并收回后，方可增补。对于已用完的生化、分子生物学、细胞等实验用品及酶制剂、标准品等比较贵重的物品，必须用空瓶子来换药品，否则不予以发放相应的实验材料。

2. 单价在50元以下（含50元）材料，由各实验室管理教师管理使用；单价在50元以上材料，必须有库管人员管理使用；单件1～25g包装的药品单价在50元以上需由库管人员管理，100元以上的贵重药品由库管人员和材料采购人员双人管理（二人同时在才可使用），采取用多少称量多少的管理办法。

3. 实验用耐耗材料（如玻璃制品、铁制品等单价超过50元）实行借用制度，到库管人员处填写物品借用申请登记薄。

4. 对于2个月内使用不上（大实验教学常用物品除外）的小件仪器、玻璃仪器、材料、药品等，实验室管理教师必须负责组织交到库房，做好返库手续和数据库的信息更新，需要时再领取。

5. 对于各种层析柱、填料等，必须有实验中心主任亲自审批后方可购入和领用。

6. 对剧毒品和放射线的使用过程应予严格控制和监督，对其领用、剩、废的数量必须详细记录，剩余部分要及时退库。盛危险品的空容器、变质料、废液渣，应予以妥善处理，并做好处理记录，严禁随意抛弃。

第四条　检查

实验中心每学期将不定期的组织抽查3次、检查2次，对学生实验材料的使用将采取抽查某一材料领取、使用记录和结余的数量，对每次抽查和检查结果进行通报。

第五条　责任

（一）实验教师：实验教师是提出所需实验材料的第一责任人，关系到实验材料采购种类和数量的确定。为了提高实验教师对此项工作的高度重视，规定对于实验教师如不能认真审核实验用品的必要性和使用数量的准确性，要赔偿造成损失的1/3。

（二）实验室管理教师：实验室管理教师是对所管理实验室实验材料的使用、管理，关系到本实验室需补充实验材料的数量和本实验室的实验材料是否积压、浪费。为了增强实验室管理教师的责任意识，发挥实验室管理教师在实验材料管理中的主力作用，如不能认真核对实验室物品的库存和及时返回库房而造成积压、浪费和流失，视情节予以批评和相应的赔偿。

（三）材料采购人员：材料采购人员是对实验中心实验教学需要的全部实验材料的供应，关系到实验中心采购的实验材料的数量和质量，关系到实验教学能否顺利进行。为了提高材料采购人员树立全局意识、服务意识和责任意识，对实验材料采购人员如没有认真核对现有库房库存，造成积压、损失，视情节予以批评和相应的赔偿。

（四）库管人员：库管人员关系到实验中心所进实验材料能否安全、科学的管理，关系到实验中心所购实验材料能否及时应用到实验教学中，满足实验教学需要，关系到实验中心“勤俭节约”思想的贯彻执行情况。为了使库管人员始终树立安全意识、服务意识和责任意识，对库管人员如没有按规定发放给相应的实验室管理教师而私自发放给学生，没有按规定管理相应的物品（如易燃易爆危险品、该随时称量没随时称量、没有按药品性质保存、没有严格按更换手续更换等），视情节予以批评、赔偿和相应的处理。

（五）学生：学生是实验材料的直接使用者，关系到使用的安全、环保和实验的成本。为了教育学生树立安全意识、节约意识和管理意识，对学生未按照方案使用材料、能做小量实验而做大量实验、能配制少量试剂而配大量试剂、须随配随用的试剂而没有及时使用、随意将材料转送他人、没有看管好自己领用的物品等等，造成的浪费和流失，视情节予以批评和相应的赔偿。

（六）实验中心主任：实验中心主任是实验中心实验材料管理的第一责任人，关系到整个实验中心实验材料的管理水平。为了实验中心实验材料管理规定落到实处，确保实验材料满足实验教学的需要，对于实验中心主任没有严格把好审批关、没有按时抽查和检查、没有及时处理，对造成不良后果，由实验主任进行相应的赔偿或承担相应责任。

第六条　赔偿

实验教学的目的既是培养学生能力，又是教育学生提高综合素质。作为实验教学用的实验材料的管理，也要引导、教育师生积极参与管理，高度重视节约，树立责任意识，避免实验材料的损失和浪费。为此，实验中心规定低值易耗品和贵重材料被人为丢失或损失，要严格计价赔偿，具体参照“玻璃器皿使用管理及丢失损坏赔偿规定”执行。

第七条　报损和报废

低值易耗品和材料的报损、报废参照“吉林大学仪器设备报损报废处理办法”执行。

第八条　各级管理教师调动、调出或离退休，要主动及时地办理和交清个人保管的设备、材料及相应的管理账目，并与相应管理教师核对确认，经本实验室主管教师签字，由实验中心主任审核后，方可办理离岗手续。

第九条　实验室搬迁，或低值易耗品、材料调用，要及时清对账目，并做好转接手续。

第十条　实验中心要随时了解掌握各实验室的材料、低值易耗品的保存和使用情况。要求各实验室要注意节约，对工作成绩显著的管理人员，给予表扬和奖励，并将业绩记入工作人员工作档案，作为提职、晋级的重要内容之一。对工作不负责任，或违反制度的失职人员，应根据情节轻重及本人对错误的认识态度，适当批评、处罚或处分。

第十一条　以上规定有与上级主管部门和国家有关规定相抵触，按上级主管部门和国家规定执行。

5.2　实验材料采购流程

制定实验材料采购流程的主要目的是使采购品能够满足实验室对其固有特性和赋予特性的要求，所谓固有特性就是对采购品功能和性能的要求，可以是规格、型号、等级及相关质量特性等；而赋予特性即指交货期、价格等。

消耗材料由于本身特性所致，只能依靠进货检验这一道工序来控制其质量，也就是说只能通过制定材料采购这一个环节来为消耗材料把关，所以制定实验材料采购流程十分重要和必要，绝不能省略。根据吉林大学采购管理有关规定和本实验中心管理有关规定，特制定实验材料采购流程：

5.2.1　采购方法

本实验中心的规模和采购品不同，控制的过程很可能有较大差异，但通常情况下，在实验室管理中，我们可以采用实验材料采购流程（图 5-2-1）来合理贯彻，其中“提

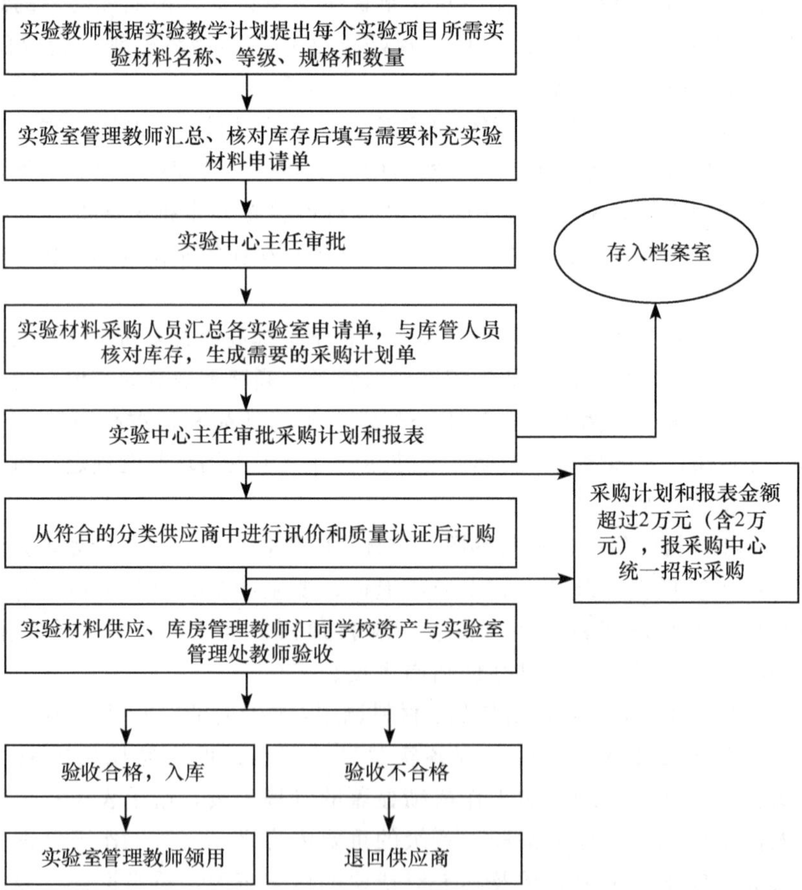

图 5-2-1　采购流程

出采购申请单”、“从符合的供应商中选购”、“验收”这三个环节是重中之重。

5.2.2　采购要求

（一）“提出采购申请单”实际上就是要明确采购要求，采购要求是正确购置的前提，因此采购时技术要求要描述得详细而准确，可以包括采购对象或物品的型号、类别、等级、精确的标识、规格、图纸以及应满足的相应检测标准和检验规范等内容，其中检测标准和规范的要求应格外重视，因为标准是我们检测的依据，使实验材料满足标准要求是我们正确完成检测工作的保障。

（二）为了确保所规定的采购要求是充分与适当的，实验中心在向供应商提出采购品要求之前，还应进行较充分的评定，这相当于一次技术把关，以确保要求是全面的，是适用的。

采购申请提错或要求不全，会造成需重新购置的后果，既损失资金，又耽误实验进程，由此可见，明确申购要求是十分关键的。

（二）“验收”对于实验用材料而言是一个重要过程，实验用材料只能通过进货检验这一个环节把关，而且无法使用校准方法，但是，如果仅仅通过核对型号、规格和数量的方式是不充分的，所以最好能通过一种技术手段认定，制定出一套检验方法，包括抽样方法（消耗材料往往是批量进货的），并且作为技术文件保存以备每次验货使用。对于所有的实验材料均应制定出类似的方法，在每次验收时严格执行并且保存测试验证的记录，这样，对于消耗材料的管理就比较到位了。

（三）根据需要，实验用材料需要不间断地补充，这就要求有一个可靠的供应商。供应商应具备长期稳定的提供合格产品的能力，从而使实验室的采购品能够符合规定的采购要求，因此实验中心要对供应商进行评价，主要针对供应商的管理体系，同时最好要求其提供产品符合性证明。对供应商进行评价前，要对其进行调查，调查的方式根据采购品的不同及供应商的具体情况而定，切不可以某种统一的模式进行。例如：

1. 可以采取试用的方式进行。经过使用认为供应商的产品可以满足本实验中心的需要，同时应对供应商的相关质量保证能力进行调查评价，以确保供应商有能力长期稳定地提供合格产品。

2. 根据采购品的质量水平和信誉程度以及品牌，直接将其确定为合格供应商，不必每次进行必须的质量保证能力的调查和评价。

3. 对新列入采购名单的供应商或了解不够深入的供应商，应按对供应商调查和评价的内容进行审核，对判定合格者列入合格供应商名单。

（五）实验中心在采购过程中，有的采购品可能会直接从商贸公司进货。在这种情况下，实验中心对供应商的调查和评价，可以既评“商”又评“厂”。评价商贸公司的信誉是否可以长期稳定经销货真价实的产品，是否存在经销假、冒、伪、劣产品的劣迹等。但更重要的是评“厂”。应根据相关信息，追溯到采购品的直接生产厂家。

5.3　实验材料和低值易耗品日常管理

实验材料日常管理是指从领用到消耗全过程中存放、使用、调动、库存、环保、安全等方面的管理。为使实验材料充分发挥作用，杜绝积压、浪费，保证安全环保，本实验中心采取以下管理措施。

（一）实验材料申请单（表 5-3-1）

用于各实验室根据实验教学和设计创新实验需要提出申请。申请单一式三份，申请人填写各种实验材料信息后，实验教师确认签字、实验室管理教师核对签字、实验中心主任审批签字后，一份交材料采购人员、一份交库管理人员、一份申请人留存。

表 5-3-1 实验材料申请单

课程名称：________ 实验项目：________ 实验类型：________ 年级：________

学年学期：________ 专业：________ 实验地点：________ 实验时间：________

序　号	材料名称	规格型号	单　位	数　量	备　注

申请人签字：________ 指导教师签字：________ 中心主任签字：________

（二）实验材料采购计划单（表 5-3-2）

用于材料采购人员对申请人提交的各种实验材料采购需求、汇总以及通知供应商采购计划。

表 5-3-2 实验材料采购计划单

序号	材料名称	规格型号	单位	数量	采购商	生产厂家	单价	总价	经费来源	使用方向	备注

采购人员签字：________ 中心主任签字：________

（三）实验材料入库单（表 5-3-3）

用于购入实验材料验收、入库和对供应商结账凭证。

表 5-3-3 实验材料入库单

课程名称：________ 实验项目：________ 实验类型：________ 年级：________

序号	入库材料名称	规格型号	生产厂家	生产日期	供应商	入库日期	单位	数量	单价	总价	备注

收货人员签字：________ 库房管理人员签字：________ 中心主任签字：________

（四）实验材料出库单（表 5-3-4）

用于各实验室根据实验教学需要领用实验材料和低值易耗品的凭证，各实验室管理教师根据提交计划到库房领用签字，库管人员发放签字，再由实验室管理教师发给学生。

表 5-3-4　实验材料出库单

课程名称：________　实验项目：________　实验类型：________　年级：________

学年学期：________　专业：________　实验地点：________　实验时间：________

序　号	出库材料名称	规格型号	生产日期	单　位	数　量	备　注

实验室管理教师签字：________　库房管理人员签字：________　中心主任签字：________

（五）贵重、剧毒、放射性实验材料入库单（表 5-3-5）

用于贵重、剧毒、放射材料的入库登记和管理，实行存入专用保险柜，采用双人双锁保管制，一套由库管人员保管，另一套由材料采购人员保管。

表 5-3-5　贵重、剧毒、放射性材料入库单

课程名称：________　实验项目：________　实验类型：________　年级：________

学年学期：________　专业：________　实验地点：________　实验时间：________

序号	材料名称	规格型号	生产厂家	生产日期	单位	数量	单价	级别	柜号	备注

中心主任签字：________

（六）贵重、剧毒、放射性实验材料入库单（表 5-3-6）

用于贵重、剧毒、放射材料的领用消耗凭证，实行每次只准领取一次的使用量，必须经过实验中心主任的签字批准，才能由库管人员、材料采购人员和实验室管理教师同时在场才可以出库。

表 5-3-6　贵重、剧毒、放射性材料出库单

课程名称：________　实验项目：________　实验类型：________　年级：________

学年学期：________　专业：________　实验地点：________　实验时间：________

序号	材料名称	规格型号	生产日期	单位	数量	级别	时间	领取次数	使用人	存放地点	备注

指导教师签字：________　中心主任签字：________

（七）实验材料消耗记录（表 5-3-7）

用于实验材料在学期末消耗统计，实行分时间、项目名称、经费来源、使用方向、领用人等多方面消耗统计。实验中心主任提出上报哪方面消耗记录，就能够统计出上报哪方面的消耗记录。

表 5-3-7 实验材料消耗记录

序号	材料名称	规格型号	等级	单位	数量	金额	实验项目	时间	经费来源	使用方向	领用人	备注

报表人：__________ 中心主任签字：__________

（八）实验物品存放标识（图 5-3-8）

为各实验室管理教师便于摆放、使用、调用、查找和管理各类物品，确保实验室安全，本实验中心统一制作了各类物品存放位置标识。

5.4 玻璃器皿使用管理及丢失损坏赔偿规定

玻璃器皿本身特性决定容易破损，师生树立严谨认真的工作态度、加强责任意识的培养尤为重要。为了加强物资管理工作，维护实验器材（低值易耗品、贵重玻璃仪器和实验材料等）的完整、安全和有效使用，避免损失和丢失，保证实验教学工作的顺利进行和实验教学改革的进一步落实，特制定本管理规定。

第一条 人人参与管理，对实验中心所属的玻璃器皿要实行层层负责制。实验中心对实验室管理教师；实验室管理教师对实验教师；实验教师对学生。

第二条 学生损坏玻璃器皿应及时填写“损坏报告单”（表 5-4-1），须经所在实验室管理教师签字确认，实验中心主任批准后，按第五条规定赔偿。本单一式三份，一份交实验室管理教师，一份交采购人员，一份交实验中心档案室。

表 5-4-1 玻璃器皿损坏报告单

课程名称：__________ 实验项目：__________ 专业：__________ NO.：__________

品　名	规　格	单　位	单　价	数　量	总　价
玻璃器皿损坏原因					
日期	年　月　日		报告人		
实验室管理教师		中心主任			

第三条 损坏、丢失玻璃器皿时，由于下列主观原因造成的责任事故，给国家财产造成损失者，均应赔偿。

剧毒品
剧毒品
Rank poison
爆炸品
Exp losivse
感染性物品
感染性物品
Infectious material
腐蚀品
腐蚀品
Corrosive goods
小心—易燃物质
Caution,flammable material
氧化剂
氧化剂
Oxidant
二级放射性物品
II
二级放射性物品
Class 2 radioactivity
三级放射性物品
III
三级放射性物品
Class 3 radioactivity
易燃液体
易燃液体
Flammable fluid
易燃固体
Flammable solid
自燃物品
危险废物
危险废物
hazardous waste
办公用品
固体试剂
液体试剂
玻璃器皿

图 5-3-8　物品存放标识

（一）在使用、管理过程中粗心大意，不负责任，工作失职者。

（二）乱扔乱放，造成损失者。

（三）其他因不遵守规章制度等主观原因造成玻璃器皿损坏或丢失者。

第四条　由下列客观原因造成玻璃器皿的损坏，经有关负责人证实和现场鉴定确认，经实验中心主任批准，可不予赔偿。

（一）因器皿本身的缺陷引起的损坏。

（二）使用年久，在正常使用时发生的损坏。

（三）因意外客观原因（如发生火灾、被盗等）而造成的损坏或丢失，经有关人员论证确认非本人责任者。

第五条　玻璃仪器赔偿本着教育、引导、提醒为主，以师生树立责任意识和严谨认真态度为原则，凡属于责任事故造成玻璃器皿损坏和丢失，按以下原则计算赔偿：

原价：10 元以下	赔偿：100％
原价：10.01～50.00 元	赔偿：80％（最低为 10.00 元）
原价：50.01～100.00 元	赔偿：60％（最低为 40.00 元）
原价：100.00 元以上	赔偿：50％（最低为 60.00 元）

第六条　如实验过程中发生玻璃器皿损坏或丢失的事故，实验教师要查明原因，重大事故要及时上报实验中心。如因实验教师在玻璃器皿使用中，没有事先教授学生使用方法和注意事项，而造成玻璃器皿损坏者，或者玻璃器皿损坏没有查明原因和责任人者，实验教师要承担责任。

第七条　除实验教学需要由实验中心主任批准内部调用的玻璃器皿外，任何人不得将玻璃器皿借出实验室，擅自挪用的应立即追回，如有损坏丢失，一律按现价赔偿。有意做假和隐瞒损失者，则加重处理。

第八条　实验中心组织随时抽查玻璃器皿的使用情况，实验室管理教师应及时汇报玻璃器皿的损坏情况。

第九条　责任事故，需要赔偿时，要填写玻璃器皿损坏丢失赔偿处理单（表 5-4-2），由实验室管理教师和实验材料采购人员提出处理结果后，提交实验中心主任核定，由赔偿责任人到实验中心材料管理部门，按第五条规定赔偿。本单一式三份，一份交实验室管理教师，一份交采购人员，一份交实验中心档案室。

表 5-4-2　玻璃器皿损坏丢失赔偿处理单

课程名称：__________　实验项目：__________　专业：__________　NO.：__________

<table>
<tr><td colspan="2">品　名</td><td>规　格</td><td>单　位</td><td>单　价</td><td>数　量</td><td>总　价</td></tr>
<tr><td colspan="2"></td><td></td><td></td><td></td><td></td><td></td></tr>
<tr><td colspan="2"></td><td></td><td></td><td></td><td></td><td></td></tr>
<tr><td colspan="2">玻璃器皿损坏丢失原因</td><td colspan="5"></td></tr>
<tr><td>日期</td><td colspan="2">年　　月　　日</td><td>使用人</td><td colspan="3"></td></tr>
<tr><td colspan="2">处理结果</td><td colspan="2"></td><td>赔偿金额</td><td colspan="2"></td></tr>
<tr><td colspan="2">实验室管理教师</td><td></td><td>中心主任</td><td></td><td>经手人</td><td></td></tr>
</table>

第十条　对于不能按期交赔偿费的学生，不给实验成绩。

第十一条　以上规定有与上级主管部门和国家有关规定相抵触，按上级主管部门和国家规定执行。

5.5　实验动物管理规定

生物学实验教学中常用到实验动物，因此，切实从购入、饲育、使用、环境、处理等全过程加强对实验动物的管理，确保实验教学安全、有效进行，特制定本管理规定：

第一条　利用实验动物从事教学、科研、生产、检定、检验和其他活动的实验室和个人，应当按照使用许可证许可范围，使用合格的实验动物。实验前应对实验动物作常规检查（体重、体温、常见病等）和观察，所用动物应符合实验条件要求。

第二条　本条例所称实验动物，是指经人工饲育，对其携带的微生物实行控制，遗传背景明确或者来源清楚的，用于科学研究、教学以及其他科学实验的动物。

第三条　实验动物的管理，应当遵循统一规划、合理分工，有利于促进实验动物教学和科学研究的原则。

第四条　实验动物的质量监督和质量合格认证制度的具体办法参照国家标准制定。

第五条　实验动物遗传学、微生物学、营养学和饲育环境等方面的标准参照国家技术监督局有关规定。

第六条　实验动物购入

（一）根据教学计划，各实验室每学期末提交实验动物使用品种、数量等计划单，由实验中心主任审批，交材料采购供应室采购。

（二）购入或领取实验动物时，实验人员应向供应部门索取所用动物相应等级的由国家主管部门所颁发的质量合格证书、动物的遗传背景资料、动物微生物检查资料及动物年龄和健康等方面的资料。

（三）动物健康检查，以外观为主。主要内容包括：

皮毛：有无光泽、出血、干燥；眼：有无眼屎、流泪、白内障、角膜损伤等；耳：有无外伤、耳壳曲折、中耳炎等；四肢：有无弯曲、脱臼、外伤、关节炎；肛门：有无下痢、血便、脱肛等。

（四）实验动物购入后，实验教师要负责验收，合格后方可使用。

第七条　实验动物饲养室及饲养器具准备

（一）饲养室面积应根据所购入动物的数量来确定。室内氨浓度不能超过 $20mg \cdot L^{-1}$，否则对实验的动物疾病控制将产生较大的影响。

（二）饲养动物的器具等，应在动物购入前准备好。准备的数量、规格应根据动物的品种和数量。垫料、饲料应按购入动物数量准备。各笼箱的编号及卡片、饲喂动物所用器材，如给饵器、粪便托盘、搬运车、台秤、电子天平、饲料桶、电源插板等也应准备放好。

（三）笼具要求：

（1）舒适和卫生：必须勤换窝，每 2～3 天换一次。分单养繁殖盒及群养盒两种。

要求光滑、无毒、耐高温、易消毒、规格统一。

(2) 坚固耐用：笼具应坚固耐用，不易被动物损坏、变形，避免动物逃逸。

(3) 操作使用方便：包括笼、盒的放置、启闭、动物的投拿、添加饲料、饮水及垫料的更换等。

(4) 经济适用：力求工艺简单，造价低廉，规格力求统一标准化。

(5) 笼架：必须牢固、稳定，不宜过大，便于拆卸、组装。下面应有小轮，方便移动。便于清洗、消毒、不生锈。

(四) 动物饲养室的环境应根据所计划使用动物的微生物控制级别来进行准备，不同的实验动物级别应配备相应的实验条件。属于屏障系统的则应调整好送排风系统、空气净化系统。控制好温度、湿度、风速、噪声等环境因素。

(1) 气温：目前我国对环境气温的控制要求在 20～29℃范围内，可以满足大多数哺乳动物对温度的要求。其中大、小鼠的最适值为 23±1℃，推荐值为 23±3℃，允许范围为 23±5℃。

(2) 空气湿度：我国规定最适湿度为 50%±5%，允许湿度为 40%～70%。

(3) 气流：我国规定的气流值为 0.13～0.18$m^3 \cdot s^{-1}$，换气次数为 10～20 次$\cdot h^{-1}$。

(4) 空气洁净度：饲养清洁级以上实验动物的空气必须经过有效的过滤，S. P. F 级的空气洁净度要达到 1 万级（即空气中＞0.5μm 的颗粒物应＜350 个$\cdot L^{-1}$），而清洁级动物的饲养室空气洁净度达到 10 万级。空气中最多的有害气体氨气的浓度必须在 20g$\cdot m^{-1}$以下。

(5) 噪声：我国标准为＜60 分贝。

(6) 采光及照明：一般可采用自然光照，避免直射阳光的照射，如用人工照明一般应控制在 12∶12 或 13∶11 的明暗交替比例内。照度要求室内离地面 1m 处达到 150 勒克斯。

(五) 动物饲养室在启用前，应对设施、笼具及用具等统一进行彻底消毒。制定消毒计划、消毒药液详见附录。

第八条　实验动物饲养

(一) 从事实验动物饲育工作的实验室，必须根据遗传学、微生物学、营养学和饲育环境方面的标准，定期对实验动物进行质量监测。各项作业过程和监测数据应有完整、准确的记录，并建立统计报告制度。

(二) 实验动物的饲育室、实验室应设在不同区域，并进行严格隔离。实验动物饲育室、实验室要有科学的管理制度和操作规程。

(三) 实验动物必须按照不同来源，不同品种、品系和不同的实验目的，分开饲养。

(四) 实验动物分为四级：一级，普通动物；二级，清洁动物；三级，无特定病原体动物；四级，无菌动物。对不同等级的实验动物，应当按照相应的微生物控制标准进行。

(五) 实验动物必须饲喂质量合格的全价饲料。霉烂、变质、虫蛀、污染的饲料，不得用于饲喂实验动物。直接用作饲料的蔬菜、水果等，要经过清洗消毒，并保持新鲜。

（六）一级实验动物的饮水，应当符合城市生活饮水的卫生标准。二、三、四级实验动物的饮水，应当符合城市生活饮水的卫生标准并经灭菌处理。

（七）实验动物的垫料应当按照不同等级实验动物的需要，进行相应处理，达到清洁、干燥、吸水、无毒、无虫、无感染源、无污染。

（八）饲料 二级以上实验动物饲料用纸袋或无毒塑料桶盛装，经高压蒸汽灭菌后再烘干，或用^{60}Co照射，经抽样微生物学检查合格后，方能使用。

（九）饮水要求及设备 采用饮水瓶（无毒塑料瓶或玻璃瓶）饮水瓶由于结构简单、价格低、容易生产、便于清洗，为最常用的饮水设备。饮水嘴用不锈钢管而不用玻璃管，以免碰碎后刺伤动物及工作人员。瓶盖、瓶塞均应耐高温、高压消毒。大动物的饮水盆、罐应固定，以免弄翻。普通级动物饮水质量应达到城市饮用水标准。清洁级动物应饮用高压灭菌水。

（十）常用实验动物喂养

小鼠属杂食动物，胃的容积较小，一般为1～1.5mL，有随时采食的习性，尤以夜间最活跃。因此可经常保持小鼠饲槽内有饲料，瓶中有饮水，不一定采用定时定量的作息制度。饮水瓶要勤换，经常洗刷、消毒。饮用水应符合标准，要经常进行观察，有无水瓶漏水，或饮水管堵塞不下水的情况，发现后应及时处理。

大鼠常采用成天供水供料法。大鼠的采食量为$20\sim30g\cdot d^{-1}$，泌乳母鼠采食量应大一些。大鼠的饮水量为$10\sim25mL\cdot d^{-1}$。饲喂颗粒饲料比较方便，根据笼中大鼠数量估计饲料量，每周加料两次即可。饮水瓶中灌满饮用水，任鼠自由饮用。

豚鼠属粗纤维饲料动物类型，维生素C需要量为每日$1mg\cdot 100g^{-1}$体重。维生素C的投喂可通过内含充足维生素C的颗粒料．也可溶在饮水中（$200\sim400mg\cdot L^{-1}$新鲜配制）和投喂富含维生素的新鲜水果蔬菜三种方法。由于维生素C易氧化不稳定，饲料不能久放，贮存的地方要干燥凉爽。

实验用兔是由性成熟到体成熟阶段的家兔也叫做中兔或育成兔。为防止早配、乱配的现象，这个时期的家兔雌雄要分开饲养。为防止公兔圈在一起互相咬架，造成伤亡，最好是单笼饲养。饲养中兔的笼具不能太小，一定要使家兔有一定的运动。在喂饲中兔的饲料中，粗蛋白质的成份可低于繁殖用饲料，能保持12%～15%即可，但粗纤维的成份要略高，可达17%以上。尽量做到环境、饲料条件、喂饲方法及管理制度与生产单位一致，这样才能减少其他的干扰因素，保证实验的准确性，可靠性。

狗是已家畜化的食肉动物，动物性饲料不能缺少，饲料要烹调，不可用生料（除青饲外）或夹生料喂狗。一般喂法是，实验用狗每天喂饲二次，每次喂饲时间：上午8：00左右，下午17：00左右。

两栖类饲养的水质要保证无污染和低菌数，一般采用单向慢流速连续流水系统或循环过滤流水系统。成体饲养的水中可加低浓度氯，幼体不能添加。成体蛙和蟾蜍投以昆虫性饲料或切碎煮熟的动物肝脏。

鱼对水质要求较高，一般鱼的适宜水温为8～16℃，溶解氧最低5～6ppm，多数鱼可耐受的最高游离氨浓度为0.02ppm，pH值范围为6.6～8.5。每天喂1～2次，一周喂 4～5 天。

（十一）排泄物处理和垫料

排泄物是造成饲养环境恶化的主要因素，必须及时消除。使用盒、罐饲养的实验动物，必须用合格垫料吸附动物排泄物。每周应更换垫料 2～3 次。

垫料必须达到下列要求：对动物无毒、无刺激；吸水性强，能有一定的吸附臭气作用；容易获得，使用方便，价格低廉；耐高温消毒（如 80℃烘烤 8h），Ⅱ级以上必须经高压灭菌、经检测无菌后才能使用；常用的垫料有粗木屑、碎刨花、打碎的玉米棒、吸水纸、谷壳及棉花。

第九条　实验动物的检疫和传染病控制

（一）对引入的实验动物，必须进行隔离检疫。

为补充种源或开发新品种而捕捉的野生动物，必须在当地进行隔离检疫，并取得动物检疫部门出具的证明。野生动物运抵实验动物处所，需经再次检疫，方可进入实验动物饲育室。

（二）对必须进行预防接种的实验动物，应当根据实验要求或者按照《家畜家禽防疫条例》的有关规定，进行预防接种，但用作生物制品原料的实验动物除外。

（三）实验动物患病死亡的，应当及时查明原因，妥善处理，并记录在案。

实验动物患有传染性疾病的，必须立即视情况分别予以销毁或者隔离治疗。对可能被传染的实验动物，进行紧急预防接种，对饲育室内外可能被污染的区域采取严格消毒措施，并报告上级实验动物管理部门和当地动物检疫、卫生防疫单位，采取紧急预防措施，防止疫病蔓延。

第十条　实验动物的应用

（一）应用实验动物应当根据不同的实验目的，选用相应的合格实验动物。申报科研课题和鉴定科研成果，应当应用合格实验动物作为基本条件。应用不合格实验动物取得的检定或者安全评价结果无效，所生产的制品不得使用。

（二）供应用的实验动物应当具备下列完整的资料：

品种、品系及亚系的确切名称；遗传背景或其来源；微生物检测状况；合格证书；饲育单位负责人签名。无上述资料的实验动物不得应用。

（三）实验动物的运输工作应当有专人负责。实验动物的装运工具应当安全、可靠。不得将不同品种、品系或者不同等级的实验动物混合装运。

第十一条　从事实验动物工作的人员

（一）实验动物室应当根据需要，配备科技人员和经过专业培训的饲育人员。各类人员都要遵守实验动物饲育管理的各项制度，熟悉、掌握操作规程。

（二）实验动物室对直接接触实验动物的工作人员，必须定期组织合格检查。对患有传染性疾病，不宜承担所做工作的人员，应当及时调换工作。

（三）从事实验动物工作的人员对实验动物必须爱护，不得戏弄或虐待。

第十二条　实验动物处死

（一）实验动物处死原则及注意事项

（1）实验动物处死原则应遵循动物安乐死的基本原则：

实验动物的处死，有的是因中断实验而淘汰动物的需要，有的是因实验结束后做进一步检查的需要，有的是为保护健康动物而处理患病动物的需要。

（2）注意事项：

① 保证操作人员安全。当用乙醚或三氯甲烷处死动物时，从人的安全及实验室条件来看还有不少问题，尽量不要使用。

② 不能影响实验检查的结果，且处死方法易于操作。

③ 尽可能缩短致死时间，即处死开始到动物意识消失的时间。

④ 确认动物是否已被处死不能只看呼吸是否停止，还要看神经反射、肌肉松弛等状况。

⑤ 尽量避免动物产生惊恐、挣扎、叫喊，尽量减少动物的疼痛、痛苦。

⑥ 处死动物是一件令人不愉快的事情。禁止无关人员参加。

（二）实验动物处死的方法

实验动物处死的方法很多，常用的无痛苦死亡的处死方法有颈椎脱臼法、过量麻醉法。此外，还有断头法、毒气法、放血法、空气栓塞法等。实验人员可根据实验目的、动物种类等因素选择不同的处死方法。

（1）颈椎脱臼法：所谓颈椎脱臼法，就是使动物的颈椎脱臼，断开脊髓使动物致死。看起来很残酷，但能使动物很快丧失意识，被认为是一种很好的安乐死方法。颈椎脱臼法是大、小鼠最常用的处死方法。

小鼠、沙鼠脱臼时，先将动物放在笼盖上，待动物安静后，用拇指和食指用力往下按住鼠头，或用直剪刀或镊子快速压住动物的颈部，另一只手抓住鼠尾，用力稍向后上方一拉，使之颈椎脱臼，造成脊髓与脑髓断离，动物立即死亡。由于破坏脊髓，所以体内脏器未受损坏，与断头法一样，脏器可用来取样。

大鼠脱臼时，基本上与小鼠的方法相同。只是需要更大的力量，要抓住大鼠的尾根，旋转用力拉。

兔的脱臼一般限于1kg以下的小兔。操作时，将右手除拇指以外的四指放在耳后，左手紧紧握住兔的后腿，用右手拇指压住头后部、其余四指快速将颈推向上方，兔很快就会死亡。

（2）空气栓塞法：主要用于大动物的处死，用注射器将空气急速注入静脉，可使动物致死。当空气注入静脉后，可在右心随着心脏的跳动使空气与血液相混致血液呈泡沫状，随血液循环到全身。如进入肺动脉，可阻塞其分支。如进入心脏冠状动脉，造成冠状动脉阻塞，发生严重的血液循环障碍，动物很快致死。一般兔、猫需注入空气10～20mL，狗需注入空气70～150mL。

（3）急性大失血法：用粗针头一次采取大量心脏血液，可使动物致死。豚鼠与猴等皆可采用此法。大、小鼠可采用摘眼球大量放血致死。狗和猴等需在麻醉状态下，暴露出动物的颈动脉。在两端用止血钳夹住，插入套管。然后放松心脏侧的钳子、轻轻压迫胸部，能大量放血致死。狗还可采用股动脉放血法处死。硫苯妥钠20～30mg·kg^{-1}静脉注射，狗则很快入睡，然后暴露股三角区，用利刀在股三角区作一个约10cm的横切口，将股动静脉全部切断，立即喷出血液，用一块湿纱布不断擦去股动脉切口处的血液和凝块同时不断用自来水冲洗流血，使股动脉切口保持通畅，动物 3～5min 内可致死。

(4) 巴比妥类快速注射法：这种方法最多用于处死豚鼠和兔，而小鼠、大鼠和沙鼠等不常用。一般使用苯妥英钠，也可使用硫苯妥钠、硫戊巴比妥等，投药量为深麻醉剂量的 25 倍定右。豚鼠常用静脉和心脏内给药，但操作要求技术熟练，初学者最好用腹腔内给药。一般按 $90mg \cdot kg^{-1}$ 的剂量，约 10～15min 死亡。

(5) 二氧化碳吸入法：乙醚类易引起火灾，三氯甲烷对人的肝、肾及心脏有较大毒性，故最好使用二氧化碳。二氧化碳的比重是空气的 1.5 倍，不燃，无气味，对人很安全并且处死动物效果确切。动物吸入后没有兴奋期即死亡，对各种实验动物都是适用的。一般使用液态二氧化碳高压瓶或固体二氧化碳。

操作时，准备 5 倍笼盒大小的透明塑料袋或专用容器。把装动物的笼盒放入透明塑料袋内，将塑料袋包紧、封好、并将输送二氧化碳用的胶管末端放入塑料袋内。然后慢慢将二氧化碳气放入塑料袋内。塑料袋内充满气体后，动物很快就会被麻醉而倒下、继续充气 15s 左右，然后将胶管拔出，封好袋口。放置一段时间后确认动物是否死亡。放 CO_2 气体时，不宜过快，如果过快 CO_2 气会冻结，致死效果就会减弱。使用固体 CO_2 气时，将 CO_2 凝固块放入塑料袋内，使 CO_2 气体蒸发，动物吸入后立即会死亡。

(6) 断头法：断头虽然残酷，但因是一瞬间的经过，且脏器含血量少，便于取样检查，故也被列为安乐死方法的一种。

给小鼠和沙鼠断头时，可用直剪刀，剪刀要求较大而锋利。操作时，用左手拇指和食指夹住小鼠的肩胛部，固定。将直剪刀垂直放在动物颈部，一次剪断。

给大鼠和豚鼠断头时，可使用断头器。将断头器固定在实验台上，用左手按住动物的脊背部拇指放在右腋下部，用食指和中指夹住左前腿。将动物的颈部放在断头器的开口部，慢慢放下刀柄。当接触到动物时，用力按下刀柄切断其颈部，要注意这时有血液喷出。

(三) 实验动物处理方法

对动物的尸体、铺垫物、粪便及饲料残渣等固体废物，送专门处理部门集中进行处理，每周处理 2～3 次。动物处死后先用无毒塑料袋封存，放入冰柜冷冻，由资产处统一送去焚烧。

(四) 详细填写实验动物记录。

5.6 实验动物使用细则

为贯彻实验中心《实验动物管理规定》，确保各级各类科研和教学的顺利进行，特制定本细则。

(1) 购入或领取实验动物时，应严格检查实验动物健康，包括动物的皮毛、眼、耳、四肢、肛门，查看合格证书填写记录。

(2) 实验动物饲养应严格按照实验动物管理条理进行。保持实验动物饮食充沛、环境舒适卫生。保证实验动物健康饲育，不影响实验数据及结果。

(3) 在饲养动物时保证实验动物室的清洁卫生。饲育动物的课题组及个人负责实验动物室的清洁及消毒，由教学监督员负责监督检查。

（4）实验动物处死原则应遵循动物安乐死的基本原则。实验人员根据实验目的、动物种类等因素选择不同的处死方法，同时确保实验人员的安全。

（5）实验动物的尸体用塑料袋密封，放入冰柜冷冻，定期集中送入焚烧炉进行焚烧作业。

（6）实验人员认真填写记录。出现异常情况及时上报。

5.7　实验动物饲养室日常管理

（一）严格执行卫生防疫制度，防止人畜共患病的发生。进入饲养室务必双手消毒，戴上工作帽和口罩，穿上工作服和工作鞋。

（二）每周加颗料 2～3 次，加料数量根据每只日消耗量和每笼实验动物数估计酌情添加。

（三）每周加水 3～4 次，水质要合乎饮用标准，饮水瓶要定期清洗消毒，若发现饮水瓶漏水，应及时更换饮水瓶和垫料。

（四）每周更换垫料 2～3 次，换下的笼具应及时清洗消毒。

（五）每天做好室内外的清洁卫生，定期消毒。

（六）每天要仔细观察实验动物的采食、饮水、精神和粪便情况，及时发现异常情况并采取相应措施以防造成更大损失。

（七）认真做好各种记录，包括温度、湿度、清洁等记录。

（八）关严门、窗，防止野鼠和昆虫进入，严禁非工作人员进入饲养室。

为了加强实验动物的购入、使用、管理、患病死亡、清洁、处死的日常管理，确保实验教学和科研用实验动物的安全，特制订实验动物记录（表 5-7-1）、实验动物购入记录（表 5-7-2）、实验动物管理记录（表 5-7-3）、实验动物患病死亡记录（表 5-7-4）、实验动物排泄物、垫料处理及清洁记录（表 5-7-5）、实验动物处理记录（表 5-7-6）。

表 5-7-1　实验动物记录

购入日期	品种	等级	年龄	性别	体重	数量	遗传背景或其来源	微生物检测状况	合格证书	饲育单位负责人签名	接收人签名	复核人

饲育日期	温度	湿度	气流	空气洁净度	噪声	采光及照明	饲料	饮水	垫料	室内消毒清洁	患病死亡数	工作人员签名	复核人

日期	处死方式	处死数量	尸体处理			记录人	复核人
			密封时间	冷冻时间	统一焚烧时间		

表 5-7-2 实验动物购入记录

购入日期	品 种	品 系	等 级	遗传背景或其来源		微生物检测状况		合格证书	饲育单位负责人签名
年 龄	体 重	数 量	健康状况					接收人签名	复核人
			皮毛	眼	耳	四肢	肛门		

表 5-7-3 实验动物管理记录

日期	温度	湿度	气流	空气洁净度	噪声	采光及照明	饲料	饮水	垫料	室内消毒清洁	患病死亡数	工作人员签名

表 5-7-4 实验动物患病死亡记录

死亡日期	死亡数量	死亡原因	是否有传染病	处理方法	上报日期	上报部门	记录人	复核人

表 5-7-5 实验动物排泄物、垫料处理及清洁记录

日 期	排泄物、垫料处理	器具处理	室内清洁	记录人	复核人

表 5-7-6 实验动物处理记录

日 期	处死方式	处死数量	尸体处理	记录人	复核人

5.8　微生物菌种（细胞）管理规定

微生物菌种（细胞）是生物学教学及科研中应用广泛的实验材料，为了妥善、安全的管理微生物菌种（细胞），防止微生物菌种（细胞）的污染、流失、死亡等因素的发生，根据国务院《病原微生物实验室生物安全管理条例》中的相关条例制定了实验教学微生物（细胞）管理规定。

5.8.1　菌种（细胞）保管

（1）购入或分离得到的菌种（细胞），要按菌种（细胞）保藏要求送交菌种保藏人员妥善保存，并作好微生物菌（毒）种（细胞）和样本进出和储存的记录，建立档案制度，并指定专人负责。

（2）对高致病性病原微生物菌（毒）种和样本应当设专库或者专柜单独储存。

（3）菌种保管人员对购入或接受实验室送交的病原微生物菌（毒）种和样本，应当予以登记（表 5-8-1），并开具接收证明。

5.8.2　使用管理

（1）实验教师和学生在使用时，严格遵守领用登记审批制度，使用人填写微生物（细胞）领取审批表（表 5-8-2）。

（2）使用人员要严格遵守菌种（细胞）使用保藏操作规程，使用过程中要认真填写微生物菌种（细胞）使用记录（表 5-8-3），做好菌种编号、代数、批次、数量等详细记录。

（3）操作过程要注意安全与环保，不得使菌种及环境污染及感染实验人员本身；使用结束后，原菌种和筛选出新菌种要及时返还菌种保藏人员进行保存，淘汰菌种要及时妥善处理。

（4）不同的菌种专设不同的培养箱，防止交叉污染。

5.8.3　使用后处理

（1）实验后的培养皿、试管及锥形瓶等玻璃仪器中的废弃培养基，要先经过 121℃，灭菌 20min 后再将废弃物倒入垃圾袋收集，交资产处统一处理；实验后的培养皿、试管、锥形瓶和接种器具等要先经过 121℃，灭菌 20min 后再清洗干净后烘干备用。

（2）对沾有微生物的滤纸、报纸、牛皮纸或塑料等物品不要直接丢入垃圾箱内，要收集加以灭菌后处理或焚烧。

（3）对微生物菌种（细胞）实验涉及的实验室、仪器设备要定期消毒、灭菌。

（4）含有酸碱盐类等废液，要分别收集，如果没有妨碍，可将其互相中和处理。

（5）实验中心指定专门的机构或者人员承担实验室感染控制工作，定期检查实验室的生物安全防护、病原微生物菌（毒）种（细胞）和样本保存与使用、安全操作、实验室排放的废水和废气以及其他废物处置等规章制度的实施情况。

表 5-8-1 微生物菌种（细胞）提交记录

名　称	编　号	来　源	提交时间	提交人员	存放位置	保管人员

表 5-8-2 微生物菌种（细胞）领用审批表

名　称	编　号	来　源	领用人	使用方向	审批人	归还时间	保管人

表 5-8-3 微生物菌种（细胞）使用记录

名　称	编　号	使用人	地　点	培养批次及管数	用后处理措施

第六章

教学实验室家具的管理

实验家具是实验教学、办公、学生学习生活必不可少的基础物资，也是实验教学活动顺利开展的基本保障。实验家具管理的目的就是利用有效的管理措施，把用于采购、保养、维修、改造、更新的费用控制在最低点，使家具最大限度的发挥投资功效，保证实验教学的顺利开展。实验家具管理工作单靠学校管理部门是很难发挥最大功效的，因此也需要使用部门积极做好各种配合工作，贯彻以预防为主、维护保养和合理使用并重的方针，实现实验家具管理的现代化。为了更好的加强管理，特制定了"实验家具采购流程"、"实验室家具设计与选择"、"实验家具管理规定"、"实验家具损坏赔偿方法"、"实验家具维修程序"、"家具报废程序"等6项规定。

6.1 实验室家具的采购与选择

6.1.1 实验家具采购流程

为了建立规范的家具采购运行机制，确保家具采购工作公开、公正、公平地开展，根据有关法律、法规制定本流程。

（1）根据单位的实际需求情况填写家具采购申请表和采购预算，经中心主任、实验室与资产管理处审核汇总后，报财务处审批。

（2）实验室与资产管理处依据核准的家具采购预算，按品目或项目汇总编制本年度家具采购计划，进行采购。

（3）家具采购采用公开招标、邀请招标、竞争性谈判、询价、单一来源等采购方式。

① 公开招标采购，是指采购机关（招标人）以招标公告的方式邀请不特定的供应商（投标人）投标的采购方式；

② 邀请招标采购，是指招标人以投标邀请书的方式邀请五个以上特定的供应商投标的采购方式；

③ 竞争性谈判采购，是指采购机关直接邀请三家以上的供应商就采购事宜进行谈判的采购方式；

④ 询价采购，是指对三家以上的供应商提供的报价进行比较，以确保价格具有竞

争性的采购方式；

⑤ 单一来源采购，是指采购机关向供应商直接购买的采购方式。

（4）家具到货后，使用单位根据清单、发票等进行清点验收，然后凭发票及清单到资产管理处办理建账手续。采购流程具体图 6-1-1。

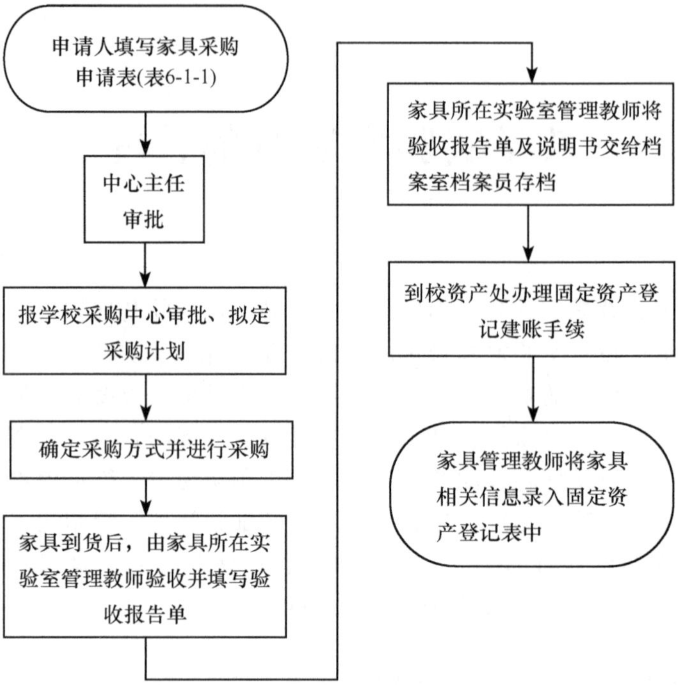

图 6-1-1 家具采购流程图

表 6-1-1 家具采购申请表

单位（盖章）		使用方向	
联系人		电话	
家具名称			
数量		预算金额	
技术规格			
参考厂商	厂商名称	联系人	电话
	1.		
	2.		
	3.		
	4.		

负责人签字：__________ 填报日期：__________

6.1.2 实验室家具设计与选择

实验室家具设计的改进与选择是实验室建设的重要改革内容。一个现代化实验室内的家具，不但应具有优良的使用功能，还应具备整洁明朗的外观和色彩，以改善室内环境，体现特色化、实用、环保的风格，反映我国较高的工业化水平。在实验教学家具设计与选择时，不同的实验室根据不同的需要，都有着不同的选择，但都应遵循适用、安全、耐用、经济、环保等原则。

本实验中心在实验家具的设计与选择时，除普通要求外，本着以人为本的原则，一般注意以下几点：

(1) 在设计实验台的时候，抽屉设计了斜坡，这使得学生做实验的过程中能够活动自如（图 6-1-2）。

(2) 生物实验室应特别着重于耐污性，易于清洗，抗磨损性以及抗细菌真菌侵蚀的性能。因此，实验台的台面选用耐酸碱腐蚀的特殊材料。而且每个实验台都有不同的柜子来存放实验材料和实验药品（图 6-1-3）。

图 6-1-2　抽屉设计了斜坡

图 6-1-3　实验药品和材料存放柜

(3) 在实验台上，还配备了特制的支架，可以代替铁架台，为做生化实验特别是层析实验，提供了很大的便利（图 6-1-4）。

(4) 在每个实验室都专门定制衣柜，供学生做实验时放置书包、衣服等杂物（图 6-1-5）。

图 6-1-4　实验台上特制的支架

图 6-1-5　学生用的衣柜

（5）对于不同的仪器，根据仪器本身的不同特点，定制了不同的仪器台（架）来放置各种仪器。这些台（架）的设计主要是为了方便仪器的使用和维护（图 6-1-6、图 6-1-7）。

图 6-1-6 放置天平的天平台

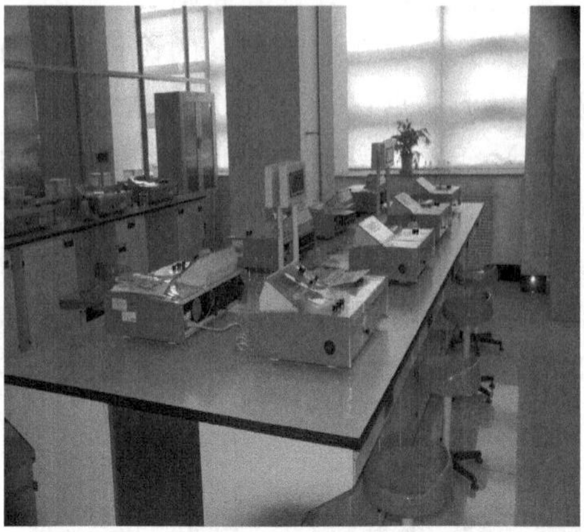

图 6-1-7 分光光度计的仪器台

（6）实验室家具的封边厚实而牢固，并且选择无味的封边胶，以实现环保。

（7）水池台的台面没有使用贴面理化板，是为了防止出现长期被水浸泡而起泡脱落或开裂的现象。

6.2 实验室家具管理规定

为了加强对实验家具的管理，提高实验家具的使用效率，更好的满足实验教学的需要，根据学校的有关规定，结合本单位的实际情况制定本规定。

（1）资产管理处是学校家具管理的职能部门，负责学校家具购置、验收、调配、报废审批等管理工作。学校委托后勤处负责家具的发放、维修及废旧家具的回收保管工作。

（2）为了加强管理，防止国有资产流失，全校家具实行二级管理，单价 500 元以上（含 500 元）家具，由学校按固定资产进行管理；单价 500 元以下家具由实验中心负责建账，按照学校低值品管理办法进行管理。无论何种经费购置的家具均需办理相关手续。

（3）实验家具由资产管理员统一管理，资产管理员负责每年新添家具购置计划的申报，定期核实本单位家具资产的账物，清理破损家具并报修，办理报废家具的报废手续，完成每年家具资产清查、报表等工作。

（4）资产管理员对家具的管理要做到“四有”：

① 有固定资产卡片记录；

② 有固定资产标签贴示；

③ 有固定资产管理使用记录；

④ 有报废、报损、丢失、被盗等处置报告。

（5）各个实验室的家具，都由该实验室的管理教师负责管理。

（6）家具发生损坏、丢失或其他事故，要迅速报告资产管理员和中心主任，查清原因，填写损坏、丢失报表，办理维修、清账等手续。

（7）因使用人员或管理教师玩忽职守、保管不善导致家具损坏、被盗、遗失的，应严肃认真地查清责任，视情节轻重，责令赔偿，并给予适当处分。对损坏、丢失办公家具不报告者，除按有关规定追究当事人的责任外，还应追究单位负责人的责任。

（8）办公室、教研室、实验室所需家具，统属学校固定资产，由实验室与资产管理处物资科统一注册编号管理，按学校的要求进行验收、建账、管理维护和报废注销，做到账、物、卡三相符。

（9）库存家具，每隔一段时间与资产管理员对账一次，确保账账、账物相符。

（10）个人所用单位的实验家具，属学校的国有资产，任何人不得拿到家中或者带到单位外使用。一般不得外借，特殊情况外借应经中心主任签字，然后在资产管理员处办理登记手续，限期归还，期限不超过六个月。

（11）家具调入、调出时，家具管理教师要凭调拨单及时调整家具账，保持账、卡、物相符。

（12）更换家具管理教师时，必须办理家具及账务移交手续，交接双方、资产管理员、实验中心主任要在移交清单上签名，否则因交接不清造成家具丢失的，要追查资产管理员和原家具管理教师的责任。

（13）公共场所（办公室、实验室、走廊等）家具未经实验中心主任同意，不得挪出它用。

（14）家具一般不准拆改，如确需拆改，需由使用单位提出申请，报资产管理部门批准。拆改的家具按原价注销，改装后重新计价入账。

6.3　实验室家具损坏赔偿方法

为了增强师生员工爱护资产的责任心，加强家具的管理，避免损坏和丢失，凡发生责任事故，造成家具的丢失、损坏的必须予以赔偿。

（1）无论损坏或丢失的家具，当事人必须及时报告实验中心主任和资产管理处。

（2）丢失、损坏赔偿手续的办理：当事人填写“家具丢失、损坏事故赔偿表”（表 6-3-1）一式三份，并由有关人员签字，然后带申请表到实验室及资产管理处审批并确定赔偿金额，最后分别到财会处和资产管理处办理交赔偿金和注销固定资产账等手续。

（3）根据家具的新旧程度，损坏程度及原因，由资产管理处会同有关部门研究确定照原价或一定比例赔偿。

（4）凡因工作不负责任，有下列情况，造成家具的损坏或丢失的人员，应视情节轻重及损坏程度进行经济赔偿；态度不好、后果严重者给予行政纪律处分。

① 凡不注意保管、撞坏、烧损、腐蚀或乱折、乱动造成损坏者。

② 凡因管理不善造成家具丢失者。

（5）对于责任不明的情况，由该实验室的全体人员分担责任。

表 6-3-1 家具丢失、损坏事故赔偿表

申报单位：____________ 填报日期：____________

<table>
<tr><td>家具编号</td><td>家具名称</td><td>技术规格</td><td>单 价</td><td>生产厂家</td><td>购置日期</td><td>数 量</td><td>使用方向</td></tr>
<tr><td></td><td></td><td></td><td></td><td></td><td></td><td></td><td></td></tr>
<tr><td>事故原因</td><td colspan="7">责任人（签章）： 年 月 日</td></tr>
<tr><td rowspan="2">处理意见</td><td>使用单位</td><td colspan="6">负责人（签章）： 年 月 日</td></tr>
<tr><td>家具主管部门</td><td colspan="6">负责人（签章）： 年 月 日</td></tr>
<tr><td rowspan="2">赔偿情况</td><td colspan="7">赔偿金额： （元）</td></tr>
<tr><td colspan="7">收款单位（盖章）：
收款人（签章）： 年 月 日</td></tr>
</table>

6.4 实验室家具维修程序

实验家具在使用过程中出现损坏后，为了能继续正常使用和延续家具的使用寿命，可向相关部门申报进行维修，维修流程图 6-4-1。

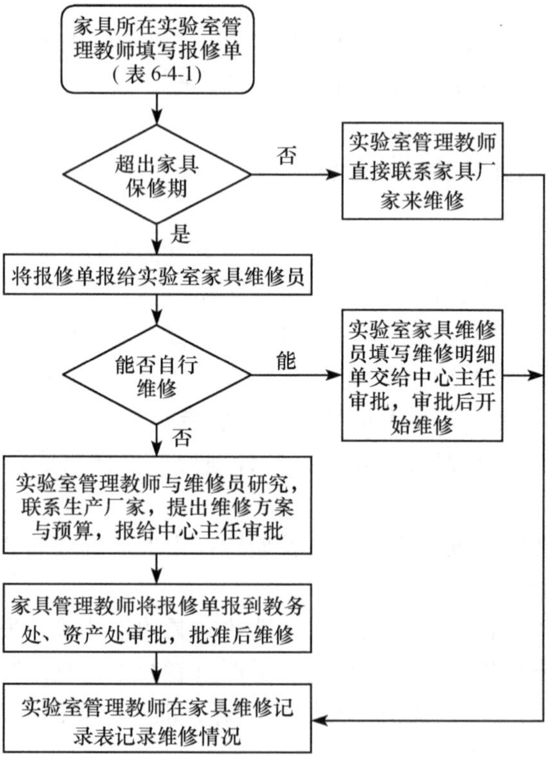

图 6-4-1 家具维修流程

表 6-4-1　家具维修申请单

申报单位：______　　　　填报日期：______

<table>
<tr><td>家具编号</td><td>家具名称</td><td>技术规格</td><td>单　价</td><td>生产厂家</td><td>购置日期</td><td>数　量</td><td>使用方向</td></tr>
<tr><td></td><td></td><td></td><td></td><td></td><td></td><td></td><td></td></tr>
<tr><td>维修原因</td><td colspan="7">经手人（签章）：　　年　月　日</td></tr>
<tr><td>拟检修项目</td><td colspan="7">经手人（签章）：　　年　月　日</td></tr>
<tr><td colspan="2">维修部门</td><td></td><td colspan="3">预算经费（元）</td><td colspan="2"></td></tr>
<tr><td rowspan="2">处理意见</td><td>使用单位</td><td colspan="6">负责人（签章）：　　年　月　日</td></tr>
<tr><td>家具主管部门</td><td colspan="6">负责人（签章）：　　年　月　日</td></tr>
<tr><td colspan="2">验收情况</td><td colspan="6">验收人（签章）：　　年　月　日</td></tr>
</table>

6.5　家具报废程序

为了减少积压，充分发挥家具的作用，各单位可对闲置、损坏的家具申请报废处理。凡家具，使用年限较长，自然磨损严重，难以修复的，均可申请报废。

（1）家具报废必须先由管理教师填写报废申请单（表 6-5-1），然后由资产管理员和中心主任核实、签字后，上报至资产管理处，由资产管理处组织有关人员进行鉴定，同意报废后才能进行报废处理。

（2）资产管理处负责将审批后的家具报废单交后勤处，由后勤处按报废单收回报废家具，并在报废单上签字。单价 500 元以上由资产管理处凭此单调账，单价 500 元以下由使用单位凭报废单调账。

（3）回收的报废家具由资产管理处负责组织处理，残值收入按照学校有关规定处理。

（4）各单位任何人不得以任何理由、名义将本单位的家具私自报废、转让或变卖。否则，按照有关规定进行处罚。

表 6-5-1　家具报废申请单

申报单位：＿＿＿＿＿＿　　　　　　　　　　　　填报日期：＿＿＿＿＿＿

<table>
<tr><td>序　号</td><td>家具编号</td><td>家具名称</td><td>技术规格</td><td>单　价</td><td>生产厂家</td><td>购置日期</td><td>备　注</td></tr>
<tr><td></td><td></td><td></td><td></td><td></td><td></td><td></td><td></td></tr>
<tr><td></td><td></td><td></td><td></td><td></td><td></td><td></td><td></td></tr>
<tr><td></td><td></td><td></td><td></td><td></td><td></td><td></td><td></td></tr>
<tr><td>报废理由</td><td colspan="7"></td></tr>
<tr><td colspan="2">使用单位意见</td><td colspan="3"></td><td>中心负责人</td><td colspan="2"></td></tr>
<tr><td colspan="2">资产管理处鉴定结果</td><td colspan="6"></td></tr>
<tr><td colspan="2">鉴定人</td><td colspan="2"></td><td colspan="4">年　　月　　日</td></tr>
<tr><td colspan="4">主管部门（公章）</td><td colspan="4">交接记录</td></tr>
<tr><td colspan="4"></td><td colspan="4"></td></tr>
</table>

第七章

实验教学的管理

科学化、规范化、网络化、目标化和制度化的实验教学管理，融入先进的实验教学理念和以人为本的管理思想，极大地提高了实验中心的工作效率和工作质量。对于实现实验教学管理的跨越式发展，保证实验教学资源的真正共享，确保优秀人才培养方案的顺利实施，全面提升实验教学质量和办学水平具有十分重要意义。

为了提高实验教学质量，保障实验教学的顺利有序进行，制定了“实验教学大纲制定原则”、“实验教学计划与安排”、“实验教材的编写与选择”、“实验教学检查与评估”、“实验教学试做试讲制度”、“学生实验习惯评定标准”、“实验成绩考核分析制度”、“实验教学方法”、“学生实验守则”、“实验预习与考核”、“实验报告要求及注意事项”、“实验记录的内容与要求”、“学生实验成绩评定方法”、“实验教学工作量核算方法”、“实习教学管理细则”、“实验准备须知”等实验教学管理制度16项和“实验教学日常管理”5项。

7.1 实验教学大纲制定原则

实验教学大纲（以下简称教学大纲）是组织实践教学环节检查、监控实验教学过程、评价实验教学质量的重要依据，是实验教学重要的指导性文件。制定并完善教学大纲是课程建设、学科建设的重要内容。教学大纲不仅是编写实验教材和教师进行实验教学的主要依据，也是检查评定学生实验课程成绩和衡量实验教学质量的重要标准，特制定实验教学大纲原则：

7.1.1 制定、修订教学大纲的基本程序

（1）教务处提出制定、修订教学大纲的原则意见，作为制定、完善教学大纲的指导性文件。

（2）每学期开学初，各课程建设负责人按照“原则意见”的要求，根据实验教学计划中的课程安排和课程体系建设的实际要求，提出制定（新开课程）和修订（已开课程）教学大纲的计划。

（3）各课程建设负责人召集课程相关教师对需要制定和修订教学大纲的实验项目进行集体讨论，统一整合并确定相关课程的实验教学内容、明确其教学目标。

（4）承担编写教学大纲任务的教师在规定的期限内将教学大纲初稿交实验中心审核，按审核的意见修改、再修改，直至定稿。

（5）经审核定稿的教学大纲，分别由课程建设负责人和审核人签字盖章，并分别由指导教师留存、实验中心和教务处存档，由指导教师执行。

7.1.2 制定、修订教学大纲的基本要求

（1）所有的实验课程指导教师都必须参与教学大纲的制定和修订，不得拒绝有关的任务分配；每门课程的教学大纲必须有 2 名以上的指导教师进行编写。

（2）制定、修订成稿的教学大纲必须经课程建设负责人和审核人签字方才有效。

（3）教学大纲要同教学计划对课程的要求相一致，课时安排不得超出或少于教学计划对该门课程的学时分配；要精选该门课程的实验内容，避免与相关课程重复或脱节。

（4）教学大纲对课程教学内容的安排应当体现理论联系实际和重点突出的原则；要明确兼有实践内容的理论课的实践环节和技能培养的要求；要明确对各部分教学内容的“了解”、“理解”、“认识”、“掌握”、“熟练掌握”、“精通”等不同程度的要求。

（5）教学大纲的编制要同专业建设、特别是学科建设相结合，同整合和完善实验课程内容体系相结合，同实验教学方法、手段和学生成绩考核方法的改革相结合。要根据专业人才培养目标及对学生知识、技能、素质的要求，对生物学实验课程合理定位，并对实验内容合理取舍。通过对教学大纲的完善，逐步形成独具特色、科学合理的各专业实验课程内容体系。

（6）各门实验课程的教学大纲必须以统一的格式编制。

7.1.3 教学大纲格式要求

×××实验教学大纲

课程代码：×××实验

课程中文名称：×××

课程英文名称：×××

课程学时：×××

课程学分：×××

授课对象：×××专业本科生

课程性质：课程性质指该课程是专业基础课还是专业课，是必修课还是选修课等，课程性质对不同专业的学生应当有所不同。

课程地位：课程地位指该课程在课程（学科）体系中居什么地位，与学科体系中其他课程是什么关系。

课程作用：课程作用指该课程对修课学生的知识、技能和素质的培养或开发起什么作用。

教学目的：明确提出通过本课程的教学，需要学生了解什么，理解什么、掌握什么、熟练掌握（精通）什么。

课程重点：×××

课程难点：×××

教学环节：讲授、实验、思考题。

授课方式：结合教学目的和要求，提出采用的授课方法和手段。

成绩考核：根据教学目的和要求，依据实验中心制定的《学生实验成绩评定方法》制定相应的主要考核内容。

教材与主要参考书：写明该课程选用的教材和主要参考书的书名、作者、出版社、版本等。

执笔人：×××

编写日期：×××

实验××××

—×××

（一）目的要求：

明确提出通过本实验项目的教学，需要学生了解什么，理解什么，掌握（认识）什么、熟练掌握（精通）什么。

（二）实验内容：

1. 内容提要：明确提出该实验项目操作过程的主要内容。

2. 注意事项：明确提出学生在该实验操作过程中需注意的主要问题。

（三）思考题：

×××

（四）仪器、材料与试剂：

×××

（五）项目学时学分：×学时（×学分）

（六）实验类别：实验类别按基础、专业基础、专业或其他等填写。

（七）实验类型：实验类型按演示性、验证性、综合性、设计研究或其他等填写。

（八）实验要求：实验要求按必修、选修或其他等填写。

（九）网络课程：网络课程按网络实验或非网络实验填写。

7.2　实验教学计划与安排

实验教学计划是专业人才培养方案的有机组成部分，是实验教学重要的指导性文件。为了实验教学能够科学合理的组织与安排，特制定实验中心实验教学计划：

7.2.1　制定、修订实验教学计划的基本程序

（1）实验教学计划是学校组织和实施实验教学的基础文件，应保持相对的稳定。实验教学计划经学校审定批准后必须严格执行，未经学校同意，不得随意更改。

（2）因特殊原因需要增减或调整实验内容、实验学时应由实验中心提出申请，教学负责人按照相关专业的人才培养目标组织相关教师进行集体讨论，确定相关课程的学时（学分）、课程要求、课程性质与修读学期。

（3）承担制定实验教学计划的相关教师在规定的期限内将教学计划初稿交教学指导委员会审核，按审核的意见修改、再修改，直至定稿。

7.2.2　实验教学计划的内容

（1）实验课程学时学分：××学时（××学分）

（2）实验课程性质：实验课程性质按公共基础实验、专业基础实验或专业实验填写。

（3）实验课程要求：实验课程要求按必修实验课程或选修实验课程填写。

（4）修读学期：修读学期按该实验课程修读的学期填写。

7.2.3 实验教学计划的安排

（1）每学期开学前，实验中心教学秘书按教学计划安排相关课程实验项目的指导教师、研究生助教和辅助教师。

（2）开学第一周，中心组织召开实验教学会议，提出在实验过程中的注意问题及相关要求。

（3）开学前三周，学生根据教学安排选择选修实验项目，并进行基本技术训练。指导教师进行预实验。

（4）实验前一周，进行相关实验原理与技术的讲授，学生预习。

（5）实验前15分钟，进行实验预习考试，根据考核情况重点补充学生对实验没完全理解和掌握的操作方法及注意事项。

（6）实验后一周，安排时间进行实验总结讨论。

（7）每学期期末，安排实验原理与技术考试和实验操作考试。

（8）学生成绩汇总后，进行实验课程成绩分析。

7.3 实验教材的编写与选择

编写符合高等教育改革发展方向的生命科学实验教材，对培养学生科学的思维方法、创新能力与意识，对培养学生全面掌握基本实验操作技能、全面推进素质教育有着重要的作用。实验教材质量是教材建设的核心问题，教材质量的优劣直接影响着学生的实验教学效果及学校的教育教学质量工程。因此，特制定实验教材的编写与选择原则：

7.3.1 编写实验教材的基本原则

（1）实验教材必须按照生命科学人才培养目标和实验教学大纲的要求，密切生命科学发展动态，着重培养学生的理论基础和实验技能。

（2）编写新教材必须吸收国际同类实验教材和国内现有教材的优点，结合生命科学发展特点进行编写，力求满足生命科学发展的需要，达到生命科学实验教材的先进水平。

7.3.2 编写实验教材的基本要求

（1）作为实验课教材，在反映学科发展现状和学科特点的前提下，要有其科学性、系统性和实际可操作性。

（2）在实验内容编排上体现演示性、验证性、综合性、设计性、研究创新性实验循序渐进的原则，从简单到复杂、从基础到前沿、从接受知识型到培养综合能力型逐级提高的生命科学实验课程新体系。

（3）在实验教材编写形式上，采用书配盘的格式，为配合实验内容而编制了多媒体实验教学课件，充分发挥现代教育技术的优点。

（4）所选实验的材料要考虑易得性和经济性。必须郑重考虑安全性。污染非常严重、毒性很大的实验内容和材料不宜选用。

（5）编入教材的所选实验，教师均应重复和验证过。重现性高，要求能得到较好的结果。

（6）实验教材应规定实验应达到的目的、实验时间安排、内容提要、仪器、材料与试剂、操作步骤、注意事项、结果分析、思考题与参考文献，以便实验顺利进行。

7.3.3　实验教材的选用原则

（1）实验教材必须符合生命科学人才培养目标和实验教学大纲的基本要求，与教学内容配套。

（2）选用国家级规划教材或其他国内外优秀教材。

7.4　实验教学检查与评估细则

为了强化实验中心实验教学的宏观指导和科学管理，保证国家有关教育方针、政策、法规和我校教学制度、规定和措施的贯彻执行。总结推广实验教学和管理工作的先进经验，推动实验教学改革的深入发展，不断提高实验教学质量。结合本实验中心的实际情况，特制定实验教学检查与评估细则。

7.4.1　实验教学检查细则

（1）成立由学院党政领导为组长，教学副院长及实验中心主任为副组长，热爱教育事业、责任心强、有丰富的教学经验及管理经验的老教师、实验督学和教学秘书为组员的督导组。全面负责实验教学检查与评估工作。

（2）每学期学期初、学期中和学期末进行实验教学的定期检查和不定期的抽查，对任课教师实行听课制度，并做好听课记录。

（3）各部门主管领导、中心主任每学期对每门实验课程至少听课一次，中心组织专家督导组随机听课。

（4）实验教学检查内容

- 文件管理：有教学大纲、教学计划、学生实验守则、实验习惯评定标准、实验成绩评定方法等各种实验教学管理文件。
- 教学任务：有教学安排和学生分组表。
- 实验教材：有实验指导书或自编实验教材。
- 实验项目管理：每个实验项目有电子课件等。
- 实验考试或考核：有科学、合理的考试或考核办法。
- 实验报告：规范整洁，有存档。

• 实验研究：有实验研究和成果。

• 每组实验人数：基础课 1 组/人，技术基础课 1 组/2 人，有些实验项目不能 1 人（或 2 人）完成的，以满足实验要求的最低人数为准。

• 实验公开课：每学期不定期举行公开课的活动，开展实验教学经验交流和研讨等。

• 仪器设备管理：仪器设备的固定资产账、物、卡相符率达到 100%。

• 低值耐用品管理：单价低于 500 元的低值耐用品的账物相符率不低于 95%。

• 仪器设备的维修：仪器设备的维修要及时，保证实验的顺利开出。

• 仪器设备完好率：现有仪器设备（固定资产）完好率不低于 80%。

• 精密仪器大型设备管理：单价 5 万元以上的仪器设备要有专人管理和技术档案，每台年使用率不低于 400 学时。

• 教学实验常规仪器配置套数：每个实验项目的常规仪器配置套数不低于 5 套。

• 岗位职责：有实验室主任、实验教师、实验技术人员岗位职责，专职实验技术人员每人有岗位日志。

• 培训计划：实验室有合理有效的师资培训计划，并落实到人。

• 管理制度：有物资、安全、工作档案、人员管理、信息收集整理制度。

• 实验指导教师：实验前指导教师须作预实验，有预实验记录，对首次上岗的实验指导教师有试讲要求。

• 实验学生：检查学生在实验过程中出现的各种问题，发现问题及时处理，通报批评或表扬。

（5）定期召开督导组会议，交流督导工作经验。

（6）每次实验教学检查后，认真填写检查记录，及时通报情况，以便实验教学的改进。并于学期末交实验中心档案室统一管理。

7.4.2 实验教学效果评估细则

（1）教学督导组对实验中心的领导、实验教师、实验学生实施督导，并运用多种方式对实验教学效果进行评估。

（2）实验教学效果评价方式：

① 实验中心定期组织同行专家进行评价，并填写相关评价表格。

② 实验教学督学定期组织召开与实验课程有关的指导教师、研究生助教、辅助教师及学生代表座谈会，听取其意见和建议。

③ 每学期期末督学定期组织学生统一填写相关实验课程的综合问卷。

④ 每学年督学定期对外保的研究生进行跟踪调查反馈。

⑤ 学生可以随时到实验中心网站进行相关实验课程的网上评价。

（3）每学期期末，实验教学督导组根据实验教学效果评价方式对实验教师工作进行综合评估，评价结果与其职称晋升、奖金分配等挂钩。并依据“实验教学工作量核算办法”计算工作量。

（4）督学把每次的实验教学评价做出书面总结报告，提出整改建议反馈给实验中心，中心审核后提出处理意见。

（5）对在学生反馈中不满意率（大样本统计）高于30%的实验教师，以适当的方式予以提醒；对不满意率高于50%的教师，经督导组调查实验教学质量确有问题的，暂停其担任实验课指导资格，经培训由同行教师和学生评价合格后，才能重新担当指导。

（6）在实验教学过程中出现较大影响的教学事故，将在职称晋升评定中予以单项否决，暂停评聘学术职称一次，并建议学校给予行政处分。

7.5 实验教学试做试讲制度

为加强实验教学管理的科学化、规范化和制度化，提高实验教学质量，保证实验教学的顺利进行，特制定教师新开实验课试做试讲制度：

（1）经双向选择确定为实验课指导教师，如新开实验课或者开新实验课，必须在开课前进行试讲，成绩合格者，方可开课。

（2）试讲一般在开课前一个月安排。

（3）试讲由实验中心安排，由5～7人组成专家小组进行听课，其中要求各职称教师均参加，同时还要有学生参与听课。

（4）试讲内容由实验中心组织安排，于试讲前通知开课教师。

（5）试讲要求运用多媒体等现代化教育技术进行。

（6）试讲后由专家组进行打分，成绩为优秀、良好、中等、及格和不及格五个档次，要求在良好以上视为通过。

（7）专家组组长要为试讲教师给出综合评价。

（8）试讲要有详细的记录存档。

（9）开课前，实验教师组织相关的助教研究生一起试做，经过检查达到实验课要求，方可上实验课。

7.6 学生实验习惯评定标准

为保证实验课的正常秩序，培养学生良好的实验习惯，养成严谨的科研品质，提高学生的综合素质，特制定实验习惯评定标准21条。实验习惯成绩占本门实验课程总成绩的10分，以扣分形式计分，扣除满十分者，视该科实验成绩为不及格，具体规定如下：

（1）没有接受实验室安全、节约、环保教育或实验安全等考试不合格者，禁止上实验课。

（2）实验课迟到、早退者，扣1～2分。

（3）无故缺席实验者，扣3分。

（4）不穿实验服做实验者，扣1分。

（5）不写实验记录者，扣1分。

（6）实验结束后，使用的玻璃仪器没冲洗干净者，扣1分。

(7) 向水池扔有堵塞下水道的废物者，扣 2 分并罚款拾元。

(8) 使用仪器设备未按要求操作造成仪器损坏者，根据损坏的实际情况扣 2～5 分，并按仪器损坏赔偿制度给予相应罚款。

(9) 使用煤气灯、酒精灯、电炉等不注意造成实验台面烫伤或使用强酸、强碱等溶液腐蚀实验台面者，使用分光光度计时，将比色皿放在仪器台面上，使台面腐蚀、污染者扣 5 分并罚款 100 元。

(10) 使用仪器后不填写仪器使用记录者，扣 1 分。

(11) 不参加实验室布置的大扫除或值日生工作不认真者，不整理实验所使用的仪器和实验台面者扣 1 分；不参加值日生工作着，扣 2 分。

(12) 实验操作过程中，不按操作要求移取公用试剂造成试剂污染，影响自己和别人实验结果者，扣 5 分并赔偿相应试剂费用。

(13) 没有经过教师允许，擅自开抽屉、柜子者，扣 1 分。

(14) 实验课堂中禁止接听手机、手机铃声发生响动者，扣 1 分。

(15) 对实验中心布置的实践教学活动不参加者，扣 1 分。

(16) 找人代做实验者，扣 3 分。

(17) 串改实验数据、结果或抄袭实验报告者，扣 1～5 分，并取消该次实验成绩。

(18) 扰乱课堂秩序者，根据情节，扣 5～10 分。

(19) 其他违反实验室有关规定者，根据实际情况作出相应的处理。

(20) 道德品质不好者，实行一票否绝制，取消实验成绩、拒绝其进实验室。

(21) 对实验习惯表现突出者给予 1～5 分的奖励。

7.7 实验成绩考核分析制度

实验考核是检验实验教师授课水平和学生是否养成良好的实验习惯、是否掌握实验基本技术和基本方法的重要环节，教师要善于通过实验考核发现问题，要对实验考核成绩加以分析，总结实验教学经验，不断提高实验教学质量。为此，特制定如下实验成绩考核分析制度：

(1) 实验教师在实验成绩考核过程中要做到公平、公正、合理，实验成绩要基本符合正态分布，平均成绩大于 80 分，优秀率 20%左右，不及格率 5%以下。

(2) 实验教师对实验成绩考核进行简明扼要的分析总结，画出成绩分布曲线图，填写《实验中心实验成绩考核分析报告》。

(3) 实验教师对实验考试成绩进行简明扼要的分析总结，做出试题定量、定性分析，并画出试题难度分布曲线图。

(4) 建立多元的实验成绩考核方法，统筹考核实验过程与实验结果（见 7.13 学生实验成绩评定方法）。

(5) 建立“实验平时成绩记分簿”（见 7.17 实验教学日常管理）、成绩档案和计算机管理数据库。

(6) 建立各种考试制度（统一命题、统一标准、统一阅卷，建立试题库和试题质量分析制度等)。

(7) 实验中心每学期末，组织相关教师对本学期学生成绩进行分析，并及时总结，提出实验教学方法的改进建议。

7.8　实验教学方法

先进的实验教学方法应该符合学生的认知规律，有利于教学思想和教育理念的贯彻，能够调动学生的实验兴趣和实验积极性，有利于学生科学思维和创新能力的培养。有利于激发学生学习的主动性和积极性，引导学生积极思维，独立思考，提高学生发现问题、分析问题和解决问题的能力，引导学生质疑、探究、创新和实践，推动学生自主学习、合作学习和研究性学习。为此，本实验中心特制定如下实验教学方法：

(1) 采用“启发式、研究式”的教学方法。采取以学生为主体、以教师为主导、以教材为依据、以课堂讲授为平台，按照精讲、自学、辅导、讨论、启发等要素相结合的方法，使教师与学生积极互动。

(2) 推进双语实验教学。分子生物学电子课件全部采用英文制作。

(3) 建立符合学生认知规律的实验教学方法。“安全教育→理论讲授→素质培养→技能训练→预习考核→实验实施→总结讨论→报告撰写→综合考试”相互贯通。

(4) 建立课内外结合的科研训练内容和方法。每门实验课程都有设计实验项目，专设一门“研究创新实验”课程，学生可以自主选题，也可以结合导师的科研项目选题，在导师的指导下，开展科研训练。鼓励并支持本科生积极承担国家级和校级“大学生创新性实验计划”资助项目、参加课外的科技创新竞赛。

(5) 应用现代化教育教学手段辅助实验教学，制作和引进多媒体课件、网络课程和教学视频录像，在教学网站上建立师生互动平台。

(6) 建立引导学生知识、能力和素质全面协调发展的学生实验成绩综合评定方法。实验习惯成绩，实验预习成绩，实验操作成绩，实验报告成绩，实验设计成绩，实验考试成绩相结合。

7.9　学生实验守则

为了顺利完成实验任务，确保人身、仪器设备的安全和实验室的环境卫生，使学生能够养成良好的实验习惯，达到全面提高学生综合素质的目的，特对进实验室做实验的学生制定如下守则：

(1) 实验前须参加安全、环保、节约教育和基本技术培训。使用仪器要凭仪器使用合格证方可使用，教师准许使用的仪器设备，必须严格按其操作规程操作。如有损坏或丢失，立即向老师报告，等待处理。

(2) 实验前必须充分预习，熟悉实验内容。明确实验目的与要求，理解实验原理，掌握实验操作方法及有关注意事项。

(3) 上课不迟到、不早退。进入实验室须换实验服，应服从教师指导，在指定位置做实验。

(4) 严守实验课堂纪律。不得在室内喧哗、打闹；不得吸烟、饮食、随地吐痰、乱扔纸屑和其他杂物；不得将与实验无关的物品带入实验室；不得将实验室物品带出实验室；不得在实验台和仪器设备上乱写乱画。

(5) 严格按分组要求使用实验用品和仪器设备，保管好自己负责的实验台、实验凳和玻璃仪器等，如有损坏或丢失，应立即报告；任何与本次实验无关的仪器设备和药品等不经指导教师许可，不得动用。

(6) 实验过程中要节约实验材料和各种化学试剂等实验用品，并严格避免各种试剂的交叉污染。

(7) 实验操作时要认真操作，细致观察，及时记录，原始记录真实完整，实验后应请指导教师检查数据。

(8) 实验做完后，要将仪器、物品、实验凳和实验药品等放回原处；将玻璃仪器刷洗干净，实验台面收拾整洁，经实验教师允许后方可离开实验室。

(9) 按规定认真书写和上交实验报告。实验报告要层次清楚、字迹工整，数据处理科学，讨论要具体深入。

(10) 积极参加实验中心组织的实验讨论和设计实验，有意识地培养自己的分析问题和解决问题的能力、创新意识和科学思维。

(11) 值日生要最后检查实验室物品的摆放是否整齐，彻底打扫实验室的环境卫生，仔细检查水、电、气是否关闭，认真填好值日生工作日志，经管理老师批准后，方可离开实验室。

7.10 实验预习与考核

实验预习既是做好实验的前提，也是实验成败的关键。为了提高学生实验的一次成功率，特制定实验预习与考核要求：

(1) 阅读实验教材、实验课件、预习相关的网络课程和参考资料，明确每次实验目的及全部内容。

(2) 理解实验原理，掌握每次实验的主要内容，重点阅读实验中有关的实验操作技术、实验方法及注意事项。

(3) 提出自己疑惑的问题，带着问题作实验。

(4) 每次实验前15分钟，指导教师采取全部闭卷考核形式，主要考核学生对本次实验的主要过程和注意事项的理解与掌握，并以此作为学生的实验预习成绩。

(5) 考核后指导教师再把学生答题中出现的问题作一详细解答，以免在实验过程中发生。

7.11 实验报告书写要求及注意事项

实验报告是对实验操作过程的总结，是表达实验成果的一种形式。书写实验报告是一项重要的基本技能训练，是学习实验论文书写的基础。为规范学生实验报告的撰写，特作如下规定。

7.11.1　撰写实验报告的目的

通过撰写实验报告，让学生熟悉撰写科研论文的基本格式，学会绘图、制表方法；学习如何应用有关理论知识和相关文献资料，对实验数据等进行整理分析，得出实验结论；培养学生独立思考、严谨求实的科学作风。

7.11.2　实验报告的内容

（1）课程名称、实验题目、姓名、年级、专业、组别及实验日期。

（2）实验目的。

（3）实验原理。

（4）实验用品（包括所用器材、试剂以及实验材料）。

（5）实验方法与步骤。

（6）实验结果与讨论。

（7）心得与体会。

7.11.3　实验报告书写的基本要求

（1）实验报告是一件非常严肃、认真的工作，要讲究科学性、准确性、求实性。

（2）实验目的：要明确，抓住重点，可以从理论和实践两个方面考虑。在理论上，验证定理定律，并使实验者获得深刻和系统的理解，在实践上，掌握仪器或器材的使用技能技巧。

（3）实验原理：要写明依据何种原理、定律或操作方法进行实验。

（4）仪器和材料：选择主要的仪器和材料填写。如能画出实验装置的结构示意图，再配以相应的文字说明更好。

（5）步骤和方法：要写明经过哪几个具体实验操作步骤，要把实验的过程以及观察所得的变化和结果写清楚。为便于说明问题，还可以附加图表，也可用流程图说明。实验报告要简明扼要、字迹工整。

（6）结果与讨论：从实验中测到的数据计算结果，或从图像中观察实验结果，作出结论；讨论写明对实验中的异常现象、对实验成功或失败的原因等进行分析。

（7）心得与体会：写出实验后的心得体会，有什么新的发现和不同见解、建议等。

7.11.4　撰写实验报告的注意事项

（1）实验报告的书写应注意内容真实准确，文字简练、通顺，书写整洁，标点符号、外文缩写、单位度量等书写准确、规范。

（2）如实记录实验现象和数据。在实验时，由于观察不细致、不认真，没有及时记录，实验报告就不能准确地写出所发生的各种现象，也就不能实事求是地分析各种现象发生的原因。

(3) 禁止修改或编造实验数据。

(4) 说明要准确，层次要清晰。

(5) 采用专业术语说明问题。

(6) 严禁抄袭、复印他人的实验报告，独立完成实验报告的书写。

7.12 实验记录的内容与要求

为了培养学生严谨的科学态度、实事求是的科学作风、团队合作的精神，提高学生观察问题、分析问题和解决问题的能力，真实地记录每次实验的操作过程，特制定实验原始记录的内容与要求。

7.12.1 原始记录的内容

原始记录主要包括实验题目、实验原始数据、实验步骤、实验现象观察等部分内容。实验原始数据主要包括实验材料、实验试剂（包括浓度）的加入量等内容；实验步骤指具体的实验操作步骤，要求标明各步骤的完成人；实验现象观察包括整个实验过程出现或发生的现象；最后是实验指导教师签字。

7.12.2 原始记录的要求

实验指导教师要求学生在实验中及时、完整地填写原始记录，经教师签字后方可离开实验室。原始记录的填写必须遵循真实性、科学性、对比性和针对性原则。具体是指：原始记录必须真实，不得凭空捏造，原始记录原则上不得进行改动，改动处须向指导教师说明。要求学生在完成原始记录时遵循针对性、科学性和对比性原则。针对性则要求学生在观察实验时记录的主要内容应与实验原理相吻合；科学性则要求学生记录实验结果时必须使用规范的专业用语，避免使用方言；对比性则强调学生在完成原始记录中学会比较实验结果和理论值或其他组的结果进行比较。

7.13 学生实验成绩评定方法

准确、公平和客观地评定每个学生的实验成绩，对充分调动学生实验的积极性、主动性和创造性，激发学生的学习热情，提高学生的综合素质，全面改进实验教学方法和手段，提高实验教学效果和实验教学质量等都具有非常重要的意义。特此，本实验中心制定实验成绩考核评定方法：

(1)《植物生物学实验》、《动物生物学实验》、《微生物学实验》、《细胞生物学实验》、《免疫学实验》、《遗传学实验》、《生物化学实验 I》、《生物化学实验 II》、《分子生物学实验》、《生物科学专业实验》、《生物技术专业实验》、《药物分析实验》、《药物制剂实验》、《药理学实验》成绩评定方法：实验习惯成绩占 10%；实验预习考试成绩占 10%；实验操作成绩占 30%；实验报告成绩占 20%；实验操作考试成绩占 10%；实验设计成绩占 20%。制定实验习惯规定 21 条，违反规定的学生扣 1～10 分；对实验习惯表现突出的学生给予 1～5 分的加分。实验习惯成绩总分为 10 分，扣除满 10 分者；或实验预习考试成绩达不到 6 分者，视该科实验成绩为不及格，重修该门实验课程。

(2)《研究创新实验》成绩评定方法：创新实验习惯成绩占 10%；实验方案设计成绩占 30%；创新实验操作成绩占 40%；创新实验论文成绩占 20%。创新实验习惯成绩不及格者该科总成绩视为不及格。

(3)《生物学实验原理与技术》成绩评定方法：植物生物学实验理论考试成绩占 8%，生理学实验理论考试成绩占 8%，微生物学实验理论考试成绩占 12%，遗传学实验理论考试成绩占 8%，细胞生物学实验理论考试成绩占 12%，免疫学实验理论考试成绩占 8%，生物化学实验Ⅰ理论考试成绩占 20%，生物化学实验Ⅱ理论考试成绩占 12%，分子生物学实验理论考试成绩占 12%。

7.14 实验教学工作量核算方法

为了保证教师实验教学工作量计算的科学性、准确性和公正性，充分调动教师从教的积极性，科学地对实验教学工作量实施管理，本实验中心根据实验教学的实际情况，依据教务处下发的《吉林大学学院教学工作量（本、专科）核算办法》，特制定实验中心实验教学工作量核算办法。

7.14.1 《生物学实验原理与技术》教学标准学时

(1) 新开设的实验项目 $1.2 \times H \times K_1$（第一轮授课，需生物实验中心审批）

(2) 原有的实验项目：$H \times K_1$

7.14.2 设计实验申请书批改标准学时（$N>70$）

由中心按实际次数核定，原则上每学期每门课每 6 学时以上可以安排批改作业一次，每学期每门课最高限量为 8 次。计算公式：$H \times M \times K_2 \times n/3$ 计算。（n 为批改作业次数，$n \leqslant 8$）

7.14.3 实验项目标准学时（指教师带实验，含批改实验报告）

(1) 新开设的实验项目：$1.2 \times H \times (1+(M-1) \times 0.5) \times K_3 \times K_6$（第一轮授课，需生物实验中心审批）

(2) 原有的实验项目：$H \times (1+(M-1) \times 0.5) \times K_3 \times K_6$

7.14.4 实习实践课程标准学时

$$12 \times 1/15 \times N \times Z \times K_4$$

7.14.5 毕业设计标准学时

$$12 \times 1/8 \times N \times Z \times K_5$$

7.14.6 其他工作量

（1）校内教材、教学大纲编写（当年内出版印刷，学期内使用，一次计算）。

编著者：国家规划立项教材和面向21世纪等立项教材每千字按2标准学时计算；其他列入学校教材出版计划，公开出版并在学校中使用的本（专）科教材，每千字按1标准学时计算。经学校审订并正式印刷的教学大纲按每千字4标准学时计算。

（2）每场考试监考工作每小时按0.5标准学时计算。

7.14.7 补充说明

（1）2001年以后学校认定的校级优秀课程增加工作量10%，精品课程增加工作量20%。

（2）实验中心每学期可根据指导教师教学评价，评定教师教学效果为优、良、中、差4个等级。以评定为良的作为标准，评定为优的增加实验教学工作量酬金的20%，评定为中的扣实验教学工作量酬金的20%，评定为差的扣实验教学工作量酬金的40%。评定为优的指导教师一般应控制在本学期指导教师总数的25%以内。

（3）在指导教师所应享有的寒、暑假期间安排的实践教学环节：校外实践教学在上述计算办法的基础上增加50%的工作量；校内实践教学增加35%的工作量。

（4）对实验教学可以根据实际情况适当增加工作量，最高不超过20%。

7.14.8 计算公式中的符号标注说明及计算办法

H—实验项目学时。

Z—实验教学执行计划实际周数。

N—授课对象的学生人数。

M—实验组数。

K_1—授课系数：

《生物学实验原理与技术》：$K_1=1.2$；专业实验课：$K_1=0.005\times N+0.85$。

K_2—批改设计实验申请书系数：

$K_2=0.2$。

K_3—实验课容量系数：

30人以上，$K_3=1.35$；20～29人，$K_3=1.2$；10～19人，$K_3=1.05$；5～9人，$K_3=0.90$；4人以下，$K_3=0.75$。

K_4—实习地点系数：

野外，$K_4=2.0$；市外室内（地质）、市外，$K_4=1.5$；市内，$K_4=1.3$；校内，$K_4=1.0$。

K_5—毕业论文（设计）类别系数：

当$N<8$，$K_5=1.0$；当$N\geqslant 8$，$K_5=0.8$；第七学期论文指导按10周进行，$K_5=0.2$（列入教学计划并按期执行）。

K_6—指导或准备实验系数：

指导教师：$K_6=1.0$；准备教师：$K_6=0.9$。

7.15　实习教学管理细则

实习教学包括野外实习、工程训练、认知实习、生产实习、社会调查与社会实践等，是学生进一步理解和巩固理论和专业知识、培养实践技能、团队意识和创新能力的重要实践教学环节，是对学生综合能力的一次全面检验和提高过程。加强学校与企业的相互联系，促进“学、研、产”的相互结合。为加强实践教学的安全管理，确保师生的人身安全和实习教学的顺利进行，特制定本管理细则：

7.15.1　实习的目的

（1）野外实习的目的

① 培养学生科学研究及独立工作和协作、协调能力，增强集体主义观念，弘扬团队精神，促进学生之间和师生之间的相互了解和沟通。

② 识别各主要生态环境中的常见的、有代表性的及珍稀动植物种类，掌握采集、制作、鉴定及保存动植物标本的方法。

③ 了解实习地区土壤、地形、地貌、气候特征，主要植被类型及各群落生境特点。

④ 了解草原、森林、湿地动植物区系特点。

⑤ 学习动植物区系、物种多样性、生态学及动物行为学的调查研究方法。

（2）校内实训基地实习的目的

① 了解基因工程技术、细胞工程技术、发酵工程技术、生物药物分离纯化、生物药物制剂等工艺过程。

② 掌握相关仪器设备的型号、性能、使用和应用范围。

③ 掌握生物活性成分的分离、纯化技术和基本操作规范。

④ 掌握生物制剂技术的基本方法、工艺过程和操作要点。

⑤ 掌握三级发酵的工艺过程及发酵参数的控制。

⑥ 掌握细胞培养及条件控制方法。

⑦ 熟悉 GMP 生产车间的设计、级别控制和管理。

⑧ 掌握生物制剂的检测方法和质量控制。

（3）生产实习的目的

① 了解农业生物技术、疫苗生产技术、基因工程制药技术、药物制剂技术等科研、生产的过程及相关仪器设备的配备、使用、主要性能等。

② 了解 GMP 生产企业生产车间的布局，生产车间结构、布置、技术安全、防火及卫生措施，生产组织和技术管理情况。

③ 深入了解生产过程的基本原理、特点、生产方案、工艺流程、单元操作、主要设备及操作控制。掌握生产过程的主要工艺指标及控制方法。了解实习产品的物料传输、能源条件及相应节能措施。

④ 了解实习企业现有生产产品的品种、生产控制和中间体检验方法。

⑤ 了解生产所用主料、辅料及相关材料的来源、使用、管理方法。

⑥ 了解企业水、电、气的供应利用情况，以及对“三废”的处理及利用情况。

⑦ 了解实习车间的生产管理及技术进步改革和措施，并根据所学的新工艺、新技术与新设备等提出改进建议。

⑧ 了解企业的创业史、生产经营现状、远景规划及技术进步重大措施步骤。

⑨ 了解现代生物技术企业的生产经营管理，学习企业管理人员，工程技术人员和工人对生产的高度责任感，对工作尽职尽责，勇于改革，不断进取创新的奉献精神。要理论联系实际，

⑩ 通过实习，比较理论基础知识和实验室实验技术与工厂实际的差异。

7.15.2 实习基地与实习内容（表 7-15-1）

表 7-15-1 实习基地与实习内容统计表

实习地点	实习性质	实习内容	专业名称	实习天数
长白山自然保护区	野外实习	动物采集、种群密度调查方法、分类、分布、解剖及标本制作；植物的分类鉴定及标本的采集与制作；植被分布观察，群落调查基本方法	生物科学 生物技术 理科实验班	1 周
校内实训基地	认知实习	基因工程技术；细胞工程技术；发酵工程技术；生物药物分离纯化；生物药物制剂	生物科学 生物技术 制药工程 药物制剂 理科实验班	1 天
吉林农业科技学院	认知实习	中药材的分类鉴定及标本的采集与制作	生物技术 制药工程 药物制剂	1 天
长春金赛药业	生产实习	基因工程技术	生物科学 生物技术 制药工程	2 天
吉林省农科院	生产实习	农业生物技术	生物科学 生物技术 理科实验班	2 天
吉林省制药有限公司	生产实习	大输液生产与检测	制药工程 药物制剂	2 天
长春生物制品所	生产实习	疫苗生产技术	生物科学 生物技术 制药工程	2 天
吉林敖东药业股份有限公司（洮南）	生产实习	冻干粉针制剂；片剂；水针剂等；中药制剂；生化药物制剂；GMP 生产管理	制药工程 药物制剂	3 天

7.15.3 实习教学的基本要求

校内实训基地实习的基本要求按照实验中心的各项管理规定执行；野外实习与生产实习的基本要求如下：

（1）实习前

① 必须参加实习动员会和相关知识讲授，明确实习的目的、地点、内容与要求及环境背景介绍。

② 认真阅读实习教学大纲和实习指导书，查阅相关文献资料，

③ 做好实习准备，自备牙具、实验服和必备的相关装备等。

（2）乘车期间

① 严格按分组乘车，不得私自串乘车辆。

② 乘车时按原座位乘坐，组长要认真清点人数。

③ 自行保管好随身携带物品。

（3）在实习期间

① 按规定时间到实习场所进行实习，不得迟到、早退，累计缺席 1/3 者（含病事假）不能参加考核，实习成绩为不合格。

② 必须严格按分组、规定路线和程序有序进行实习。组长要配合教师组织。

③ 必须逐日写实习记录，简明扼要地记载当日所完成的实习任务和收获，附必要的草图。

④ 以认真求实的精神，虚心向技术人员、工人学习请教，在实践中学习，加强团结，密切合作，在保证完成实习任务的条件下，尽可能地为生产、地方经济建设提出合理化建议。

⑤ 在实习期间，严格遵守实习单位的有关规章制度，特别是安全、卫生、企业商业机密、操作规程和劳动纪律等方面的制度，不能乱动各种电器开关，如有违反，指导教师视情节给予批评教育、取消实习资格或上报学院给予纪律处分。

⑥ 在实习过程中，保持高度的安全与防范意识。

（4）车间实习以外期间

① 就餐：按分组就座，不能喝酒。

② 就寝：按负责住宿教师分配住宿，按规定时间就寝。

③ 不得随意外出，如有特殊情况，必须与教师请假。

④ 注意用电安全。

⑤ 严禁去江、河、湖游泳，严禁打架斗殴。如违反纪律，经批评教育不改，可令其返回学校，不予评定实习成绩，并视其性质、情节、认识态度给予纪律处分。

⑥ 要遵守地方法规，爱护老百姓一草一木，注意饮食卫生及用车安全，听从指挥，讲文明、礼貌，维护学校声誉。

（5）实习结束后

① 认真整理实习笔记、及时完成实习总结报告（包括题目、作者姓名、单位和地址、中文摘要、关键词、引言、研究材料与方法、研究结果、讨论和对实习期间个人表

现的总结、主要收获与不足、意见和建议等)，并按规定时间上交实习总结报告。

② 按时归还借用实习装备。

7.15.4 实习内容要求

(1) 符合 GMP 标准的制药生产车间实习，了解实习企业的整体情况，企业现有人员，现有生产车间，现有生产品种、年产值、利税等。

(2) 了解 GMP 工厂各生产车间的整体布局：

① 听企业经理介绍。

② 研究企业整体平面图。

③ 实习时自己留意观察。

(3) 了解符合 GMP 要求的不同剂型生产车间结构、布置、技术安全、防火及卫生措施，生产组织和技术管理情况。

① 进入每一个车间都要先仔细看一下本车间的平面布置图。

② 听取企业技术人员介绍。

③ 向技术人员请教。

④ 仔细观察记录或照相。

(4) 了解不同剂型的生产工艺流程、主要设备、质量控制

① 工艺流程：了解工艺操作规范，重点了解各工序的操作条件，关键控制点和控制方法；了解实习产品的物料传输、能源条件及相应节能措施；了解生产所用主料、辅料及相关材料的来源、使用、管理方法。

② 主要设备：了解设备型号、制造商、主要性能、工作原理及安装条件等。

③ 质量控制：工艺控制；原附料质量控制方法；中间体检验方法；产品检验方法等。

(5) 了解企业对“三废”的处理办法。

(6) 了解实习车间现存在的问题，结合新工艺、新技术与新设备等提出改进建议。

(7) 湿地考查：

① 了解查干湖生态分布情况。

② 查干湖自然景观的开发利用情况、存在问题及进一步开发建议。

7.15.5 实习手册记录要求

(1) 完成实习手册的记录是实习的基本训练，每个学生应学会根据实习内容，准确、完整记录有关动植物的特征、工艺过程、操作要点、有关数据和实习内容要求的各项内容。

(2) 通过填写实习手册，能培养学生正确、有效的表达能力，它使学生在对实习中的各种问题归纳总结等方面得到训练和提高，学生实习手册的质量在很大程度上反映了学生的实际观查、动手能力及分析解决问题的能力。所以，要求每个学生必须按规定认真完成实习手册的填写。

(3) 实习手册必须逐日填写，笔记要求认真、详实，简明扼要地记载当日所完成的

实习任务和收获，有些要附必要的草图。

7.15.6 实习成绩考核

（1）学生生产实习完毕后，按照实习要求，根据了解和掌握的内容，独立写出实习报告。指导老师根据学生在实习中实习态度、出勤情况、组织纪律、内容掌握、实习报告、创新思维等方面进行考核。

（2）成绩分配比例：实习态度占10%、出勤情况占30%、组织纪律占10%、实习手册记录占20%、实习报告占30%。

（3）成绩考核结果分为优、良、中、合格、不合格五个级别。具体评定标准如下：

① 优秀 能很好地完成实习任务，达到实习大纲规定的全部要求，实习报告能对实习内容进行全面、系统的总结，并能运用学过的理论知识对某些问题加以分析，实习报告格式规范。严格遵守实习纪律，不缺勤。实习手册记录非常认真，内容详细而全面。实习态度积极主动、认真勤奋。

② 良好 能较好地完成实习任务，达到实习大纲规定的全部要求，实习报告能对实习内容进行全面、系统的总结。实习手册记录认真，内容全面。实习态度端正，实习期间无违纪行为。

③ 中等 能完成实习任务，达到实习大纲规定的主要要求，实习报告能对实习内容进行比较全面的总结。实习手册记录比较认真，内容较为全面。实习态度端正，实习期间无违纪行为。

④ 及格 实习态度基本端正，完成了实习的主要任务，达到实习大纲中规定的基本要求，能够完成实习报告，内容基本正确，但不够完整、系统。实习手册能记录主要内容，但不够全面、系统。实习中虽然有轻微的违纪行为，但能够深刻认识，并及时纠正。

⑤ 不及格 凡属下列情况之一者，实习成绩以“不及格”论。

未达到实习大纲中的基本要求，实习报告及实习手册记录马虎潦草或有明显错误者；实习期间无故旷课或参加实习不足总时间的2/3者；严重损害学校声誉、影响企业与学校关系、打架斗殴者或严重违法乱纪，触犯刑法者。

7.16 实验准备须知

实验教学能否顺利进行，学生实验能否顺利实施，实验效果好坏与实验的准备工作密切相关，特制定如下要求：

（1）指导教师依据教学计划、教学大纲、实验安排和学生实验分组表，确定实验所需的各种仪器设备、玻璃仪器、实验材料和试剂的规格（型号）以及数量。

（2）辅助教师依据指导教师确定的实验用品清单，申请采购计划。

（3）辅助教师按照实验内容准备好所有实验用品。

（4）指导教师和助教研究生一起进行预实验。

（5）指导教师修改电子课件后，辅助教师负责挂到中心网站上，以备学生预习。

7.17 实验教学日常管理

为加强实验教学管理，提高实验教学质量，保证实验教学的顺利进行，培养学生良好的实验习惯，本实验中心特制作了“实验课值日生工作完成登记薄”（图 7-17-1）、“实验平时成绩记分册”（图 7-17-2）、“实验课学生迟到自签薄”（图 7-17-3）、“实验前物品确认单”（图 7-17-4）和“实验卡片”（图 7-17-5）等进行实验教学的日常管理。

实验室： 编号：

实验课值日生工作完成登记薄

吉林大学国家级生物实验教学示范中心

(a) 封面

值日生姓名					
实验时间	月 日 时 分		专业		
实验课名称					
完成情况					
水		煤气		登子	
电		窗户		卫生	
仪器摆放			实验台面是否整洁		
仪器摆放					
备注					
离开实验室时间		时 分	教师签字		

(b) 内文

图 7-17-1 实验课值日生工作完成登记薄

实验室： 编号：

实验课平时成绩记分册

学院 年级 专业 组

学年学期

课程名称

教 师

吉林大学国家级生物实验教学示范中心

(a) 封面

学号：		学生姓名：	
实验项目	实验完成情况	时间	成绩

（b）内文

图 7-17-2 实验平时成绩记分册

实验室：　　　　　　　　　　　　　编号：

实验课学生迟到自签薄

吉林大学国家级生物实验教学示范中心

（a）封面

日期	课程名称	学生姓名	专业	迟到时间	备注

（b）内文

图 7-17-3 实验课学生迟到自签薄

××××实验每组实验物品确认单

小组组别：________组

名称		规格（型号）			数量	

大组组别	姓名	实验日期	损坏情况	教师签字

图 7-17-4　实验前物品确认单

××××学年第×学期实验卡片

××××实验卡

实验项目： 专　　业：	人　数： 组　数：

设备名称、型号、数量	玻璃仪器名称、规格、数量	材料名称、等级、规格、数量

指导教师： 时　　间：	学　时： 备　注：

图 7-17-5　实验卡片

第八章

实验教学人员的管理

实验室管理的对象和职能尽管多种多样，但核心工作还是对实验教学人员的管理。因为实验教学人员是实验室的主体，是构成实验室系统基本要素。实验室管理的根本内容就是人及其实验室活动。实验室管理中的实验教学管理、经费管理、设备管理等，都离不开实验教学人员，都直接或间接地涉及对实验教学人员的管理。所以，实验室对实验教学人员的管理是核心管理。

当前，在教育教学改革迅速发展、高等教育规模不断扩大以及实施高等教育大众化形势下，高等教育面临着前所未有的发展机遇，人才的培养模式也相应地发生了深刻的变化，更加注重素质教育，特别是具有基础扎实、知识面宽、能力强、素质高，具有较强创新精神和实践能力的人才已成为高校新的培养目标，而这一切都对实验教学质量提出了更高要求。实验设备要更新改造，实验内容要不断完善改进，减少验证性实验的比例，增加综合性、设计性、研究型实验项目的比例。这一系列改革和变化，对实验教学人员也提出了更新、更高、更具体的要求，使实验教学人员在高等教育中所起的作用越来越明显，越来越直接。因此，加强实验教学人员的管理已成为推进实验教学创新的源头，是建好实验室并充分发挥功效的根本保证。为此我们特制定了“实验教学人员的岗位设置与聘任机制”、“主任岗位职责”、“实验教师岗位职责”、“实验技术人员岗位职责”、“研究生助教岗位职责”、“实验室教学人员分工”、“开放人员管理”、“实验教学人员日常管理”、“工作人员考核”、“实验教学人员的培养与培训”等10余条管理规定，进一步加强实验教学人员管理。

8.1 实验教学人员的岗位设置与聘任机制

为了更好的调动实验教学人员的积极性，参考吉林大学的相关政策和本实验中心的改革实践经验特规定如下：

第一条　实验教学人员岗位设置包括：从事实验教学的教师、工程及实验技术人员、管理人员及工人。实验的教学人员与教师、管理干部一样都是学校教学科研的基本力量。

第二条　实验教学人员有明确的职责分工，为人师表，严格要求自己，遵守国家的法规政策，遵守学校的规章制度，要各司其职，团结协作，不断进取，完成任务。

第三条　实验中心主任，要由具有较高的思想政治觉悟、有一定的专业理论修养、有实验教学工作经验、组织管理能力较强、有很强的敬业精神并具有高级职称的人员担任。

第四条　实验中心主任和副主任，由学院提名，学校聘任或任命。

第五条　实验中心各类人员的职务聘任，级别晋升工作，根据实验中心的工作特点和本人的工作业绩，按照国家和学校的有关规定执行。

第六条　实验教学人员的编制，要根据各实验室实验教学时数，实验组数，总实验人时数，实验准备难易程度，实验仪器设备状况和实验室建设情况，实验室总体工作量等因素合理折算后确定。

目前高校的实验教学人员编制情况概括起来主要分为固定编和流动编两种。即具有固定编制的专职实验教学人员，或者具有固定编制的理论课教师、科技研究人员兼职做实验教学人员。还有一种就是采用流动编制，返聘用一些退休的老教师和外聘一些人员，采用竞争上岗的用人机制，来补充和解决人员不足的问题，从而更好地调动各类人员的积极性。

怎样吸引高水平教师从事实验教学，如何调动实验技术人员的积极性和主动性，是高校实验教学建设面临的重要课题。针对这一问题，吉林大学生命科学学院制定了教师不仅要搞科研，而且要承担本科生的理论教学和实验教学工作，并对不同职称的教师作了不同教学工作量的规定，为实验教师聘任机制的建立奠定了基础。本实验中心结合具体工作实践进行了下列的用人制度改革：

（一）针对过去专职教师长期脱离理论教学和科学研究、科研和实验教学水平难以提高的状况，实行了以实验项目聘任教师的制度。即教师在实验教学大纲内根据自己专业和科研方向选择1～2个实验项目，利用3～4周时间即可完成实验教学任务。这样不仅能够合理地分配实验教学、理论教学和科学研究的时间和精力，而且还能结合自己的科研工作更新、改造实验项目，提高实验项目水平。从而建立起一支教育理念先进，理论教学、实验教学和科学研究互通，核心骨干相对稳定，结构合理的实验教师队伍。

（二）实验技术人员采取固定与流动相结合、竞争上岗的用人机制。1999年第一次优选聘任了8名实验技术人员，利用实验室开放创收经费，返聘了3名退休的教师和公开招聘6名本科毕业生充实到实验技术管理工作中，实行合同制，大家都非常热爱这份工作，积极性很高，他们开发的多项实验教学装置和实验室管理系统，在实验教学中发挥了重要作用，这种聘任机制，也为实验技术队伍建设开辟了新的思路。

8.2 主任岗位职责

为保证实验教学改革的顺利进行，完成实验中心建设任务和建设目标，对实验中心主任特制定岗位职责。

第一条　负责编制实验中心建设规划和计划以及上级主管机关要求起草的各项文件。并组织实施和检查执行情况。

第二条　全面负责实验中心的实验室、人员、仪器设备、物资等协调和统筹安排实验教学工作。

第三条　负责实验教学课程体系的建设，组织教师制定实验教学计划、设计实验项目、编写实验教学大纲、实验教材、实验指导用书和制作多媒体课件。搞好实验中心的实验教学和科学化管理，贯彻、实施有关规章制度。

第四条　负责实验中心信息化管理手段建设，加强教学实验室规范化、现代化和科学化的管理。

第五条　负责实验中心的实验教学改革的研究工作。组织实验教学人员，把科学研究的最新成果应用到实验教学中来，更新实验内容，改革实验教学方法，承担各级教学研究项目，把教改成果应用到实验教学中。

第六条　负责明确实验中心人员分工和岗位责任的落实、检查及年终考核工作。组织安排实验教学人员的培训及考核工作。

第七条　全面负责实验中心实验教学用仪器设备、器材、物资等申购、领用的审批工作和实验经费的使用审批、检查、监督工作，并及时建卡、建账，实行计算机管理。

第八条　负责实验中心文明建设，抓好工作人员和学生思想政治教育。

第九条　负责实验教学、安全卫生、人文环境、工作进展的检查、总结和评比活动。

8.3　实验教师岗位职责

为确保实验教学工作的顺利进行，充分发挥实验教师在实验教学中的作用，提高实验教学质量和加强实验教学改革的力度，培养适应 21 世纪生物科学发展要求的高素质的创新人才，对实验教师特制定本岗位职责。

第一条　为人师表，以学生为本，把知识传授、能力培养和素质提高贯穿于实验教学全过程。

第二条　实验教师要根据实验教学计划，积极参加编写实验教学大纲、实验教材、实验指导用书，编制和引进多媒体课件（含电子教案、CAI 网络教学课件等）。

第三条　实验教师要注意教学方法的研究，努力提高实验教学水平，深化实验教学改革，优化实验内容，设计和安排新实验，开设新实验，确保实验内容的系统性、完整性和先进性。学期初，要配合实验中心作好新学期实验教学计划，设计实验题目（标明原开、改造、新开的实验数）等教学工作；

第四条　认真完成实验教学工作。

（一）实验前

1. 提前一周将本学期所开实验需要的仪器、材料、试剂（包括配制）等交给实验技术人员准备。

2. 首次上岗的教师，要试讲、试做和亲自处理数据；新开实验或改进实验要先做好预实验。

3. 为了节省实验时间，给学生充分的时间预习，提高实验效果，一律实行实验前一周统一讲授（含实验相关理论、原理、操作、注意事项等），并要求学生做好实验预习。

4. 讲授实验全部采用多媒体课件或电子教案，指导教师于讲授前把电子课件交到现代信息化管理室。

（二）实验中

1. 实验教师必须佩带名签，提前5分钟到实验室。

2. 实验前进行预习效果考核。

3. 根据学生预习考核的情况，重点强调学生考核中出现的问题，并就实验的关键问题和注意事项对学生提问，同时注意给学生更多自主实验时间。

4. 监督和指导学生正确使用仪器，做好运行记录。认真巡视，指导学生实验操作，耐心回答学生提出问题。

5. 认真、详细、及时记录学生平时实验操作情况，实事求是给出平时成绩。

6. 要严格执行实验教学计划，严禁私自串课、停课，保持实验教学秩序稳定。

7. 在实验教学时一律关闭手机等通讯设备。

（三）实验后

1. 实验结束后负责督促学生归还仪器设备、玻璃仪器、材料和试剂等实验用品，并与实验室管理人员交接，同时作好交接记录。

2. 督促值日生检查水、电、煤气等是否关闭，并要求值日生做好值日生工作和填好“值日生登记簿”。教师实事求是地填好实验室工作日志。

3. 实验后要及时组织学生进行实验讨论，认真解答学生提出的问题。

4. 实验报告要求实验后7天内交给指导教师，指导教师在收到实验报告后7天内批完并返给学生。实验教师要认真批改实验报告，要注明学生实验报告中存在的具体问题，杜绝只写分数，不写评语。

5. 实验教师在实验成绩考核过程中要做到公平、公正、合理，实验成绩要基本符合正态分布。

6. 指导教师在指导完所带实验后两周内把实验成绩单和平时计分册交给实验中心相关管理人员。

第五条　负责向学生讲授实验室的要求和学生实验守则。教育学生爱护实验室的仪器和物品，养成良好的实验习惯，使学生一进实验室就有一种责任感。

第六条　检查并记录学生的出席情况，对迟到学生要求认真填好“迟到自签簿”。

第七条　严格遵守实验中心的有关规章制度，协助做好实验中心的科学管理、安全和卫生工作及实验中心的建设工作。

8.4　实验技术人员岗位职责

为配合好实验教师开展实验教学活动，保证实验教学工作和实验教学改革的顺利进行，对从事实验教学的实验技术人员特制定本岗位职责。

第一条　积极参加实验室建设与管理，认真完成实验中心主任下达的各项工作任务。

第二条　实验技术人员要积极参加实验教学改革研究工作，协助教师作好学生实验技术的指导工作。

第三条　掌握实验室的仪器设备和有关实验的基本知识与操作方法，努力提高实验技术水平。

第四条　认真完成实验教学工作

（一）实验前

1. 应事先与指导教师沟通，提前准备好实验所需的仪器设备、实验材料和试剂等实验所需用品。

2. 安排好学生实验位置，列好实验用品清单，对进实验室的学生责任落实到人（如实验用品、仪器、仪表、玻璃仪器、实验台、实验凳等均要编号，按实验组落实到每个学生）。向学生介绍实验室有关要求和实验习惯扣分标准。

3. 对特殊物品、药品做好登记和保管工作。

4. 负责对实验室仪器的操作规程和注意事项的制定工作，并负责对学生所用仪器操作的培训和仪器使用证的发放工作。

（二）实验中

1. 实验技术人员要提前 10 分钟到达实验室。

2. 实验过程中不能擅自离开岗位，要随时帮助学生解决实验过程中遇到的仪器设备、实验材料和试剂等实验用品问题，保证实验的正常进行。

3. 认真纠正学生实验过程中仪器设备使用错误，及时指出、记录学生不良的实验习惯，实事求是给出学生实验习惯学分。

（三）实验后

1. 安排好值日生，使环境清洁、物品摆放整齐。认真检查水、电、气是否关闭，并记好工作日志，方可离开实验室。

2. 做好仪器设备的收缴工作，并负责损坏丢失物品的赔偿收缴工作。

3. 作好仪器设备维护、保养、修理工作，保证仪器设备处于良好的状态。

4. 对特殊药品、材料、废液做好处理。每学期结束后作好仪器设备、材料的清理和核对。

第五条　做好实验室的仪器设备、配件、器材、低值易耗品、材料、仪器说明书及图书资料的管理工作，作到账、物、卡相符。

第六条　负责新进仪器设备的验收、安装、调试工作。并建立仪器设备档案和编制仪器设备的信息管理数据库，落实计算机管理制度。

第七条　努力完成实验中心主任交给的实验技术管理和实验室开放管理工作。

第八条　填好实验技术人员工作日志，包括工作内容、安全、环境检查情况及实验室建设情况等。

8.5　研究生助教岗位职责

研究生参加实验教学活动对于动手能力、组织管理能力、语言表达能力和综合运用知识能力等是一次全面锻炼的机会，能够使教师必备的素质得到锻炼，使综合素质得到提高，对以后从事教学、科研和技术产业工作都有很大的帮助，为此特制定了研究生助教岗位职责如下：

第一条　管理方法

（一）实习时间：研究生参加教学实习时间是进实验室后，采用研究生自报和实验中心统一安排相结合的方法进行。报名时间在每学期期末放假前两周填写“研究生教学实习申请表”。实验中心根据实验教学需要统一安排参加实习的具体时间和实验题目，并且通知给研究生本人。

（二）工作范围：研究生助教课前要主动与实验教师沟通，熟悉助教的相关内容，并认真备课，写好备课笔记。研究生必须参加实验的准备、试做、试讲和指导实验，试讲优秀者，可独立指导实验。

（三）学时要求：研究生参加实验的教学实习要求 40 学时以上，可跟随教师一起指导，也可独立指导。跟随教师一起指导的无学时费；独立指导实验（试讲优秀者）有学时费。

（四）成绩评定：研究生参加实验教学实习作为一门必选课，同样有成绩，成绩分为优秀、良好、及格、不及格（不参加实验教学实习者为不及格），不及格者不予毕业。

（五）纪律要求：研究生参加教学实习过程中，视为助教，必须严格要求自己，为人师表，遵守实验中心的各种规章制度。

（六）鼓励开新实验：研究生可根据自己的特长和教师的科研成果为本科生开设新实验，协助指导设计创新实验。经实验中心采纳后，给与学时奖励。

第二条　研究生教学实习工作量计算方法

研究生教学实习工作量计算，原则上在 40 学时内的不计工作量。对于能独立指导实验，或为学生开设新实验和设计实验，并通过实验中心评估后为优秀的研究生，给予计算工作量。工作量按吉林大学教师教学工作量方法计算。

第三条　研究生教学实习先填写申请表（表 8-5-1）。

表 8-5-1　研究生教学实习申请表

<table>
<tr><td>助教姓名</td><td></td><td>性　别</td><td></td><td>毕业学校</td><td colspan="2"></td></tr>
<tr><td>入学时间</td><td></td><td>联系电话</td><td></td><td>研究方向</td><td colspan="2"></td></tr>
<tr><td>E-mail</td><td colspan="6"></td></tr>
<tr><td>申报实验
项目名称</td><td colspan="4"></td><td>开课时间</td><td></td></tr>
<tr><td>申请时间</td><td colspan="6">年　　月　　日</td></tr>
<tr><td colspan="7">助教导师意见：
本人同意我的学生________承担本学期的实验教学助教工作。
导师（签章）：
年　　月　　日</td></tr>
<tr><td colspan="7">实验中心意见：
主任（签章）：
年　　月　　日</td></tr>
</table>

第四条 研究生教学实习成绩评定

研究生先填好成绩评定表，（表 8-5-2）实验教师根据研究生指导实验的具体情况给出成绩，成绩分为优、良、及格和不及格，优、良和及格计 2 学分，不及格没有学分并重新安排时间进行实验教学实习。再由实验中心主任签署意见。

表 8-5-2 研究生教学实习成绩评定表

姓 名		学 号		
实验题目			学时	
成绩评定内容				
内 容	成 绩	评定教师	评定时间	备 注
实验准备				
试做情况				
试讲情况				
指导情况				
总成绩				
实验中心意见： 主任（签章）： 年 月 日				
主管院长意见： 院长（签章）： 年 月 日				

注：成绩评定标准说明如下。

优——准备实验认真、试做实验熟练、试讲实验清楚、能独立指导实验、不缺勤、能很好地完成教学工作及各项管理工作；

良——准备实验认真、试做实验熟练、试讲实验较清楚、能较好地指导实验、不缺勤、能较好地完成教学工作及各项管理工作；

及格——准备实验较认真、试做实验较熟练、试讲实验较清楚、能在指导教师带领下指导学生实验、不缺勤、能较好地完成教学工作及各项管理工作；

不及格——准备实验不认真、或试做实验不熟练、试讲实验不清楚、不能较好地指导学生实验、出勤不好、不能地完成教学工作及各项管理工作。

第五条 以上条款有与上级相抵触之处，按上级文件执行，并及时加以修改。

8.6 实验教学人员分工

为了更好的调动实验室教学人员的积极性，做好人员分工工作，本实验中心下设建设与管理委员会和实验教学督学委员会。

第一条 建设与管理委员会由主管实验中心的副院长兼主任，下设一名常务副主任。全面负责实验中心的建设和发展规划的制定，实验教学和管理的改革，实验教学计划、教学大纲的制定和教材建设，实验室建设和实验教学专项经费使用的审批，实验教学人员的聘任和考核等工作。

第二条 实验教学督学委员会由学院院长兼主任，全面负责对实验中心主任、副主任工作的考核，监督和检查实验教学过程和教学计划的落实情况，组织实验教学质量评估。

第三条 实验中心实行主任负责制。主任全面主持实验中心的实验教学和实验室管理工作；副主任负责实验中心日常事务、实验教学、实验室管理等具体工作。

第四条 实验教师负责实验课件制作、实验教师预实验记录本记录、研究生实验教学实习成绩评定表、实验教学大纲、实验原理与技术试题库及答案、实验操作试题库及答案、实验平时成绩记分册、实验操作成绩单、实验报告成绩单及审批记录、实验原理与技术考试成绩单、实验操作考试成绩单、设计实验成绩单（设计实验申请书）、实验总成绩单、实验总成绩分析、实验教师手写教案、实验教师电子教案、实验课程要览、实验课程自评报告、吉林大学本科教材选用方案论证书、实验课程信息卡等工作。

第五条 实验技术人员负责实验用品申请单、仪器使用证、学生迟到自签薄、实验室开放记录本、值日生工作完成登记本、废弃物处理记录本、仪器使用记录本、设计实验申请书、实验报告收集、实验习惯成绩单、实验室药品、材料统计表、实验室玻璃仪器统计表、实验室仪器设备统计表、实验室家具统计表、大型仪器设备效益表、实验室工作日志、学生病、事假条、仪器借用申请登记薄、相关实验教学和实验室建设管理，资料网站和 LIMS 系统录入工作、实验材料的定购等工作

第六条 实验教学秘书负责实验教学进程表、教学日历、实验教学安排、实验教师任课通知书、实验原理与技术讲授安排、学生实验分组表、实验操作考试安排、实验理论考试通知书、实验操作考试通知书、实验教师工作量统计、调课、串课通知单、学生实验成绩加分审批单、研究生实验教学实习申请书、实验原理与技术考试安排等工作

本实验中心在实验教学人员分工上细化管理，例如，《×××实验技术人员分工说明》相关要求如下：

×××实验技术人员分工说明

（一）实验室管理工作

1. 负责楼层实验室、仪器设备、实验用品的使用协调工作。

2. 负责×××基础实验室、准备室、开放研究室等安全、环境设施管理及安全工作日志的记录。

3. 负责所管理实验室仪器设备、家具、实验材料、实验人员、实验室开放信息、工作量统计、实验成绩的管理、统计。

4. 负责所管理实验室相关仪器设备的操作规程制定、培训、使用、维护、保养、考核及仪器使用证发放工作。

5. 负责所管理实验室全部信息档案的归档工作。

6. 负责中心网站、教育部示范中心网站中师资队伍建设、学会网站的内容更新工作；负责中心网站、教育部示范中心网站中所准备实验课程的网上相关内容收集，转给中心实验教学秘书上网。

7. 负责 LIMS 管理系统相关内容的录入、更新、统计工作。

8. 负责实验室开放管理和值班工作。

（二）实验教学工作

1. 负责×××实验的准备和部分指导工作。

2. 负责所管理实验室的仪器设备、实验基本技术的指导、考核和成绩记录工作。

3. 担任×××实验课程秘书工作，负责实验教师和学生上课的通知、成绩汇总、实验报告收集整理、相关资料存档、工作量统计、数据库数据录入。

4. 负责自己准备相关实验学生实验习惯的考核和实验习惯成绩评定。

5. 负责设计创新实验指导、申请书、安全协议书、记录本、论文的收缴工作及成绩评定工作。

6. 负责基本技术实验教材的编写工作；协助编写相关实验讲义、教材工作。

7. 负责相关基本技术实验多媒体课件和网络课件制作及基本技术实验视频录像的脚本编写、录制、合成工作；配合实验教师做好相关实验的课件、录像片的制作工作。

（三）大型仪器管理工作

负责大型设备 Waters515 高压液相色谱仪、岛津 LC-6AD 高压液相色谱仪、岛津 GC-14C 气相色谱仪、Bekman LS13320 激光粒度分析仪、岛津紫外可见分光光度计、岛津 RF-5301PC 荧光分光光度计等操作规程制定、使用培训、收费标准制定、收费管理、使用记录检查、效益统计、维修保养等工作。

（四）中心建设工作

参加实验中心建设相关的项目申请、检查、评估准备和实验中心发展研究工作。

（五）科学研究工作

指导本科生和协助指导研究生毕业论文工作。

8.7 实验教学人员日常管理

为了使各种资源发挥最大功效，保证人才培养方案顺利实施，本实验中心不断探索制度化、规范化和科学化的管理，建立了“精、细、实”和现代化相结合的管理方法，进一步加强日常管理工作。例如，规定进实验室教学的教师要穿白大衣和配戴名签（图 8-7-1），填好实验室工作日志和平时成绩记分册；首次上岗的教师，要进行试讲和试做；进实验室的学生，都有对应的实验台、实验凳和仪器设备编号；实验室设有负责人标牌，留有联系电话，便于管理（图 8-7-2）。设有迟到自签簿、值日生工作完成登记簿，让学生一进实验室即产生责任感。规范仪器设备管理：每件仪器均有仪器卡片、独立条码、仪器使用证、仪器操作规程、经费来源标识和针对不同仪器制定的记录簿等，

图 8-7-1 教师穿实验服佩戴名签上课

图 8-7-2 实验室设置标牌

随时可以掌握仪器运行状况和去向。完善档案管理，建立了工作档案，并有对应的计算机检索数据库，随时可查到各种信息。这些有效的管理措施也进一步的促进了本实验中心的教学水平的提高。

8.8 工作人员考核

为了保证实验教学体系改革和实验教学管理体制改革的顺利实施，促进实验中心建设，加强实验中心师资队伍建设，充分调动其工作的积极性，根据院具体情况，结合《吉林大学各类人员考核办法》的精神，特定本细则：

第一条 实验中心工作人员的岗位责任考核，参照《教学人员岗位职责》和实验室对各类人员下达的工作任务，结合本人工作的实际完成情况进行考核。

第二条 实验教学的教师考核办法

实验教师的工作量包括标准实验教学工作量、实验中心建设工作量、实验教学改革研究工作量等。

（一）标准实验教学工作量

依据实验中心下达的实验教学任务，根据实验的课时数、学生人数等按“吉林大学实验教学标准工作量计算办法”进行计算。

（二）实验中心建设工作量

编制实验教学大纲、实验教材、实验指导书和编制实验教学软件以及参与实验中心建设等工作量，由实验室根据本人的实际工作情况，参照“吉林大学实验教学标准工作量计算办法”进行计算，确定工作量。

（三）实验教学改革工作量

实验教学改革的工作量依据各类实验教学改革项目、教改论文、教改获奖和新开实验项目数、实验方法改进情况、综合实验、设计实验、探索性实验开出和指导情况等，由实验室根据参考科研考核办法，根据实际完成情况具体确定工作量。

（四）实验教师工作量具体计算方法参考“实验室工作量考核”章节内容

第三条 实验技术人员考核办法

实验技术人员的工作量主要有：辅导、准备实验课；实习课及课程设计辅导、准备（在实验室完成）；毕业设计、毕业论文辅导、准备（在实验室完成）。由于实验技术人员工作的繁杂性，有些日常事务性工作、实验室的日常管理工作和实验室建设工作由实验中心主任同意安排，根据其实际工作情况也一并作为考察项目内容。

（一）标准实验教学工作量

从事实验教学工作量按“吉林大学实验技术人员实验教学标准工作量计算办法”执行。

（二）实验教学准备工作量

按“吉林大学实验技术人员实验教学标准工作量计算办法”执行。

（三）实验室日常管理工作

实验室日常管理工作包括物品、实验器材、实验材料、档案管理、信息管理、实验室安全、节约、环保等。此项由实验中心主任根据具体工作情况确定。

（四）仪器设备管理工作

以是否保证实验室教学工作正常进行使用为基础进行考核，要确保仪器完好率在90%以上。实验中心要组织人员进行抽查（账、卡、物一致性，技术资料及仪器信息是否齐全，计算机管理是否准确）。

（五）实验设备的维修工作

常规仪器的维修保养属实验技术人员正常工作范围，设备的大修、中修（指比较贵重的精密仪器），有问题要及时保修，并做好记录。平时要做好维护保养工作。

（六）大型仪器设备的管理工作

10万元以上的精密仪器设备，主要考核其所管设备的使用维护、保养、效益。

（七）实验中心建设工作

参加实验教学大纲、实验教材、实验指导用书、实验教学软件编制、实验中心工作档案管理、规章制度制定、操作规程起草等的工作量，由实验中心主任根据实际完成情况考核确定。

（八）实验教学和管理改革工作

参加实验技术改进、研制新仪器设备和功能开发、实验教学方法改进、实验室管理方法和手段改革的工作量，由实验室主任根据承担教改项目、发表科研论文和具体工作情况确定。

（九）实验室开放管理工作

根据实验室开放的实际开放时间和指导开放实验学时确定工作量（一般以开放实验学生和教师同时在实验室工作的时间来确定）。

（十）标准工作量计算方法：参考“实验室工作量考核”章节内容

第四条　每学期末，实验教学人员要对自己本学期完成任务情况进行总结，实验中心主任和负责考勤工作的同志，根据实际记录，计算和总结出每位同志实际完成的工作量和整个工作考评情况。学年末全部材料装入本人工作档案，作为聘任、提职、晋级和发放奖金的重要依据。

8.9 实验教学人员的培养与培训

加强实验教学人员的培养与培训是实验室建设中的一项极其重要的任务。随着科学技术的发展和先进设备的不断引进，每个实验教学人员都有学习新知识、掌握新的测试手段的再提高任务。不断地提高实验教学人员学习新的科技、实验技术、管理知识水平，训练相关人员掌握实际工作能力和操作技能，是实验中心的一项经常性工作，已成为实验中心建设的重要组成部分。为了适应当前的实验教学需要和长远利益，有目标、有计划、有步骤地对实验教学人员进行培养和培训。特作如下规定：

第一条　力争在尽短的时间内使大部分实验教学人员成为实验室的骨干力量。

第二条　实验教学人员必须努力做好本职工作，坚持以在职进修的原则，边工作边学习，正确处理好进修与工作的关系。通过实验教学、科研、管理实践的基本手段，在实践活动中得到锻炼和提高。

第三条　为了不断提高工作质量，实验室每年制定培养培训计划，鼓励与支持实验教师参加岗前培训和实验技术培训，参加国内外学术交流

第四条　鼓励与支持青年教师和实验技术人员在职攻读学位

第五条　鼓励与支持青年教师参加科学研究，给他们提供科研平台，培养提高科研能力，同时为他们的职称晋升创造有利条件。

第六条　实验中心主任对首次上岗的教师或新开设的实验项目要求组织试讲、试做，并带领经验丰富的教师和技术人员进行考评与指导，发挥传帮带的作用

第七条　在每学期开课前和结课后，组织青年教师进行总结讨论，请老教师将自己的教学方法和教学艺术传授给青年教师，总结青年教师易出现的问题，帮助青年教师提高自身的教学水平和综合素质。

第八条　随着现代教育技术的发展，鼓励和支持实验教学人员不断的学习现代教育技术，充分利用网络课程、多媒体课件等现代教育手段，不断提高实验教学水平。

第九条　鼓励实验教师与设备厂家或相关企业合作。高校工科类仪器设备在选用时大都选择具有良好信誉的厂家或企业，它们不仅售后服务好，而且研制开发人员的素质高，技能全，很多研制人员本身就是在校从事实验室科研工作的教授。和这些厂家、企业建立良好的合作关系，可以直接获得有关现代教学设备比较完备的技术资料，为实验教学提供丰富的素材。同时与这些专家沟通，既能更好地保养和维护仪器设备，提高设备的使用率，又能更快完成对相关知识的更新，了解产品的最新动态及改进方案。这些方案，实验教师可以吸收过来，利用现有实验设备为本科生做设计型、综合型实验提供很好的思路，使实验教学内容更具有现实意义。

第十条　积极鼓励实验教学人员参加申报各级各类教改项目的建设研究。通过教学改革项目申请、报告撰写、实践研究、结题总结等环节，使教师更深入的思考和总结改革思路，鼓励、支持各类教改项目的成果尽快应用到实验教学中，并建立实验教学研究档案和计算机管理档案，从而推进实验教学和管理改革。通过项目研究，不断地总结经验，凝练特色，提升教育理念、提高实验教学员工的个人素质，调动教职工参与实践教学改革的积极性，增强教职工的凝聚力。

第九章

教学实验室经费的管理

实验室经费是保证高校进行正常实验教学、科研和实验室建设的财力支撑，是推动学校素质教育的经济基础。实验室经费管理是实验室各级各类管理者，对实验室教学、科研活动等各类经费，进行“计划、落实、监督和调整”的管理工作。实验室经费管理的目标是加强实验室各类经费的宏观和微观管理，既能以最小的耗资获取最大的教学科研效益，又能达到增效节支的目的。当前，许多高校实验室经费不足，严重地影响实验教学工作的顺利开展，阻碍素质教育的进程。鉴于当前高等学校实验室经费的现状，必须采取行之有效的管理手段和方法，最大限度发挥实验室经费的作用，达到有效的促进高等学校实验室建设和实验教学质量提高的目的。对此，结合本实验中心的经费情况，对实验室建设经费、实验教学经费、创新实验经费、教学研究经费和仪器维修经费等制定了相应的管理办法。

9.1 教学实验室建设经费管理

实验室建设经费是改善实验室软硬件条件、环境设施和实现科学化管理的保障。严格规范教学实验室建设经费的使用范围，加强教学实验室建设经费的使用管理，才能使教学实验室建设和运行经费充分发挥其应有的作用。

9.1.1 教学实验室建设经费使用范围

教学实验室建设经费主要来源有各级行政部门和学校自筹，用于实验室改造、仪器设备购买、实验教学人员培训、安全设施添置、实验教材建设、教学文件和管理档案建设、信息平台建设、实验室人文环境建设等。

9.1.2 教学实验室建设经费使用管理

(1) 根据实验室建设的总体规划和各级下拨的实验室建设经费指标，严格按计划项目和财务管理制度执行，保证专款专用。本实验中心实验室建设经费来源主要有世界银行贷款、“211”工程、“985”工程和学校配套等经费支持 2000 多万元，经费使用根据教学实验室建设的总体规划严格按立项要求使用。

(2) 教学实验室建设经费按项目管理办法实施，通过立项、审批、检查、验收等程序进行管理。经费使用时，根据项目批准计划，统一由采购中心招标，学校相关部门和实验中心一起组织验收，合格后由实验中心主任审核签字、主管部门领导审批签字，方可拨付费用。

9.2 实验教学经费的管理

实验教学经费是教学计划内实验项目顺利开出和各类实践教学活动顺利开展的前题与保障。规范实验教学经费开支范围，加强实验教学经费的使用管理，是使有限的实验教学经费满足实验教学需要的基础。

9.2.1 实验教学经费的使用范围

实验教学经费使用范围包括实验教学计划内的实验耗材、药品、实验动物、微生物（细胞）菌种及小型低值器材等购买费用。

9.2.2 实验教学经费的使用管理

(1) 实验教学经费是用于实验教学必需品的专项经费，必须严格按学校和实验中心管理规定使用经费，专款专用。

(2) 实验教学经费由实验中心根据实验教学计划和实验项目的实际应用情况，集中管理，统一使用，避免不必要的开支和重复购置。

(3) 每学期末，各实验项目指导教师和管理人员，提出下学期实验所需费用计划，经过实验中心主任审批后，由专门人员采购。

(4) 实验教学经费使用过程中，要随时录入 LIMS 管理系统，管理秘书每学期通过 LIMS 管理系统统计每个实验消耗成本，将实验教学经费使用情况汇总，形成本学期实验教学经费使用报告，实验中心组织检查。

9.3 创新实验经费的管理

创新实验经费是大学生科技创新实践活动的支撑，是提高大学生创新意识，培养创新精神的保证。加强创新实验经费的管理，加强创新实验使用过程的监控与检查，是发挥创新实验经费使用效益的重要措施。

9.3.1 创新实验经费使用范围

创新实验经费的使用包括国家大学生创新性实验计划项目、学校大学生科技创新计划项目和本科生研究机会计划项目、学生自主设计创新实验项目等实施过程中用到的实验材料、文献资料等费用。

9.3.2　创新实验经费使用管理

（1）国家大学生创新实验计划项目经费，严格按国家大学生创新实验计划项目的管理办法执行，学生在项目实施中，根据计划书中的预算提交实验材料申请单，由指导教师确认使用的必要性和使用数量的准确性后，再由实验中心主任审核签字后购买。

（2）学校大学生科技创新计划项目和本科生研究机会计划项目经费，严格按学校项目和财务管理规定执行，学生在项目实施中，先提交实验材料申请单，由指导教师确认使用的必要性和使用数量的准确性后，再由实验中心主任审核签字后购买。

（3）实验中心设立的学生自主设计创新实验项目经费，学生根据设计方案先提交实验材料申请单，由指导教师确认使用的必要性和使用数量的准确性后，再由实验中心主任审核签字后购买。

（4）各项创新实验经费严格按照计划批准经费额度开支，并保证专款专用。

9.3.3　创新实验经费使用过程监控与检查

（1）创新实验经费使用过程中要有材料采购人员和库房管理人员随时分项目录入LIMS管理数据库，创新实验秘书随时了解各项目经费使用情况，并随时通知项目负责人。中期工作进展汇报时，要汇报相关经费使用情况。

（2）实验中心主任随时通过LIMS管理数据库检查项目经费使用情况，并在中期和项目结题时审查、验收经费使用。

9.4　实验教学研究经费的管理

实验教学研究经费是不断深化实验教学改革、不断提高实验教学质量的保障。严格按研究经费计划使用经费，保证各级各类教改项目的研究顺利开展，才能使实验教学改革不断深入。

9.4.1　实验教学研究经费开支范围

实验教学研究经费主要来源于国家、教育部、省教育行政部门和学校及实验中心设立的各类教育教学改革研究项目。该经费主要用于教育教学改革项目研究涉及的调研、研讨、资料、材料、出版等经费。

9.4.2　实验教学研究经费使用管理

（1）教学研究经费使用必须严格按各级立项计划和要求使用经费，专款专用。

（2）教学研究经费按项目管理办法实施，通过立项、审批、检查、验收等程序进行管理。中期和结题要对经费使用情况进行检查。

（3）教学研究项目经费实行项目负责人制，由项目负责人对教学研究经费使用负全部责任。

9.5 实验教学设备维修经费的管理

实验教学设备维修经费是使实验教学仪器设备始终处于良好状态、满足实验教学需要的保障。加强实验教学设备维修经费的使用与管理，使其真正发挥应有作用，也是实验室经费管理的重要内容。

9.5.1 实验教学设备维修经费使用范围

实验教学设备维修经费要严格用于实验教学仪器设备的维修、小型配件的配备。

9.5.2 实验教学设备维修经费的使用程序

（1）实验教学设备维修经费由学校资产与实验室管理处统一管理使用。

（2）设备维修经费使用程序：由各仪器负责人提出维修申请，实验中心主任审核签字，教务处主管领导审核确认是教学设备后签字，报到资产与实验室管理处组织专家对设备鉴定、审批、维修。维修费用由资产与实验室管理处会同实验中心验收合格后统一支付。中心将维修情况和经费使用情况记录交档案室存档。

第十章

教学实验室档案图书的管理

教学实验室档案的建立是非常重要的。它是实验室在教学、科研、管理、对外服务及社会交往活动中形成和获得的，真实记录了实验室的发展历史和教学改革过程及取得的成果与经验教训，对于实现实验室管理的规范化、系统化和科学化具有十分重要意义。为了提高实验室教学质量和科学管理水平，充分发挥档案在实验室建设和实验教学中的作用，实验中心特制定“档案室的建设”、“档案室的归档范围”、“档案的统计”、“档案的保密工作”、“档案管理人员的主要职责”、“档案的分类”、“实验教学档案管理”、“仪器设备档案管理”、“实验室建设档案管理”、“创新实验文件管理”、“文献资料管理”、“证书、奖章及其它管理”、“发表论文期刊管理”、“电子档案管理”、“各种记录本领用、归档管理”、“归档要求”、“档案借阅管理规定”、“图书资料管理”、“图书资料借阅管理规定”等相关规定。

10.1　档案建设的管理规定

10.1.1　档案室的建设

（1）档案室的环境：档案室要有独立房间，有足够的合乎要求的档案装具，档案不得随意堆放，室内要保持清洁整齐，注意空气流通。档案室内禁止存放非档案用品及个人物品，严禁吸烟及易燃易爆物品进入档案室，室内应配备报警、灭火器材。

（2）人员：档案室要安排具体人员管理，负责室内一切安全工作。档案室钥匙由专人负责，不得转借他人。

（3）档案分类：实验室档案按其特殊性可分为实验教学文件、仪器设备文件、实验室建设文件、创新实验文件、开放实验室文件、获奖证书奖章文件、发表论文、三级实验室文件、电子档案等。

（4）档案室管理方法：档案室在建设管理过程中应建立各种规章制度以确保档案管理的科学化、规范化（图 10-1-1）。

图 10-1-1 吉林大学国家级生物实验教学示范中心档案室

10.1.2 档案室的归档范围

(1) 实验室教学文件：教学日历、实验教学大纲（基础课、专业课和实习教学大纲）、实验教学进程表、设计实验申请书、设计实验记录本、设计实验合同书、设计实验师生讲评安排、设计实验中期汇报安排、设计实验论文、实验教学安排、实验原理与技术讲授安排、学生实验分组表、实验教师任课通知书、研究生实验教学实习申请书、研究生实验教学实习成绩评定表、实验课件、实验平时成绩记分册、实验习惯成绩单、设计实验成绩单、实验报告、实验原理与技术考试安排、实验理论考试试卷及答案（A、B 卷）、实验操作考试安排、实验理论考试及实验操作考试成绩单、实验总成绩单、实验成绩分析、实验课程信息卡、实验教师工作量统计表、实验室工作日志、学生迟到自签薄、实验室开放记录本、值日生工作完成登记本、废弃物处理记录本、实验用品申请单、实验室中的药品、材料、玻璃器皿、仪器设备和家具统计、大型仪器设备效益表、仪器使用记录本、仪器使用证、实验教师手写教案、实验教师预实验记录本、本科教材选用方案论证书、实验教师电子教案、实验课程要览、实验课程自评报告、实验原理与技术试题库及答案、实验操作试题库及答案、实验考试通知书（理论考试和操作考试）以及教学成果。

(2) 仪器设备文件：申购报告和计划、上级部门批复等、购置单价 5 万元以上大型精密仪器设备可行性论证报告及从申购到仪器设备投入正常运行期间的全部档案材料、订货合同、进口设备过程中有关的技术商务文件、开箱记录、装箱单、安装调试记录和双方签字移交文件、保修单等、验收报告及文件材料、仪器设备说明书及全套随机文件材料、索赔来往函件及结果文件、仪器设备使用过程中形成的材料（例如，使用、检修、故障事故处理记录等）、仪器设备报损报废申请报告及领导批复。

(3) 实验室建设与管理文件：主要包括国家有关的行政法规、管理条例、规定、办法和实施细则，实验室各项规章制度及上级下发文件、实验室上报文件、合作协议、合同、实验室工作总结和工作计划，实验室建立、改建和撤销的材料，实验室基础设施图纸、记录等技术资料，以及实验室管理体制和实验室长期以来承担的学科、专业、课程实验教学情况。主任资质、安全环保、实验室日常管理日志、值班记录、专利及技术合同。人员信息包括历任实验中心主任，实验教学的专职、兼职教师信息，实验技术人员信息，研究生实习信息、外聘人员信息、管理人员信息、学生信息、开放人员信息等。

（4）创新实验文件：学生创新实验申请书、创新实验记录、创新实验论文、创新实验获奖。

（5）开放实验室档案：包括实验室开放管理制度、实验室开放申请程序、实验室开放项目、实验室开放安全协议书、开放实验记录、实验室开放人员等。

（6）发表的论文：论文期刊或复印件等。

（7）三级实验室档案：上报及下发文件、实验室建设、环境、仪器设备记录、规章制度、实验记录、发表论文、技术合同。

（8）电子档案：包括与归档纸质文件同步的数据库和须归档的电子文件。

（9）档案借用登记：实验室人员应及时将要归档的文件送交档案室。

（10）其他：实验室从事教学科研管理和对外活动中获得的奖章、奖牌、奖状、证书、留言簿、纪念品、照片等。

10.1.3　实验教学有关文件存档规定

每学期实验教学结束后，有关老师按清单目录将相关材料交到档案室存档，并与档案管理员做好交接记录。为了使实验教学有关资料及时归档，本实验中心全体人员参与档案建设工作。实验教学档案建设涉及到的人员有实验教师（含助教研究生）、实验技术人员（兼各门课程教学秘书）、研究创新实验教学秘书、实验教学督学、图书档案管理秘书、仪器与信息化管理秘书、实验材料供应秘书、行政秘书等，多为兼职。并明确了每个人应归档文件要求。

（1）实验教师（含助教研究生）每学期末应存档资料有：实验课件；预实验记录本；研究生实验教学实习成绩评定表；实验教学大纲；实验原理与技术试题库及答案；实验操作试题库及答案；实验平时成绩记分册；实验操作成绩单；实验报告成绩单及审批记录；实验原理与技术考试成绩单；实验操作考试成绩单；设计实验成绩单（设计实验申请书）；实验总成绩单；实验总成绩分析表；实验教师手写教案；实验教师电子教案；实验课程要览；实验课程自评报告；吉林大学本科教材选用方案论证书；实验课程信息卡。

（2）实验技术人员（兼各门课程教学秘书）每学期末应存档资料有：实验教学进程表；教学日历；实验教学安排；实验教师任课通知书；实验原理与技术讲授安排；学生实验分组表；实验用品申请单；仪器使用证；学生迟到自签薄；实验室开放记录本；值日生工作完成登记本；废弃物处理记录本；仪器使用记录本；研究生实验教学实习申请书；设计实验申请书；实验报告；实验原理与技术考试安排；实验操作考试安排；实验习惯成绩单；实验理论考试通知书；实验操作考试通知书；实验室药品、材料统计表；

实验室玻璃仪器统计表；实验室仪器设备统计表；实验室家具统计表；大型仪器设备效益表；实验教师工作量统计；实验室工作日志；学生病、事假条；调课、串课通知单；仪器借用申请登记薄；学生实验成绩加分审批单；实验材料领取、消耗和结余统计表。

(3) 研究创新实验教学秘书每学期末应存档资料有：设计创新实验记录本；设计创新实验合同书；设计创新实验师生讲评安排表；学生设计创新实验室安排表；设计创新实验中期汇报安排表；设计创新实验论文统计表；设计创新实验成绩汇总表；设计创新实验奖学金评比结果表；设计创新实验获奖情况统计表。

(4) 实验教学督学每学期末应存档资料有：实验教学过程检查记录；每次上岗和新开实验教师试讲记录；实验室安全、环保和实验习惯考试试卷及成绩统计表；学生座谈记录；领导及专家听课记录；学生必修、选修实验信息反馈及统计分析表；学生设计创新实验信息反馈及统计分析表；助教研究生指导实验信息反馈及统计分析表；外保送研究生信息反馈及统计分析报告；同行信息反馈及统计分析报告；外来人员视察和参观交流接待工作及签名留言；学生通报材料；环境与安全周检查记录。

(5) 图书档案管理秘书每学期末应存档资料有：实验中心各种奖杯、证书；发表论文；申请专利；图书资料购入、借阅统计表。

(6) 仪器设备管理秘书每学期末应存档资料有：仪器设备的采购计划和采购合同；仪器设备分配和验收单；仪器设备维修记录；仪器设备的使用效益统计报表；信息化建设统计表；现代化教学手段开发与应用统计表；仪器设备调动统计表。

(7) 实验材料供应秘书每学期末应存档资料有：实验中心实验材料购入、领用和库存统计表；实验材料费结算、统计报表；实验废弃物处理记录；每两周向中心报一次实验材料购入、领用、库存统计报表工作。

(8) 行政秘书每学期末应存档资料有：实验中心工作计划；相关职能部门下发文件；上报各级职能部门的材料；各种经费使用情况统计表；工作总结报告；对外交流情况统计；各类项目执行情况统计表。

10.1.4 档案的统计

(1) 档案的整理与标识应严格按照归档要求、分类标准执行，统计实行标准化。建立健全日常登记簿，定期进行统计。

(2) 各类档案的日常统计工作由分管档案的人员负责统计，部门领导严格把关。

(3) 统计工作要做到资料的准确性、客观性，确保无遗漏、无差错。做到统计及时性、系统性、完整性。

(4) 定期对档案工作的规模、水平、普通程度、结构及档案的形成规律等进行统计，为制定档案工作计划、总结、经验教训提供数据。

(5) 对档案的收进、移出、保管、利用等情况及时统计，做到家底清楚，并按规定向档案业务部门报送档案工作情况统计表。

(6) 各实验室的档案及档案工作情况要定期检查，及时进行统计分析，并定期向综合档案室汇总。

10.1.5　档案的保密工作

（1）对于需保密的档案，档案管理人员和档案借阅人员均应树立保密观念，共同做好保密工作。

（2）要严格执行档案的查、借阅制度，认真履行借阅手续，涉及借阅重要的、秘密的档案须经主管领导批准。

（3）档案管理人员及借阅人员未经同意不得将档案私自带出档案室，对保密档案不得私自摘抄、拍照、复印。

（4）发生档案遗失、泄密、被盗时，应及时上报。

10.1.6　档案管理人员的主要职责

（1）宣传贯彻执行《档案法》等国家和地方关于档案工作的法令、政策和规定；执行上级主管部门下达的有关档案工作的指令和规范。

（2）负责规划、协调全实验室档案工作，对各部门档案工作进行监督、指导和检查。

（3）制订和组织实施本实验室关于档案工作的规章制度，履行依法治档职责。

（4）负责本实验室档案和有关资料的收集、征集、整理、分类、鉴定、保管、保护、统计等工作。

（5）严格执行保密制度。

（6）开展档案宣传、咨询活动，做好档案利用工作，充分发挥档案的功能，主动为实验室各项工作服务。

（7）开展档案编研工作和信息开发交流工作，发挥档案的信息源作用。

（8）开展档案理论和档案业务的研究，组织参加有关交流活动。

（9）做好防盗、防火、防尘、防鼠、防高温、防强光等“六防”工作，确保档案安全。

10.2　档案的分类与管理目录

10.2.1　档案的分类

本实验中心档案按文件的不同来源及其特点、特殊性分类，一般分为实验教学档案、仪器设备档案、实验室建设档案、实验教学成果档案、文件类档案、创新实验档案、开放实验档案、各种记录档案、电子档案、证书奖章照片类档案等。

文件目录编号按照三级目录管理，编写规则按见图 10-2-1、图 10-2-2。

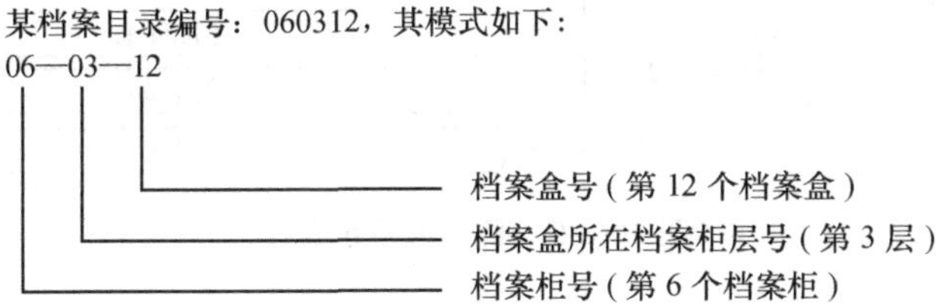

图 10-2-1　档案目录编号示意图

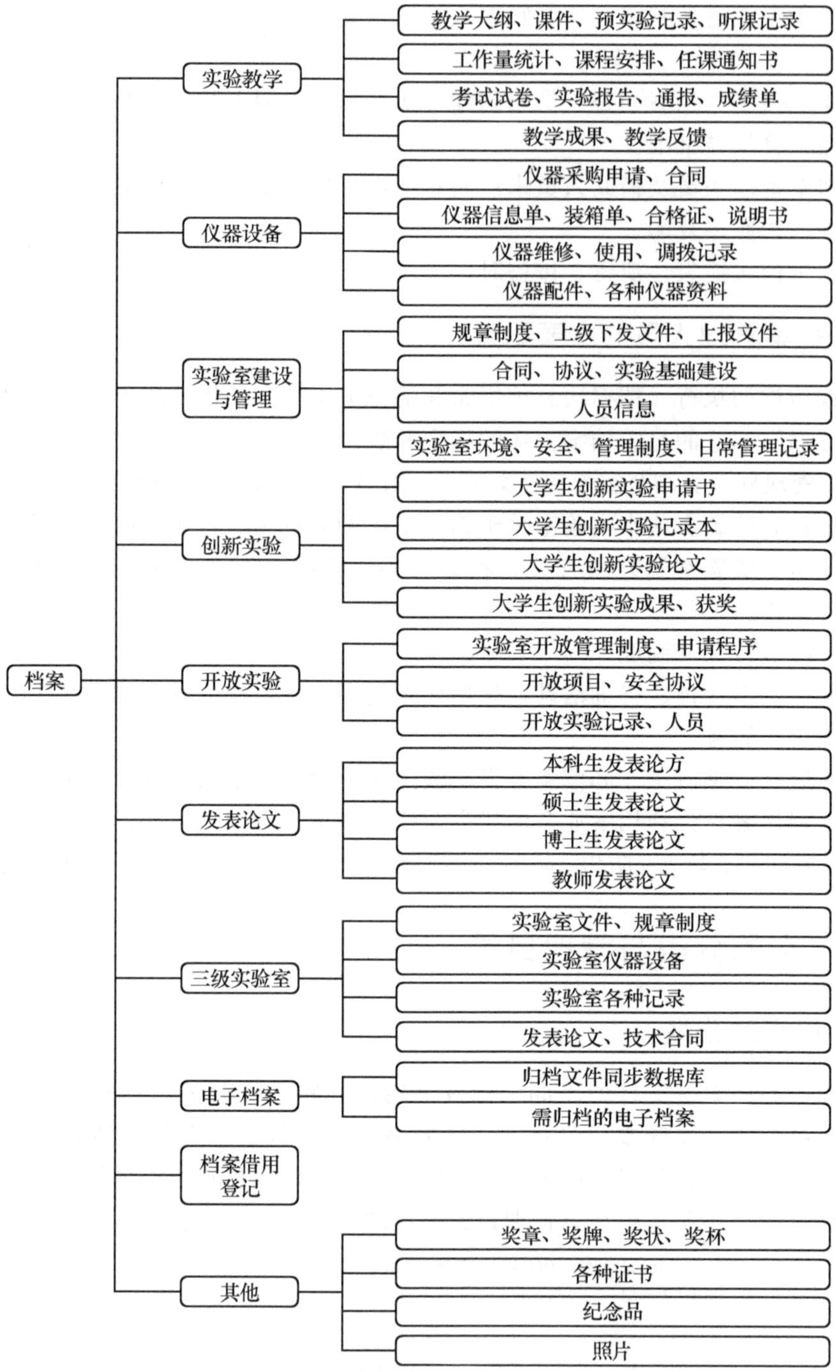

图 10-2-2 目录编号示意图

10.2.3　实验教学档案管理

实验教学档案是在实验室教学过程中所获得的，有实验教学大纲、实验教学安排、实验教学通知书、实验课件、教师听课记录、教师预实验记录、实验教学工作量、实验理论考试及实验操作考试试题库及答案、考试安排、考场记录、实验理论考试试卷、实验操作考试试卷、实验报告、实验通报、实验成绩、实验教学反馈等等。教学成果包括实验室承担的科研项目、发表科研论文专著、获得的各类奖励及实验室的示范辐射作用。

每一学期结束后，负责实验课的技术人员应将本学期的实验课程所涉及的各类文件内容送交档案室，分类归档（图 10-2-3、图 10-2-4、图 10-2-5）。

图 10-2-3　实验教学档案

图 10-2-4　实验教学档案

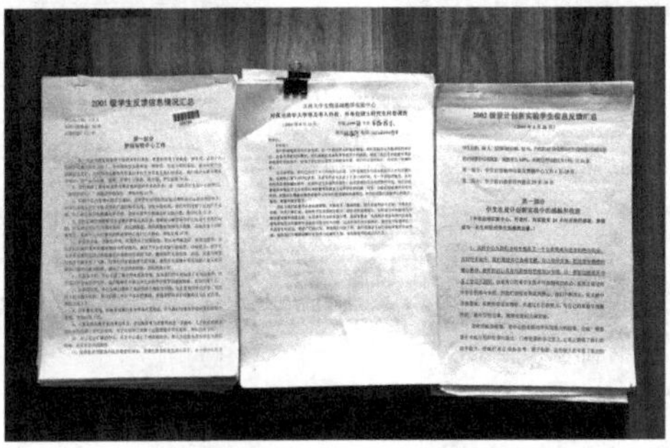

图 10-2-5　学生反馈

10.2.4　仪器设备档案管理

仪器设备档案分类按购买仪器设备经费来源设置，相同的经费所购买的仪器设备档案装入同一个档案柜中，一台仪器设备应有一个档案盒，并有由仪器验收人填写的信息单，同时装有包括仪器采购申请、采购合同、说明书、操作规程、装箱单、合格证、使用记录、维修记录等；并应建立各类仪器厂家资料（图 10-2-6、图 10-2-7、图 10-2-8、图 10-2-9）。

10.2.5　实验室建设档案管理

实验室建设档案是实验室在建设发展过程中所形成的各类文件，它包括上级下发文件、实验室上报文件、实验室基础建设资料、合作协议、各类合同、主任资质、实验室日常管理日志、值班记录、专利及技术合同、安全环保、人员信息、各种政策法规资料（图 10-2-10）。

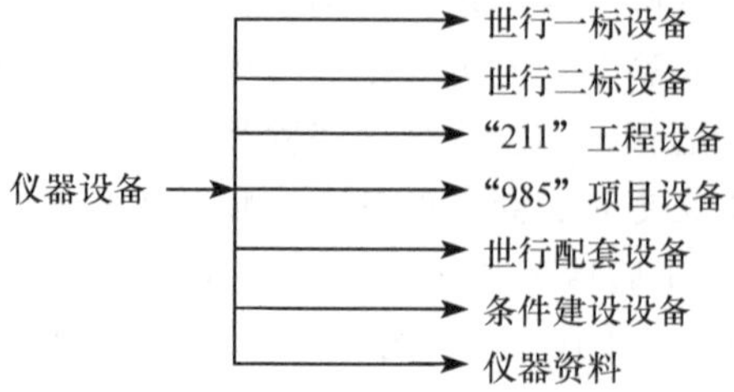

图 10-2-6　仪器设备目录示意图

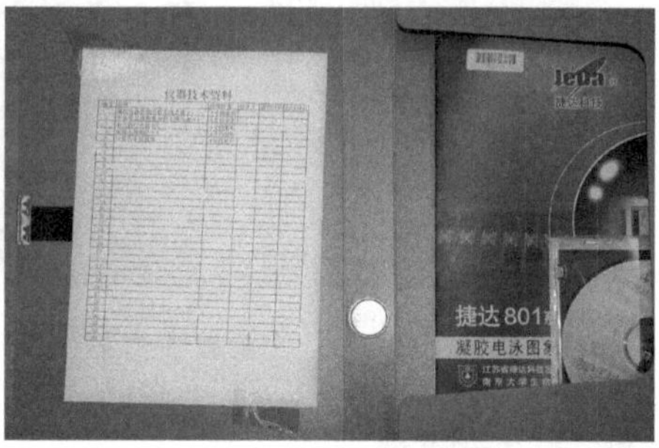

图 10-2-7　仪器设备档案明细

图 10-2-8　仪器设备厂家资料档案

图 10-2-9　仪器设备档案

图 10-2-10　实验室建设档案

10.2.6　创新实验文件管理

科技创新实验是近年来高校在本科生中开展的一项重要活动，它为我国培养高科技人才奠定了非常好的基础。学生从学习填写科研申请表开始，通过实验过程，最后形成论文，不仅提高了大学生科研水平、创新意识，还为高校建立了教育培养一体化的教育模式（图 10-2-11、图 10-2-12）。

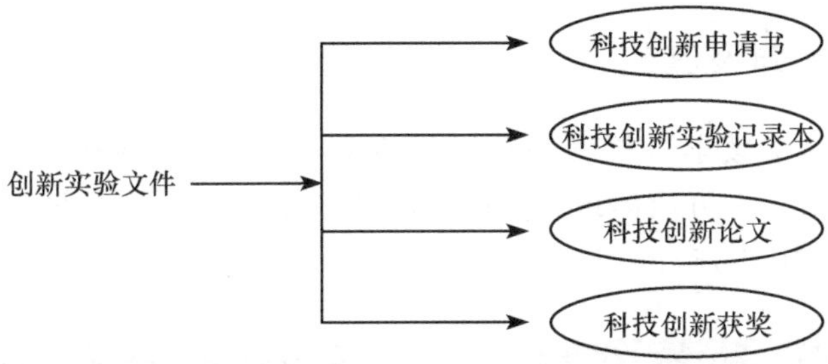

图 10-2-11　创新实验文件目录示意图

图 10-2-12　科技创新实验档案

10.2.7　文献资料管理

文献资料是档案室重要组成部分，它包含了与实验室建设发展、教学、科研、仪器设备及兄弟院校科研单位等相关的资料，为实验室提供了很好的辅助作用（图 10-2-13）。

图 10-2-13　文献资料

10.2.8 证书、奖章及其他

本实验中心在从事教学科研管理和对外活动中获得了一些奖章、奖牌、奖状、证书、纪念品、照片等。一方面体现了实验中心的工作成果，另一方面又记录了其发展历史（图 10-2-14、图 10-2-15）。

图 10-2-14 获奖证书、奖章

图 10-2-15 获奖证书、奖章

10.2.9 发表论文期刊

实验中心人员发表的论文期刊是实验室教学科研成果的重要体现，为统计和查阅提供了重要资源（图 10-2-16、图 10-2-17）。

图 10-2-16 论文电子文档

图 10-2-17 发表论文期刊

10.2.10 电子档案管理

电子档案分二种，一种是在纸质档案的基础上建立的，进入档案室的纸质及实物类文件在其归档装盒后，都要在电子文档上按其分类做相应的登记，电子档案的内容一定要与纸质文件内容相同，数据统一，并应有备份。另一种电子档案是需归档的电子文件。电子档案可以按纸质档案密级划分其密级，其查阅规定可按纸质档案规定（图 10-2-18）。

Microsoft Excel - 06年仪器档案(最新).xls

编号	名称	存放位置	备注
	中心管理		
07101	教育部下发文件	7号档案柜	
1	关于普通高等学校本科教学工作优秀学校建设与评价申请工作的通知	7号档案柜	
2	关于全国教育科学“十五”规划2003年课题申报工作的通知	7号档案柜	
3	教育部关于实施“新世纪高等教育教学改革工程”的通知	7号档案柜	
4	教育部关于印发《关于做好普通高等教育学校本科学科专业结构调整工作的若干原则意见》的通知	7号档案柜	
5	关于征集高等学校实验室有关资料的通知	7号档案柜	
6	关于对全国高等农林医药教育与生物系列专业教育现状进行调查的通知	7号档案柜	
7	中华人民共和国 国家教育委员会令	7号档案柜	
8	高等学校专业实验室评估标准	7号档案柜	
9	教育部关于《印发高等学校仪器设备管理办法》的通知	7号档案柜	
10	教育部外资贷款办公室函件	7号档案柜	
11	教育部办公厅关于开展依法治校示范校创建活动的通知	7号档案柜	
12	教育部关于做好第一届高等学校教学名师奖励工作的通知	7号档案柜	
13	普通高等文件教育评估暂行规定	7号档案柜	
14	中共中央关于教育体制改革的决定	7号档案柜	
15	国务院关于《中国教育改革和发展纲要》的实施意见	7号档案柜	
16	中国教育改革和发展纲要	7号档案柜	
17	全国教育事业“九五”计划和2010年发展规划	7号档案柜	
18	全国教育事业第十个五年计划	7号档案柜	
19	面向21世纪教育振兴行动计划	7号档案柜	
20	关于进一步做好普通高等学校本科教学工作评价的若干意见	7号档案柜	
21	普通高等学校本科教学工作水平评估方案×2	7号档案柜	
22	《关于深化高等学校人事制度改革的实施意见》的通知	7号档案柜	

图 10-2-18　电子档案（Excel 表格）

10.2.11　各种记录本领用、归档管理

实验室使用的各种记录本是实验室日常工作的重要组成部分，为实验室建设、管理、教学、科研提供了科学的数据。实验室管理人员必须按规定从档案室领取记录本，每使用完一本或一学期结束后，应及时送交档案室登记管理，包括：各种仪器使用记录本、学生实验平时记分册、学生迟到自签簿、实验室卫生打扫记录、废液及有毒物品处理和动物处理记录、实验室开放记录、值班记录等（图 10-2-19、图 10-2-20）。

图 10-2-19　各种记录本图片

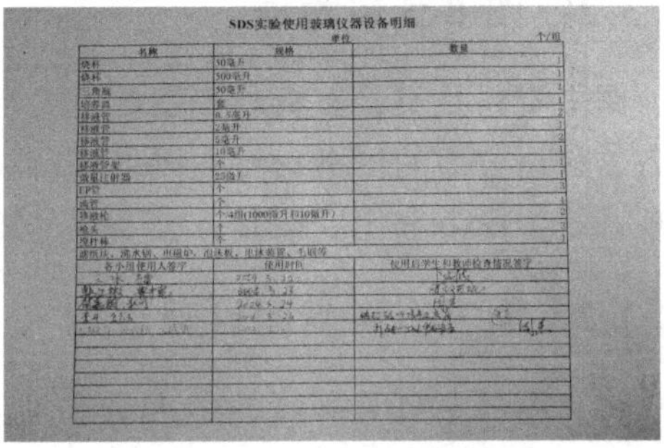

图 10-2-20　记录本内容

10.2.12　归档要求

各实验室应及时将各类文件送交档案室。纸质文件材料应遵循文件的自然形成规律，保持文件的良好性，进行系统整理，须用笔填写的应用碳素或蓝黑墨水书写。

各类档案移交时，必须编写移交目录，交接双方根据移交目录进行核点，并履行签字手续。文件归档后，同时建立电子档案。

10.2.13 档案借阅管理规定

（1）查阅人员因工作需要，可直接查阅本单位归档的档案；查阅涉密和限制使用的档案，由申请调档人填写《保密档案查、借阅审批单》，经申请、档案室主管领导批准，方可查阅。

（2）查阅人员查阅档案时一般不外借。确因本单位工作需要借出档案时，必须严格履行档案的借阅手续，利用者对所借阅档案文件、技术图纸、照片、实物等必须妥善保管，及时归还，不得转借他人，不得携带公出，探亲访友，出入公共场所；归还档案时，要当面点清并予以注销。

（3）查阅人员摘抄和复制档案时，需经档案负责人、档案主管负责人批准，涉及重大问题或重要秘密的档案，需经主管领导批准；档案利用者对档案内容要负责保密。

（4）外单位及个人查阅档案时，须持本人身份证或介绍信，经档案主管负责人批准方可查阅。对外单位及个人，档案一律不外借。

（6）档案利用者对所查、借阅的档案要妥善保管；阅读案卷时严禁吸烟、拆卷、抽页、涂改、圈划、污损、加点、批注、私自摘抄、拍照等，保证档案的安全、完整、洁净；如发现上述情况发生，要追究其责任，严肃处理。

（7）复制档案，一律由档案室负责办理。

（8）借出的档案必须按规定时间归还，归还中如发现有转借、损坏、丢失等情况，应视情节及造成的后果按《档案法》有关规定予以处理。

10.3 图书、资料室管理

10.3.1 图书资料管理

图书资料是实验室资料档案的重要组成部分。它包含了与实验室有关的教学、仪器设备、科研方面的图书资料。图书资料在获得后应有专人管理，并建立相应的图书软件管理系统，图书登记后按其分类及编号放入图书柜中，制定相应的图书管理借阅制度。

10.3.2 图书资料借阅管理规定

（1）图书室只对实验教学人员和本院的本科生开放，教师和学生均可在图书室阅读，也可借阅。

（2）借阅图书应遵守图书室的有关规章制度，自觉服从图书管理人员的管理；图书室是学习的文化场所，读者要自觉维护图书室秩序，保持整洁、安静的学习环境，不要大声喧哗吸烟，查阅后要放回原处。

（3）外借图书应先办理图书证，凭图书证借阅书刊。办证和借书时间为每周三和周五。

（4）图书借期 15 天，续借只限一次 7 天，每人一次限借 2 本。外借图书必须限期归还，逾期不还者予以教育和处罚。寒、暑假期间到期的图书，只要在开学后一周内归还，不视为逾期。如不能在开学一周内归还，逾期时间含寒、暑假期。

（5）凡遗失书刊者按规定赔偿。

（6）书刊被撕毁、缺页、开天窗、严重损坏，影响阅读，按丢失处理。

（7）还回的图书如有不同程度的污损、水渍、划痕、乱写、书页破裂，但不影响阅读的，按规定处理，原书收回。

（8）凡私自将书刊资料携带出图书室者，均为窃书，应按规定处理，并要写出书面检查，通报批评或建议相关部门给予处分，取消借阅资格（图 10-3-1、图 10-3-2、图 10-3-3）。

图 10-3-1　吉林大学国家级生物实验教学示范中心图书室

图 10-3-2　图书管理系统首页

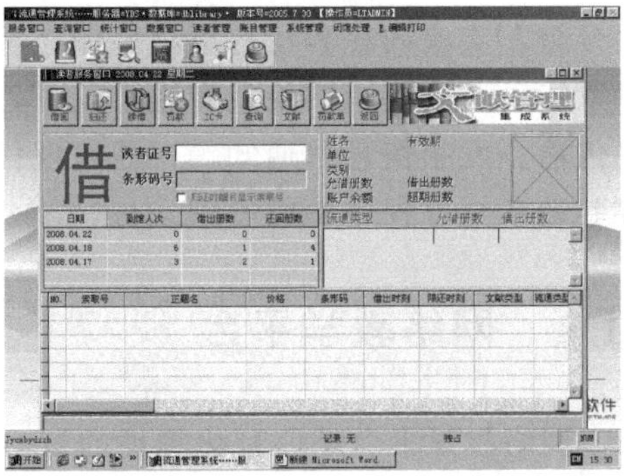

图 10-3-3　图书借阅系统界面

第十一章

教学实验室信息化的管理

随着实验教学管理体制改革的不断深入，应用现代教育技术解决实验教学管理中的问题，提高工作效率，提高实验教学质量，已经成为实验教学改革的一项重要内容。本实验中心改变了传统的管理模式，将现代化管理理念与信息化管理手段相结合建立了信息管理系统。提高了工作效率、工作质量、规范了实验教学管理并提高了管理水平。

本实验中心建立起“网络小课堂”，制作了全部必修实验的多媒体课件和网络课件及实验教学录像，学生通过网络小课堂，可以进行查询实验、预约实验、预习实验、模拟实验、设计实验方案、提交实验报告、学习相关知识、实验交流、实验教学效果反馈等工作；开发了实验教学信息管理系统（LIMS)，该系统包括实验教学流、资源管理流、科研流、仪器检测流和环境监测流等内容，实现了对实验教学全过程的实时管理；每个实验台上安装了 LED 电子助教系统，并与局域网连接，用于学生实验分组，实验内容和注意事项传输，演示实验和实验教学互动等；开发了局域网络通讯系统，通过局域网络发布教学安排，这种局域网络通讯系统还可用于员工考勤、文件传输、发布信息和通知等。通过现代化、信息化管理手段的开发与应用，实现了对实验教学全过程科学的管理。

11.1 网络教学平台

网络教学平台是信息化管理的核心内容，包括数字化课程、创新实验“小课堂”、教学效果反馈专栏、实验查询系统、多媒体教室和微机室等组成部分。实验中心通过网络教学平台实现了实验教学、仪器设备基本信息等网络化管理，实验大纲项目、实验教学计划、实验仪器设备、固定资产等随时可以通过网上查询。此外，还建立了学生管理系统，对学生的实验数据、结果进行存储、调用和评价，为综合评定学生成绩，了解实验教学效果提供了很好的手段。通过网络教学平台还可以实现实验教学安排、实验预约、实验预习（内容精要、课程介绍、实验大纲、学习指导、课程学习、自测、交流平台、资源扩展)、模拟实验、技术交流、实验教学效果反馈等功能。

11.1.1　数字化课程

数字化课程是现代数字化技术与网络信息技术的结合，利用互联网传输速度快和承载信息量巨大的特点，通过将视频录像和多媒体教学课件等教学工具链接到中心的网站上（图 11-1-1），使学生随时可以通过互联网访问中心的网站并学习相关内容，方便学生课前预习和课后复习。数字化课程包括多媒体课程、网络课程和视频录像等内容。目前本实验中心制作了全部必修实验的多媒体课程（图 11-1-2）、5 门课程的网络课件（图 11-1-3）和 4 部教学录像（图 11-1-4）并全部链接到中心网站上，供同学们参考学习。

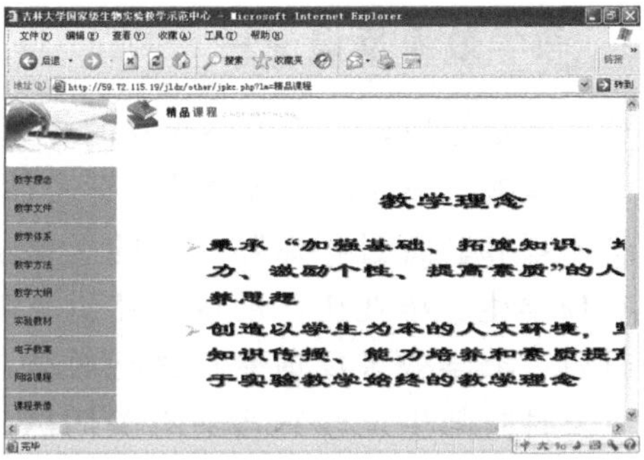

图 11-1-1　网络课程主页

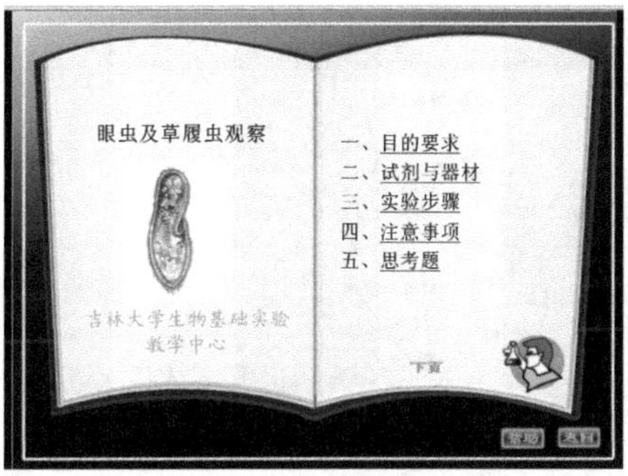

图 11-1-2　多媒体课程

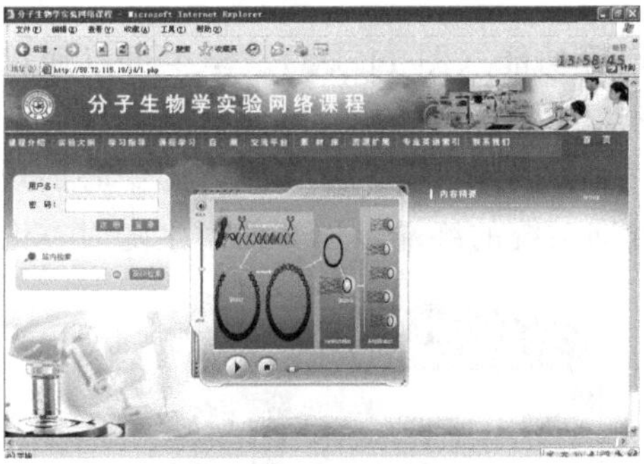

图 11-1-3　网络课件

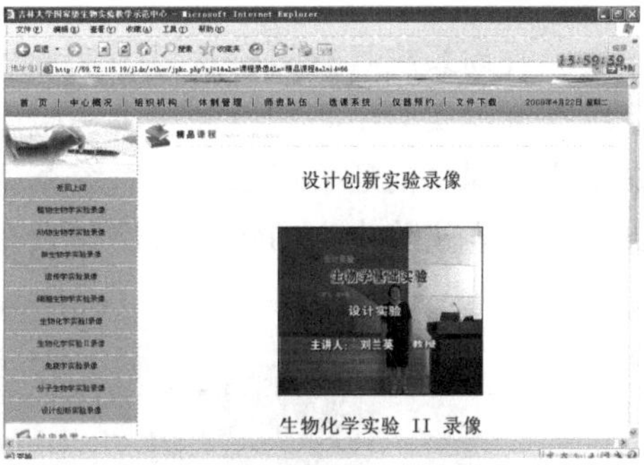

图 11-1-4　教学录像

11.1.2　创新实验“小课堂”

创新实验“小课堂”是建立在中心网站上的互动空间。通过“小课堂”可以进行创新实验安排、网上答疑等内容，也为学生提供了相关知识学习、创新项目申请、表格下载、实验查询、实验方案设计、创新实验模拟、实验预约、仪器预约、实验报告提交、论文提交、创新交流、实验教学效果反馈的互动交流空间（图 11-1-5、图 11-1-6）。

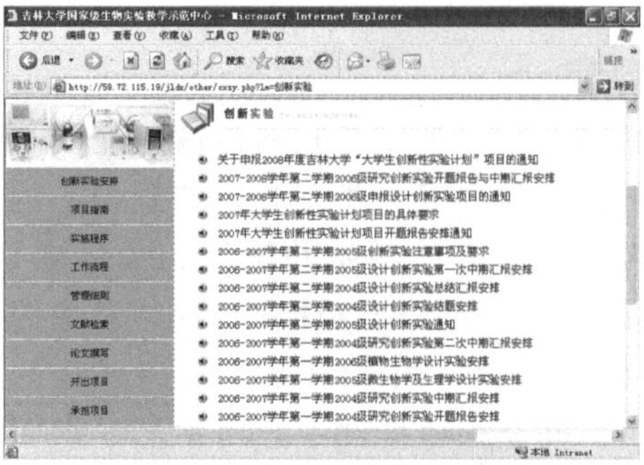

图 11-1-5 创新实验主页面

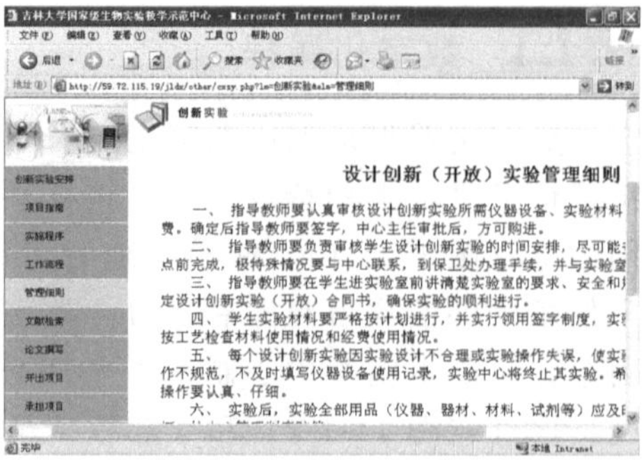

图 11-1-6 创新实验规章制度

图 11-1-7 教学效果反馈专栏

11.1.3 教学效果反馈专栏

教学反馈专栏是本实验中心建立的多途径、多形式、多措施、全方位的教育效果评价体系、改革评价体系和教育过程保障体系的重要组成部分。在校学生、毕业生、助教研究生和教师可以随时通过教学效果反馈专栏进行教学效果评价，并及时向师生反馈和沟通有关问题，提出改进建议（图 11-1-7）。

11.1.4 实验查询系统

实验查询系统具有实验选课、实验安排查询等功能（图 11-1-8）。学生可以通过查询系统查询本实验中心开设的各类实验课的名称，并根据自己的爱好选择选修实验。学生在上实验课之前还可以通过该系统查询上课时间、教室位置，学习本实验中心的规章制度等。在本实验中心的每个楼层都设有实验查询系统的终端，以方便学生随时查询。

图 11-1-8 实验查询系统

11.1.5 多媒体教室和微机室

本实验中心中有 11 个实验室配备多媒体教学系统并与网络连接，随时可调用网上实验教学资源（图 11-1-9、图 11-1-10），增加了实验教学过程中知识的获取途径。本实验中心还配有专门的现代化多媒体教室和微机室，用于学术报告、实验理论讲授、创新实验的论证、实验总结讨论、实验数据处理、撰写提交实验报告和论文等（图 11-1-11、图 11-1-12）。

图 11-1-9　多媒体教学系统操作台

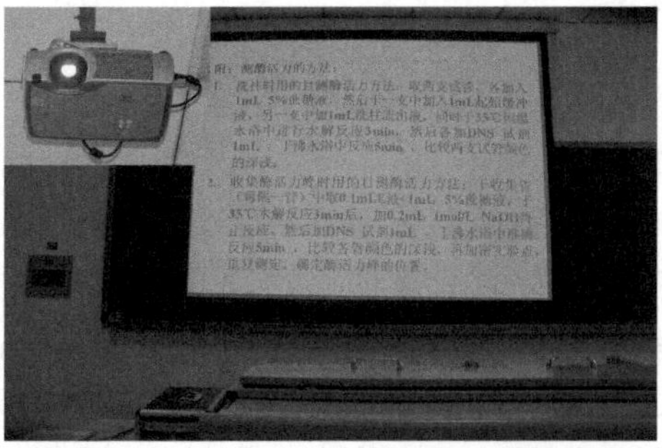

图 11-1-10　多媒体教学系统投影设备

图 11-1-11　多媒体教室

图 11-1-12　微机室

11.1.6　日常信息管理

本实验中心网站承载了全部的日常管理信息。通过网站中的各个栏目可以进行本实验中心的组织机构、管理体制、师资队伍、教学成果、仪器设备基本信息、实验大纲项目、实验教学计划、固定资产等信息的管理、查询和相关资料的下载。既为中心的日常管理提供了信息平台，也为中心的建设成果提供了展示的窗口（图 11-1-13）。

图 11-1-13　实验中心网站

11.2 LIMS 实验室管理系统

实验室信息管理系统，即 LIMS（laboratory information management system）是实验室现代综合管理的一种理念、技术、方法、产品和整体解决方案，是一个专门为实验室设计的信息管理系统，以实验室样品分析，数据的采集、录入、处理、检查、判定、存储、传输、共享、报告发布以及业务工作流程管理为核心并建立完善的质量保证体系，同时将实验室的人员、材料、设备、技术、方法、资料档案等资源进行综合管理，实现数据网络化共享、无纸化记录与办公、资源与成本管理、人员量化考核，为实验室管理水平的整体提高和实验室的全面协调管理提供先进的技术支持。

本实验中心使用的 LIMS 系统是与软件公司合作开发的具有自主知识产权的实验室信息管理系统，集人员管理、财务管理、物资管理于一体，实现了实验教学信息管理、资源信息管理、科研项目管理、检测信息管理和环境监测等五个流程之间的信息相互关联，能够实现各种相关信息的查询、统计、输出、打印等功能。该系统的应用降低了实验室成本消耗，实现了实验室内部网络化全面协调管理，提高整体工作水平和工作效率。管理人员凭密码进入系统后（图 11-2-1），根据自己的管理权限选择下一级目录，进行相关管理操作（图 11-2-2）。

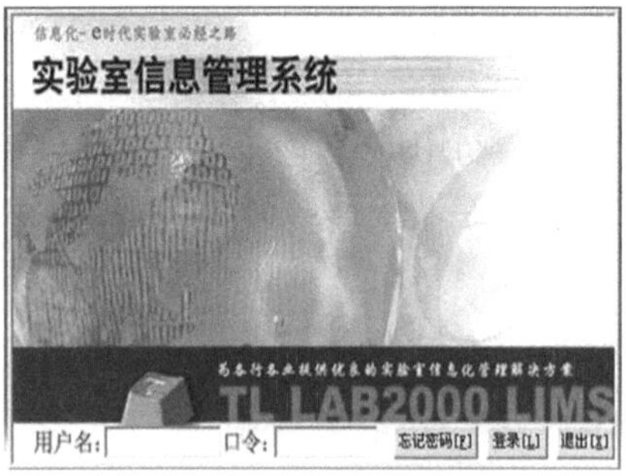

图 11-2-1 LIMS 管理系统首页

图 11-2-2 LIMS 管理系统主窗口

11.2.1 实验教学信息管理

实验教学信息管理功能实现了对本实验教学的全程监控，通过建立实验教学信息数据库进行实验教学安排、创新教育安排、实验准备和实验运行情况监控、学生实验成绩汇总和统计分析、教学工作量统计、仪器设备和实验材料及药品的申请和审核、采购统计、各实验室使用和结余统计、实验器材消耗和实验成本核算。该管理功能还实现了对创新实验教学全过程的监控管理（图 11-2-3、图 11-2-4）

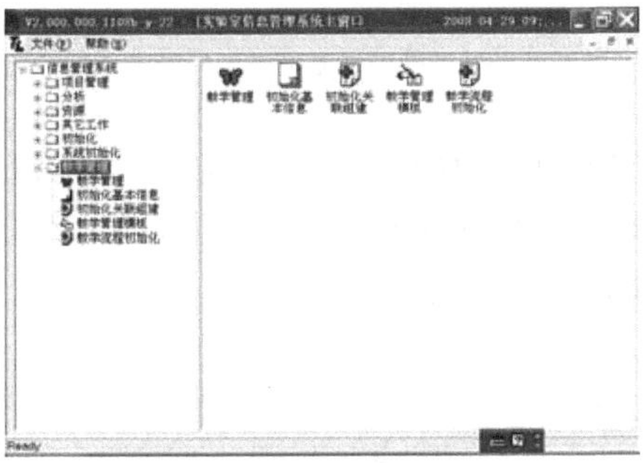

图 11-2-3 教学管理主窗口

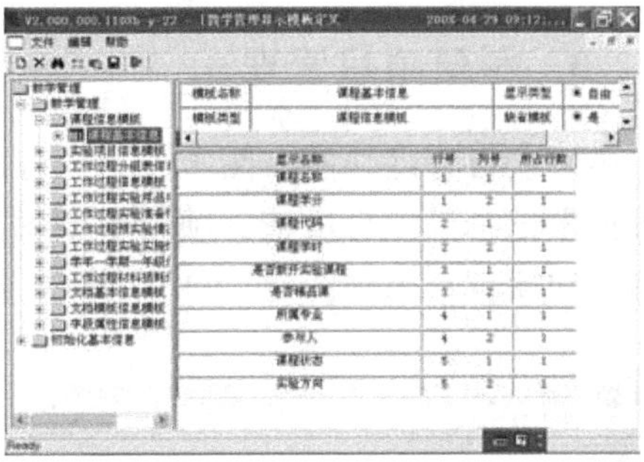

图 11-2-4 教学管理界面

11.2.2 资源信息管理

资源信息管理功能通过建立资源信息数据库（图 11-2-5），实现对本实验中心人员（图 11-2-6）、固定资产和科研教学成果进行储存和管理。管理人员可以随时从数据库中检索相关信息。

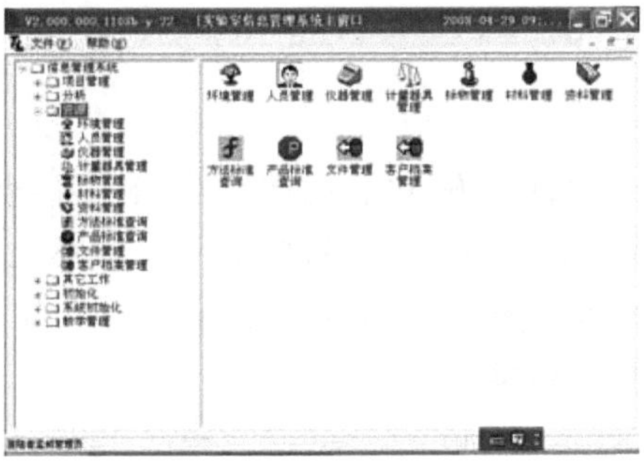

图 11-2-5 资源信息管理主窗口

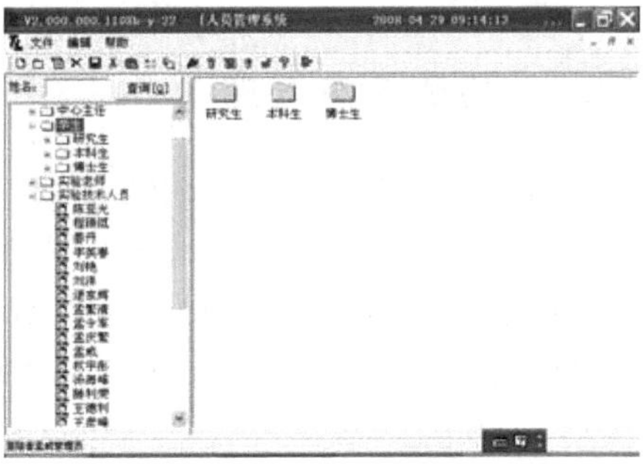

图 11-2-6 资源信息管理界面

仪器设备信息数据库（图 11-2-7、图 11-2-8）记录了本实验中心仪器数量、状态、所在位置。各大型设备的运行状态、实用信息和空闲时间等信息。实验材料信息数据库记录了中心各种实验材料和消耗品的库存量、消耗情况，并能显示剩余物品的分布。实验药品统计可以精确统计到克级水平。

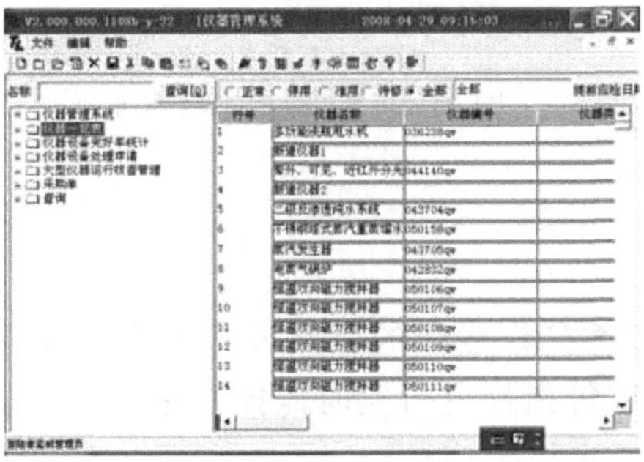

图 11-2-7 仪器信息数据库

图 11-2-8 仪器信息管理界面

11.2.3 科研项目管理

科研项目管理功能（图 11-2-9）可以监控本实验中心所承担的科研项目实施情况。该数据库记录了项目申请（项目申请书）；中期报告（中期报告书）；结项报告（结项报告书）和项目日志（图 11-2-10）等信息，并可以对项目进行成本核算。

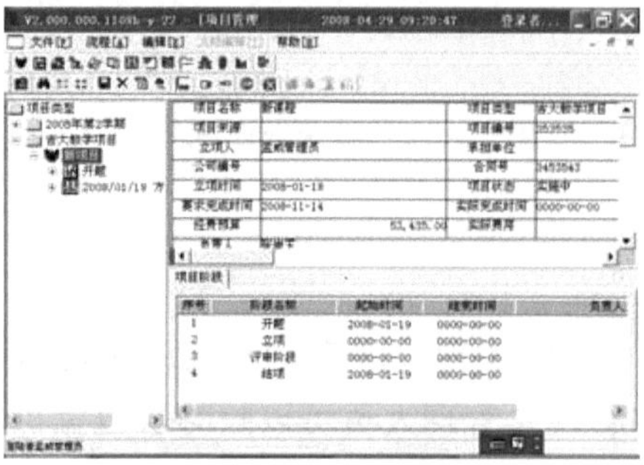

图 11-2-9 科研项目管理窗口

图 11-2-10 科研项目日志

11.2.4 检测信息管理

检测信息管理是（图 11-2-11）利用管理系统的数据传输和数据储存功能。将检测设备联入 LIMS 系统，可以自动完成业务受理（检测任务单）、样品登记（留样登记）、检验数据输入（原始记录单）、一二级审核、报告编辑（检测报告评价报告）、报告审核（检测报告评价报告）（图 11-2-12）等功能并对信息进行储存。

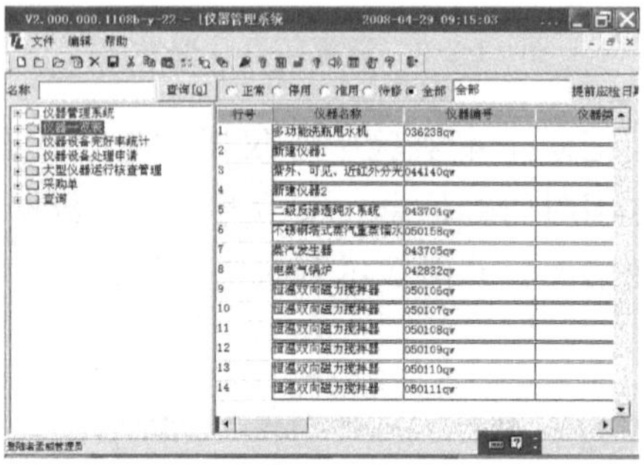

图 11-2-11 检测信息管理主窗口

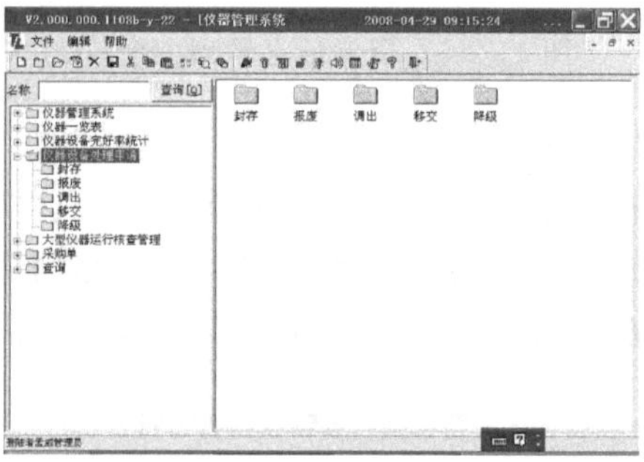

图 11-2-12 检测审核界面

11.2.5 环境监测

环境监测功能（图 11-2-13）通过管理系统与各实验室中的监测设备组成的监测网络对各实验室的温度、湿度、噪声和有害气体浓度等指标进行实时监控并储存动态监控记录（图 11-2-14），可以对监测参数超标的现象发出报警信息。

图 11-2-13　环境监测管理界面

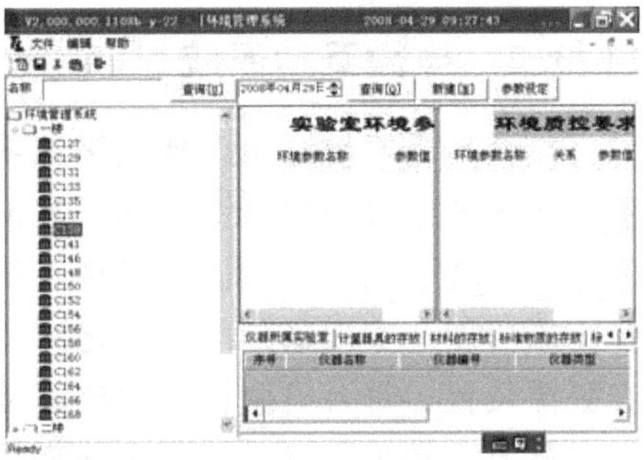

图 11-2-14　环境监测参数显示界面

11.2.6　电子助教系统

电子助教系统由 LED 显示屏和多媒体教学系统组成。通过实验室内的局域网络，使每个实验台上的 LED 液晶显示屏与多媒体教学系统联网。教师可以把教学过程中的各种信息直接传递到每个实验台上，以提示上实验课的同学按照要求进行操作。电子助教系统具有学生实验分组、实验内容及注意事项传输、演示实验和实验互动等功能（图 11-2-15）。

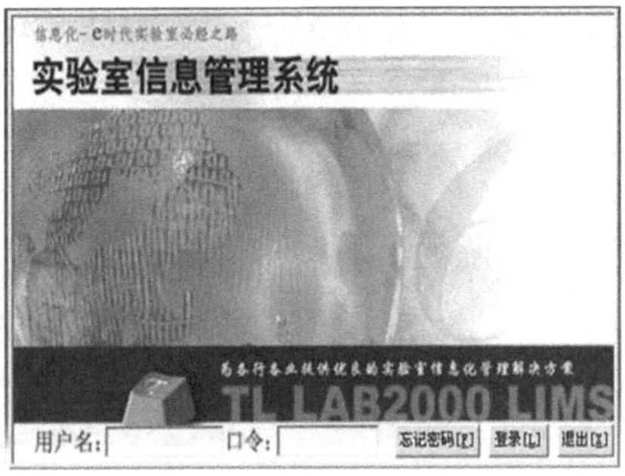

图 11-2-15　LED 液晶显示屏

11.3　局域网络系统

局域网络系统实现了实验中心各实验室、办公室之间信息的快速传递，包括局域网络通信系统、显微互动系统和智能门锁系统。

11.3.1　局域网络通信系统

局域网络通信系统既“硕思即时通”，是一种方便、实用、高效的即时通信工具。充分利用互联网即时交流的特点，来实现实验室内部人员之间快速直接的交流。通过硕思即时通可以在本实验中心内部成员之间传输文件、发布信息和通知，保证了实验中心内部的信息与文件及时、准确传递（图 11-3-1、图 11-3-2）。

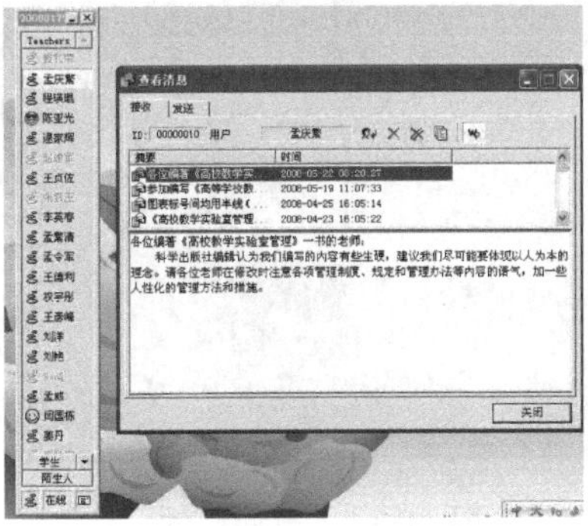

图 11-3-1　实验中心内部发布消息

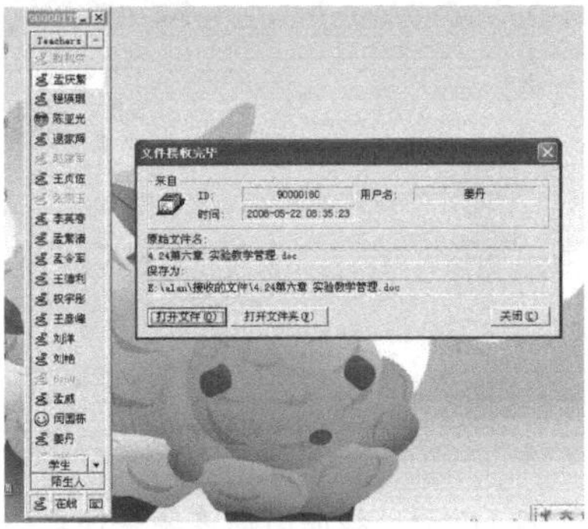

图 11-3-2　实验中心内部传输文件

11.3.2 显微互动系统

显微互动系统是由包括显微镜系统、计算机软件系统、图像处理系统以及语音问答系统四部分组成的实验室内部局域网络系统（图 11-3-3），该系统从图像采集到传输处理，都体现了数字化，做到语音、视频信号同步传输，具有数字图像网络功能和多向语音交流功能。实现老师与学生之间，语音、图像的全方位实时互动。系统中的显微镜配有摄像装置，每台显微镜的观测画面都可以通过网络传输到实验教师的电脑中并投影到大屏幕上。教师通过电脑或大屏幕就可以查看全班学生的显微镜画面，使教学更直观、更方便。教师更容易发现学生在实验中存在的问题并及时指导学生改正。学生也可以随时通过语音、图像等方式与老师进行交流，并可与小组内的同学进行讨论而不影响其他成员。使得师生间的交流更加直观、有效，改变了传统实验教学中师生之间缺乏沟通和任课教师工作强度大、效率低的局面，突破了以往限制教学质量提高的瓶颈。

图 11-3-3 显微互动系统

11.3.3 智能门锁系统

智能门锁系统通过计算机和无线网络管理本实验中心所有房间的门锁。智能门锁系统的房间卡分为总控级、层控级和房间级。不同级别的卡在已设定的时间区间可开不同范围的门锁，做到权限分明，便于管理和使用。智能门锁系统具有控制、记录进出人员和考勤等功能。当需要时可以随时在系统中查询各个房间的开锁动态和各房间卡的使用记录。如果规定每天上班时都在门锁上刷一下卡就可以根据记录对工作人员进行考勤（图 11-3-4、图 11-3-5）。

图 11-3-4 智能门锁系统管理系统

图 11-3-5 智能门锁

11.4　实验教学监控系统

实验教学监控系统是集安全监控、多点教学、实时指导、远程监控等功能于一体的现代化监控系统。在实验中心内共设有 36 个监测点，安装有 48 个摄像头，每个实验室安装 1～2 个摄像头，保证监控无盲区（图 11-4-1）。每个监测点均安装摄像和声音的输出与输入设备，可以实现图像与声音的同步传输。该系统采用先进的电子监控设备，摄像头可以感受声音和光线变化实现自动记录。通过监控系统可以实现对学生实验习惯、实验操作和考试纪律等多个评价指标进行评价和监控管理。

图 11-4-1　实验室监控装置

11.4.1　实验教学监控

实验教学监控功能可以实现对正在上课的实验室进行全程、实时监控。教师通过监控终端掌握实验课的进行情况。当教师发现学生实验操作过程中遇到问题或操作不符合要求时，可以通过麦克风与他们进行互动交流和实时指导。实验教师通过对学生实验情况的实时监控或者通过教学录像来评价学生的实验习惯、实验操作规范程度和实验结果等指标。实验教学监控系统还可对考试的学生进行监控和录像，节省了监考过程中的人力资源（图 11-4-2、图 11-4-3）。

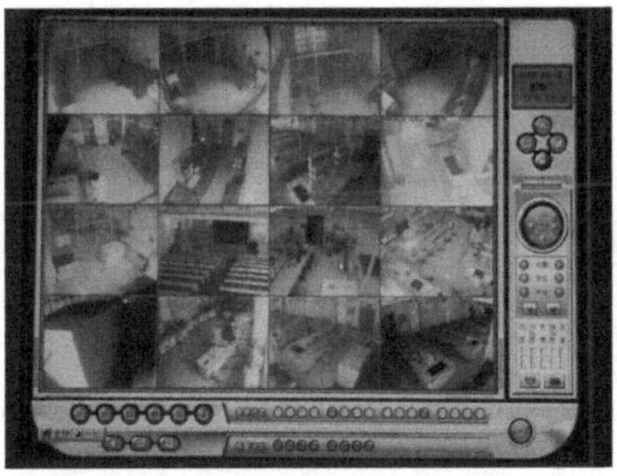

图 11-4-2　实验室教学监控系统

图 11-4-3　实验室实时监控画面

11.4.2　多点教学

多点教学功能可以满足在多个教室（实验室）中对相同的授课内容实行同步教学。

每个教室（实验室）内部都安装监控系统的输出终端（多媒体投影设备）。授课教室中的摄像与录音装置通过网络将授课现场的音频和动态画面输入监控系统并通过设在其他教室（实验室）中的输出终端进行声音与画面的投影输出。使学生在授课课堂以外依然可以感受到与课堂相同的听课效果。

11.4.3 安全监控

实验中心各实验室及走廊内共安装48个摄像头对中心实行24小时全程监控。监控摄像头可以感受声音和光线的变化并自动录像，录像记录可以在电脑硬盘中保存一个月。当发现问题时可以随时调阅监控录像，对出现的问题进行查询、分析。这套监控系统设有两套监控终端，分别设在现代化信息管理室和值班室，值班人员可以在监控终端上对各监控点的实时监控画面进行任意切换，进行实时观察，查找安全隐患。

11.4.4 远程管理

远程管理功能是专门为实验中心主任和副主任设计的。当主任（副主任）出差时可以通过网络进入中心的监控系统对中心进行远程监控和管理。

第十二章

教学实验室开放与创新实验的管理

教学实验室开放的实质是在“以学生为本”的教学理念指导下，通过不断挖掘和充分利用现有实验教学资源，实行实验室全方位开放，搭建大学生科技创新实践教育条件平台，为学生个性发展和创新能力培养创造空间环境。创新实验以倡导启发式教学和研究性学习为核心，以激发学生的兴趣和潜能为重点，以培养学生的团队意识和创新精神为目的，在人才培养的整体框架内、与学科人才培养目标相一致、课内外结合的实践教学活动。我们 2001 年开始，实验室实行 24 小时开放，建立适合不同层次学生科技创新教育教学的内容体系、科学的管理模式和质量保证体系，组建高水平专兼职结合的指导团队，创办了大学生科技创新交流的《大学生创新实验》期刊，极大地激发了大学生科技创新热情，推进学生自主学习、合作学习、研究性学习，从而培养学生的创新意识、创新精神、创新能力和科学思维。

为了鼓励学生在课余时间参加课外科技创新活动，充分利用实验室的资源优势，提高实验室的开放率和仪器设备的完好率，保证开放实验室的安全卫生和规范管理，建立了“智能门锁系统”、“网上互动系统”、“安全监控及互动系统”和“LIMS 管理系统”等信息化管理系统。制定了“实验室开放实施细则”、“实验室开放管理规定”、“开放实验材料消耗管理”、“实验室开放值班管理规定”、“设计创新实验实施程序”、“设计创新实验工作流程”、“设计创新实验记录的基本规范”、“文献检索要求”、“科研论文撰写要求”、“开放实验项目成果管理”、“创新实验奖学金评定标准”等开放实验管理制度 11 项。

12.1 实验室开放实施细则

实验室开放与开设创新性实验是学生素质培养与创新能力培养的重要举措，是实验教学改革的重要内容。为了确保人身安全和仪器设备的正常使用，提高实验室开放效率，规范开放实验室的管理，根据国家教育部《关于高等学校开放实验室监督管理办法》，结合实验中心的具体情况，特制定如下实施细则。

12.1.1 开放的目的

鼓励和支持开放人员在课余时间参加实验教学或各类科研活动，使学生能够自己动手进行实验来验证和熟悉基础知识，培养动手能力、创新意识、创新精神和开拓能力，提高实验教学水平，推动学生素质教育的深入开展。通过对学生、教师及其他技术人员的开放，实行资源共享，提高开放实验室和仪器设备的利用率。

12.1.2 开放的对象

（1）全校本科学生和本院研究生。
（2）校外各大专院校相关专业的学生。
（3）高校教师和高新企业技术人员。

12.1.2 开放的时间

24小时开放。

12.1.3 开放的内容

（1）本科生基本技术训练、设计创新实验。
（2）参加导师的科研项目。
（3）国家大学生创新性实验计划项目。
（4）吉林大学大学生创新性实验计划项目。
（5）吉林大学大学生科技创新基金项目。
（6）中心面向全校设立的生命科学与技术大学生创新性实验计划项目。
（7）公共选修课《生命科学实验》。
（8）研究生实验。
（9）校外生物学相关专业学生基础实验和实训实验。
（10）高校教师和高新企业技术人员培训。

12.1.4 开放的的组织管理

（1）实验中心实行主任负责制，全面负责实验中心的开放管理、开放人员的申请和审批工作。

（2）实验中心所属各实验室负责人的职责是：负责相关实验室、仪器设备和物品等的管理；负责开放人员实验项目审查；负责开放人员实验记录的管理；负责开放实验室的安全、卫生管理；负责安排开放实验室开放过程中值班工作。

12.1.5 开放项目和开放人员管理

（1）开放项目可在实验中心开放指南内选择，也可自行设计。
（2）开放项目必须由实验中心审批后备案。
（3）开放项目的实验记录本由中心统一印制，实验后交实验中心档案室存档。
（4）开放人员必须严格遵守实验中心的各项规章制度。

12.1.6 开放项目申请的程序

（1）进实验室做实验的人员，首先要填好“创新性实验计划项目申请书”，由“创新性实验计划项目评审组”审核批准后交实验中心主任审批，签署“设计创新实验协议书”，除本院本科生、研究生和全校公选课学生外按规定交实验成本费后，方可进入实验室。

（2）进实验室后先由实验室主管人员对其开放人员进行所需仪器设备使用培训和实验室管理、安全教育，发放仪器使用证后方可进行实验。

设计创新实验协议书

实验项目：________________________________

开放实验室学生在遵守“学生实验守则”、“学生实验习惯评定方法”、“实验室开放管理规定”等各项规章制度的同时，并严格遵守以下各项规定。

（1）严格遵守实验操作规程，履行安全防火措施，对没有安全保证的实验严格禁止进行。

（2）在开放实验室实验所使用的材料、试剂、玻璃仪器和仪器设备不准带出（搬出）该实验室。试剂使用后须放回原处，玻璃仪器使用后须刷洗干净并放回原处。

（3）开放实验室学生必须填写“实验室开放记录簿”，进实验室须穿实验服。

（4）实验过程中须严格按仪器的操作规程使用仪器，并填写“仪器使用记录”。实验后，须保证仪器设备、实验台面、试剂架及地面的清洁卫生，并填写“值日生工作完成登记簿”。离开实验室时一定要关好水、电、煤气和门窗。

（5）遵守“开放实验材料消耗管理规定”。资助项目经费不得超支，实验材料的使用要力行节约，可重复使用的实验材料一定要回收再利用。实验中心按实验的设计方案检查实验材料和经费的使用情况，对实验材料浪费者视情节给予批评教育或停止实验。

（6）要有严谨和务实的科研学风，按照“设计创新实验记录的基本规范”认真如实记录；按照“科研论文撰写要求”撰写论文。

（7）遵守“开放实验项目成果管理规定”。严守实验项目的关键技术，不经指导教师允许，不得与企业、科研部门等洽谈与本项目有关的合作。

（8）遵守“项目诚信承诺”，不得抄袭他人成果，不得弄虚作假、编造实验数据。一经发现，创新实验成绩视为不及格。

（9）按“项目进度安排”保质保量完成各项研究任务。如实填写“大学生创新性实验计划项目进展表”，每月 30 日上交一次直至项目结题为止。

（10）按时上交“创新性实验计划项目申请书”、“创新实验论文”或“专利”（打印版和电子版）和创新实验记录本。

（11）晚上做完实验回寝室的同学一定要搭伴同行，保证同学的自身安全，否则责任自负。

协议保证人名单

	保证人签字	住址（随时可以联系）	电 话	签字日期
组长				
组员				
组员				
组员				
组员				
组员				
组员				

实验地点：____________　　指导教师：____________　　管理教师：____________

12.1.7　实验室开放记录簿

为加强开放实验室的教学日常管理，保证创新性实验的顺利进行，特制作了实验室开放记录薄（图 12-1-1）。

实验室：________　　　　编号：________

实验室开放记录簿

吉林大学国家级生物实验教学示范中心

（a）封面

姓　名	年　级	实验项目	实验日期	开始时间	结束时间

（b）内文

图 12-1-1　实验室开放记录簿

12.2　实验室开放管理规定

为了充分利用实验室的资源优势，鼓励学生在课余时间参加课外科技创新活动，提高实验室的开放率和仪器设备的完好率，保证实验室开放安全、有序进行，特制定本管理规定。

（1）开放实验室学生须上交“创新性实验计划项目申请书”，并签署“设计创新实验协议书”后，方可进入实验室进行实验。

（2）实验时须严格遵守“学生实验守则”、“学生实验习惯评定方法”、“开放实验材料消耗管理”、“设计创新实验实施程序”、“仪器设备使用管理规定”等各项规章制度。

（3）开放实验室学生必须填写“实验室开放记录薄”，进入实验室须穿实验服。

（4）要树立安全第一的思想，保证实验室的绝对安全。严格遵守实验操作规程，履行安全防水、防火、防燃和防爆措施，对没有安全保证的实验坚决禁止进行。

（5）指导教师要认真审核设计创新实验所需的仪器设备、实验材料、试剂等，避免浪费，确定后指导教师、管理教师签字，中心主任审批后，方可购进。

（6）指导教师要负责审核学生设计创新实验的时间安排，尽可能安排在白天和晚上10点前完成，特殊情况要与实验中心联系，到保卫处办理手续，并与实验室值班教师预约。

（7）实验材料的使用力行节约，可重复使用的实验材料一定要回收再利用。实验中心组织有关人员按实验的设计方案检查实验材料和经费的使用情况，对实验材料浪费者视情节给予批评教育或停止实验。

（8）实验过程中玻璃仪器丢失、损坏，按“玻璃器皿使用管理及损坏赔偿规定”进行赔偿；实验过程中仪器设备、器材丢失、损坏，按“仪器设备、器材损坏丢失赔偿管理办法”进行赔偿。

（9）进开放实验室实验前，应先参加仪器设备使用培训，并经教师考核合格后方可使用，实验过程中须严格按仪器的操作规程使用仪器，并填写“仪器使用记录”；实验后，须保证实验仪器、实验台面、试剂架及地面的清洁卫生，并填写“值日生工作完成登记簿”。离开实验室时一定要关好水、电、煤气和门窗。

（10）实验中心在设计创新（开放）实验期间，将安排人员轮流值班，有事请与值班教师联系。

（11）仪器使用过程中出现问题应立刻报告，并及时维修，保证仪器设备的正常运行；仪器设备不允许擅自借出或搬到其他实验室。

（12）设计创新实验如因实验设计不合理或实验操作失误，使实验无法正常进行，实验中心将终止其实验。

（13）要有严谨的科学态度和实事求是的科研学风，按“设计创新实验记录的基本规范”认真如实记录；按照“科研论文撰写要求”撰写论文。实验结束后，“创新实验论文”和“创新实验记录本”由指导教师收回，统一返回实验中心备案。

（14）严守实验项目的关键技术，不经指导教师允许，不得与企业、科研部门等洽谈与本项目有关的合作。

（15）学生设计创新实验取得优异成果者可给予奖励。学校每年评选一批在培养学生创新能力方面成效突出的开放实验项目作为优秀项目，对参加者和指导教师进行奖励。中心设立“创新实验专项奖学金”，奖励设计创新实验成绩突出的学生和指导教师。

（16）实验教师指导开放实验项目，可计算相应的工作量。

（17）为资助和鼓励实验室开放工作，国家和学校每年设置一定数额的“大学生创新性实验计划”项目专项基金。学生申报经学校主管部门评审后，可获得开放实验项目专项经费资助。

12.3　开放实验材料消耗管理

为了在有限的实验教学经费条件下，避免实验材料的浪费和流失，保障学生创新性实验的顺利进行，特制定开放实验材料消耗管理规定。

（1）指导教师要认真审核开放实验所需实验材料、试剂的数量，确定后经指导教师签字、管理教师签字、中心主任或副主任审批后，方可购进。

（2）各种层析柱及其柱料，必须有主任亲自审批后方可购入和领用。

（3）材料采购教师和管理教师要严格监控创新性实验的经费使用情况，避免相关实验项目经费的超支。

（4）单价在50元以下（含50元）的实验材料或试剂，管理教师具体负责实验材料或试剂的领用管理，学生随用随取，不得一次性交给学生；单价在50元以上实验材料或试剂，由库房管理教师具体负责，用多少领取多少；单价在100元以上的贵重药品由库房管理教师和材料采购教师共同负责管理，用多少领取多少。

（5）实验材料的使用力行节约，溶液配制须现用现配、够用即可，工艺条件探索须先做小量试验。可重复使用的实验材料一定要回收再利用。实验中心组织有关人员按实验的设计方案检查实验材料和经费的使用情况，对实验材料浪费者视情节情况给予批评教育或停止实验。

12.4 实验室开放值班管理规定

为了加强开放实验室的管理，保障学生创新性实验的安全、有序进行，特制定实验室开放值班管理规定。

（1）认真记录来实验室工作的教师和学生的相关情况。

（2）认真记录教师和学生使用总控钥匙所开实验室的房间号、时间、使用物品名称。但实验中心教师办公室、图书室、资料室、材料供应室、库房、机房、会议室、多媒体教室等，必须经过管理教师本人同意，方可打开。

（3）认真记录正在改造或维修的房间号、时间、内容、进展情况。

（4）认真记录外来人员的相关情况。

（5）值班人员加强巡视每个实验室的安全情况，重点在学生多的开放实验室巡视，并做好记录。

（6）对学校、学院的通知要及时认真接收并及时通知到相关人员。

（7）及时收发当日的报纸信件。

（8）学生夜间做实验较晚时，值班教师提醒学生结伴回寝，必要时请校园110护送。

（9）值班时间：夜间值班18：00～7：00；双休日值班8：00～17：00。

（10）值班结束后，当日值班教师要负责通知下一位值班教师，提醒其值班时间。

12.5 设计创新实验实施程序

为了让学生了解设计创新实验包含哪几个阶段过程，保证学生设计（研究）创新实验工作的顺利进行，特制定设计创新实验实施程序（图12-5-1）。

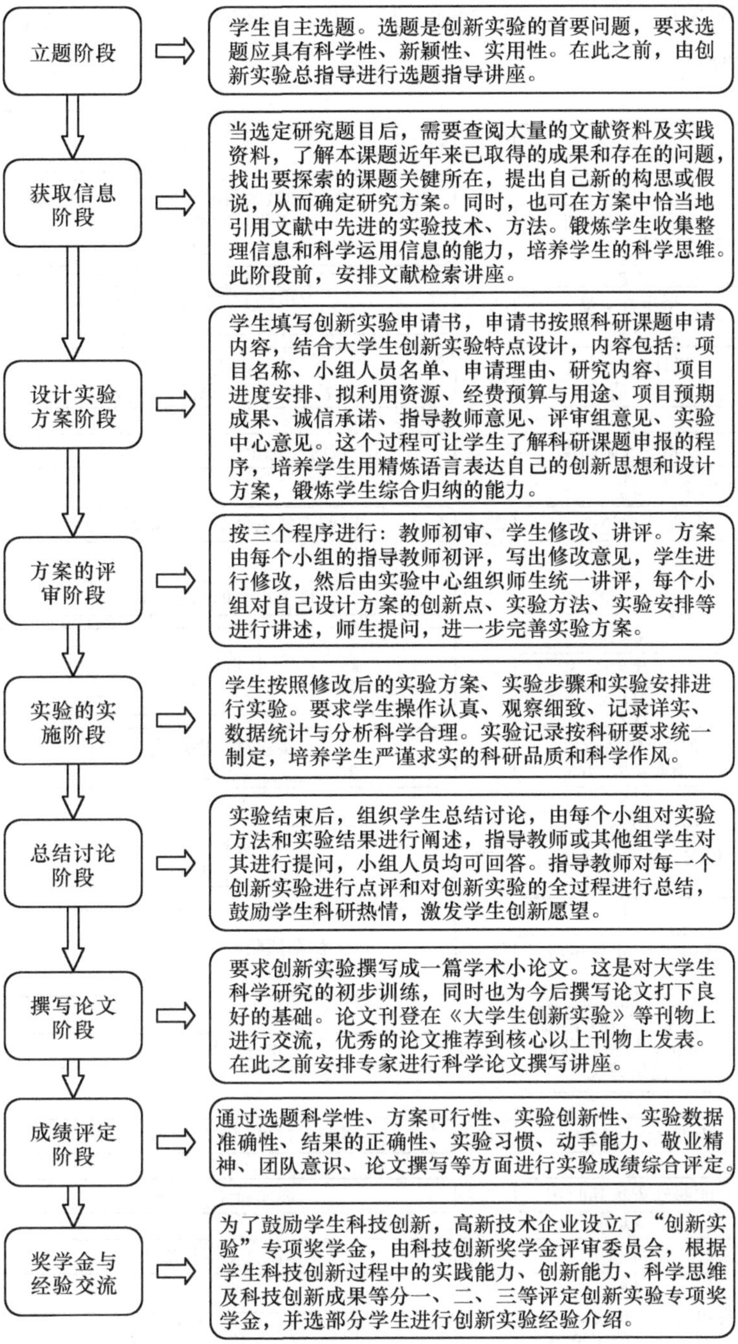

图 12-5-1　设计创新实验实施程序

12.6　设计创新实验工作流程

为了使学生在开放实验室开展科技创新实践活动中遇到问题时，可以随时与相关负责人联系，保证学生设计（研究）创新实验工作的顺利进行，特制定设计创新实验工作流程图（图 12-6-1）。

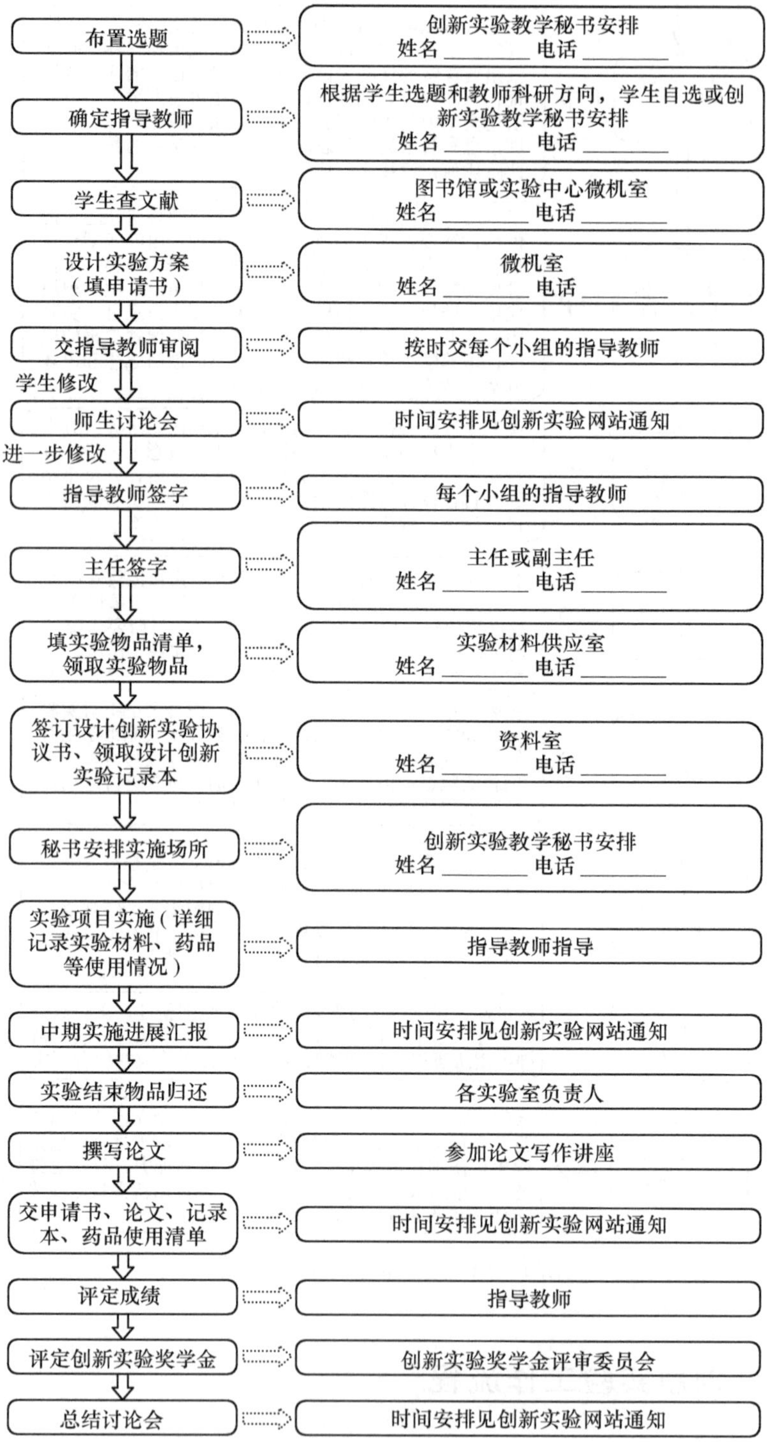

图 12-6-1　设计创新实验工作流程

12.7 设计创新实验记录的基本规范

实验记录是记录发明行为的日志，是实验过程及结果的唯一原始记录，以便自己或他人据之重复研究的凭证，也是专利申请的重要佐证。为了培养学生科学、严谨和务实的科研学风，详细、准确地记录实验过程，特制定本规范。

（1）记录本规格。记录本要装订成册并编上页码，并包含有目录页（研究中重要方法和结果要求在目录中有所体现）。每个记录本通常由一个研究者使用。实验记录本应当妥善保存，避免水、酸、碱浸蚀，无破损、不丢失。

（2）记录书写基本要求。使用永久墨水，字迹清晰和完整；记录应按年度日期顺序排列，并根据连续编号记录；研究者应在实验中实时记录，并在每页上签名及实验时间。记录应整洁、有序和完整，能保证同行和专利律师方便辨认。

（3）可以记录的内容。实验记录本可记录研究中各种各样的数据，包括：初步的参考文献，研究目标，原理（尽管有些可能直到研究完成才可能知道），研究内容，研究方法，研究材料，使用的试剂（名称、级别、规格、批号、厂商），溶液的配制（浓度、配制日期、配制方法及保存条件），专利发明和实验时的想法，观察现象，采集的数据（应包括预期的和非预期的数据），所有的计算、结论以及解释和注释等，以及其他研究活动。例如会议、维护实验设备、使用到的大型/特殊设备和仪器（名称、型号和制造商）等。

（4）记录和修订的要求。记录应措辞规范，如果使用缩略词、商标、商品名或代号，至少首次使用时在每一本记录本上对其进行定义。实验记录还要求不能涂抹任何内容，错误的记录要用单划线删除，并保证能辨认删除内容，还需注明删除理由和日期。严禁撕除记录页或者其中的附加物。实验中重要想法、实验或测试，或者有可能申请专利的发明的记录页应有旁证人；合作研究所有的贡献者必须签名，并注明参与人做了具体哪些贡献，而且所有人员都必须在记录本上签署名字和日期。每一个实验都必须在新页上填写。每页上不得记录超过两个及两个以上的实验记录；实验记录应连续，不得因为实验未完而预留空白页。不能连续记录的页面规定要指明承接的页码。任何空白处需划线填充以防止添加新的注释和结果。

（5）其他注意事项。①所有数据必须直接记录在本上，不允许先写在另外的纸上，日后抄录。原始数据如果不在该记录本上，则应注明出处。②附加物如表格、照片、图表、仪器输出件等，应使用胶水或胶带粘牢。在粘贴的附加物与实验记录页的交界处，应做上标记或签名。③不得在已记录的图片上做修改，应该重新绘制。④旁证人签名后任何人不得再对记录内容作修改，如有修改，应另行记录。

12.8 文献检索要求

文献不仅为选题提供依据，还贯穿研究的全过程。正确掌握文献的检索方法，是关系到研究的过程、质量的首要问题，因此对文献检索要求如下。

12.8.1 检索工具的类型

正确地利用检索工具，能使我们在浩瀚的文献海洋中畅游无阻，从而以最简捷的方法，迅速、准确地获得研究所需的文献信息。下面介绍几种检索工具。

（1）由于计算机检索速度快、检索范围大、检索途径多，可以同时检索多个数据库，并且可以立刻得到原文，因此成为现在最有效、最方便、最理想、应用最广的检索工具。

（2）索引：许多图书馆都建立了馆藏图书查询系统，读者可以通过人名索引和关键词索引很方便地进行查询。

（3）文摘：不必看全文就可以大致了解文章的内容，是一种使用广泛的检索工具。

（4）书目：将各种图书按内容或不同学科分类所编制的目录。

（5）参考性与资料性工具书。

12.8.2 文献检索的方法及步骤

（1）分析研究课题

在检索之前应分析检索的课题。首先分析主题内容，弄清课题关键问题所在，确定检索的学科范围；之后分析文献类型，不同类型的文献各具特色，根据自己的需要确定检索文献类型范围、时间范围；最后分析已知的检索线索，逐步扩大检索范围。

（2）确定检索工具

首选的方法是通过计算机在网络中搜索文献，再就是到图书馆查询现有的书籍及期刊。

（3）确定检索方法，下面介绍几种常用的检索方法：

① 顺序查找法：从课题研究的起始年代开始往后顺时查找，直到近期为止，这种方法查全率高，但费时。

② 回溯查找法：利用某一篇论文（或专著）后面所附的参考资料为线索，跟踪追查的方法。这种方法是一种针对性更强、更直接、效率更高的文献查阅方法，在检索工具不齐全，对课题不熟悉的情况下是可取的。

（4）确定检索途径，现在常用的检索途径主要有4种：

① 主题途径：根据文献的主题词组织起来的检索系统，尤其是使用计算机检索文献的时候，利用搜索引擎，按照主题词去查找特定的文献，其效益更加明显。

② 书名或篇名途径：把文献的名称按照一定的排检方法组织起来后形成的检索系统，用户只要知道文献的名称，就可以查找到原始文献。

③ 作者途径：把文献的作者按照一定的排检方法组织起来后形成的检索系统，比较适合对于某一特定作者所著文献的查找。

④ 分类途径：把文献的名称按照学科自身的体系组织起来的检索系统，它比较适合对某一特定学科中特定类别文献的查找。

（5）获取原始文献：利用检索工具查找的文献线索，获取原始文献。

（6）建文献目录：这是查阅文献的最后一步，把阅读参考过的材料按照一定的顺序排列，叫做文献目录。

12.8.3 针对某课题进行文献检索的一般步骤

(1) 分析问题，确定要研究内容的主题词和关键词。

(2) 根据确定的主题词和关键词，通过学校图书馆网站或者系统查询电子文献，查找该领域最新、最主要的研究方法、研究进展及研究成果。在项目立题或者编写实验计划时应重点检索期刊、杂志、国际会议、科研报告、国内外专利等内容，以了解该项目最新研究进展及现状。

(3) 在这些文献的基础上精心归纳总结，提出自己的观点及项目创新点，进行可行性论证，确定实验方案。

(4) 根据确定的方案进行回查。回查可以利用已有文献后面附的参考文献信息，找到实验方法、操作技巧及注意事项的原始文献，拿到第一手材料。文献回查时，可以通过图书馆的索引及数据库检索，应注意重点查询由该领域专家或者学术领头人编纂的教科书、实验手册、工具书、国家或者行业标准、学位论文的纸本或者电子图书，同时注重专门针对该实验方法进行研究的原始论文的查找。

(5) 文献回查时，可以通过文献的题目、作者进行检索，也可以通过刊载论文的期刊名称、年、卷、期、页码等信息进行回查。一般的数据库都有所收录期刊的列表，选择相应的期刊，该期刊会进一步按照年、卷、期的顺序列出，再选择相应的卷或期，会进一步列出该期刊物中所有的论文，列表，再查找文献的摘要及全文信息。

12.8.4 常用文献资源介绍

(1) 图书馆提供的电子文献是最主要的文献来源。

① 图书馆现有的中文电子图书资源有超星数字图书、书生之家数字图书馆，使用之前需要安装超星、书生之家图书浏览器。

② 图书馆现有的英文电子图书资源有 NetLibrary 电子图书、Springer 电子丛书。

③ 图书馆现在提供的与生命科学相关的中文期刊全文数据库包括中国知网期刊全文数据库、万方数字化期刊、维普中文科技期刊。

④ 图书馆现在提供的与生命科学相关的外文期刊全文数据库包括 Elsevier、Springer-Link、Web of Science-SCI、BIOSIS Previews、Science Online、OVID、John Wiley、High Wire Press 等。

⑤ 图书馆现有的学位论文全文数据库包括吉林大学学位论文全文库、万方学位论文数据库、中国知网提供的博士学位论文全文数据库及优秀硕士学位论文全文数据库。

⑥ 图书馆还提供中国、美国、加拿大、欧洲、日本的专利数据库，部分国际、国内会议论文数据库，网上免费科技报告数据库的链接。

(2) 学校及本实验中心的图书馆还收藏着大量的教材、期刊、词典、工具书、专著、论文集等图书，也是收集文献的重要来源。

① 学校和本实验中心的图书馆对这些文献进行了编目，均已实现了信息化管理。

② 实验中心图书室的图书可以凭学生证直接办理借书证借阅。

③ 学校图书馆的图书可以通过任何一台电脑登陆学校图书馆主页 http://lib.jlu.edu.cn 进行查询；也可以使用图书馆提供的电脑进行检索；同时还可以向图书馆的工作人员寻求帮助，提供书名、作者、出版社信息让工作人员帮助查询。

④ 检索学校图书馆的图书：登陆学校图书馆网站→查找资料→馆藏书目→书目查询，进入检索主菜单界面，也可以通过图书馆网站→图书/电子图书→图书馆书目查询系统（OPAC）进入检索主菜单界面，检索图书馆所收藏的所有中外文图书及期刊信息。

⑤ 学校图书馆的图书可以在网上进行预约或者续借，根据检索结果页面的提示，点击全部细节，在接下来的界面中，左面会出现“预约”链接，可以在此进行预约借书，再到图书馆相应位置借书。

(3) 除了学校及中心图书馆提供的资源外，互联网上还有浩瀚的信息，有大量免费的电子文章及电子书，也是学习及科研文献的重要来源。

① 现有的搜索引擎种类繁多，常用的搜索引擎包括：

• 常用的中文搜索引擎包括 Yahoo、Google、Baidu、Sogou、Yisou 等。

• 常用的英文搜索引擎包括 Google、Yahoo、Ovid、MSN、Aol、Previewseek。

• 专门针对文献搜索的引擎有：Scholar of google、Pubmed、博客搜索、专利搜索等。

② 搜索引擎高度智能化、个性化，需要选择合适的进行搜索。

• 中文非专业和一般专业问题选择 Baidu。

• 较专业信息选择 Google。

• 查专业性资料，首选 pubmed，再次选择 Scirus，当然也可以到各大杂志或数据库的网站查询，例如 SD、OVID 等。

③ 常用的生命科学论坛有：

丁香园（http://www.dxy.cn）；生物谷（http://www.bioon.com）；鸭绿江论坛（http://forum.e2002.com/ind ex.php）、小木虫（http://emuch.net/index.html）；生物软件网（http://www.bio-soft.net）；国家科学数字图书馆生命科学学科信息门户（http://www.lifesciences.cn）等。

④ 在 Baidu、Google 及专业的 Scholar of google 的搜索引擎中，都包含高级搜索工具，可以对搜索的范围及搜索文件的类型进行限制，中文的文献一般是以 word 文档保存的，而英文文献一般以 pdf 格式保存，因此也可以将搜索到的文献限定为 doc、ppt、caj 或者 pdf 格式，这样来减少无关的新闻、技术、实验、人物信息，缩小搜索范围，提高命中率，直接找到期刊文献或者电子书。

⑤ 网址的英文名称后缀是有行业及地域性质的，如以 .edu.cn 为后缀的一般是中国教育网内的高校网址，因此可以通过限定网址 site:edu.cn 或 site:ac.cn 来限制搜索结果。

12.9 科研论文撰写要求

为了规范学生创新实验科技论文的写作，提高学生的论文撰写能力，特制定科研论文撰写要求。

12.9.1 论文内容

（1）论文内容应是由作者独立完成的具有理论意义或应用价值的较新研究成果。论文的文字应简洁、流畅、可读性强，语法与标点符号正确。

（2）题名的编写应以最恰当、最简明的词语反映论文中最重要的特定内容。题名所用词语须避免使用不常见的缩略语、首字母缩写字、字符、代号和公式，应尽量避免使用副标题，避免使用标点符号，字数在 20 字之内。

（3）题名下是作者姓名、单位、所在省、市、邮政编码。作者须是直接或部分参加课题研究的工作者、论文的撰写者、论文的主要责任者。署名顺序按课题研究和论文的贡献大小排列。不够署名资格，但对论文有帮助的人员应在文末致谢。当作者分属几个单位时，在姓名右上角标明序号，在单位中分别注明。

（4）地脚内容有基金项目和作者简介，基金项目要注明基金项目名称和编号，不是基金项目的可不写；作者简介要注明第一作者姓名（出生年—）、性别、年级、出生地、研究方向及电话、E-mail 信箱；通讯联系人的说明可接续排列。

（5）论文的中英文摘要既需具备研究目的、方法、结果和结论四要素，是一篇可供引用的完整短文，且要有自明性、独立性、简洁性，其中不包括图、表、参考文献，须以第三人称撰写。中文摘要字数应在 250 字之内。

（6）关键词要有能满足文献标引及检索的词或词组 3～8 个，最好能从《汉语主题词表》或专业性主题词表中选取。

（7）中文关键词下请注明中图分类号和文献标识码。

① 中图分类号即采用《中国图书馆分类法》对论文进行分类。

② 文献标识码的设置如下：A—理论与应用研究学术论文（包括综述报告）；B—实用性技术成果报告（科技）；C—业务指导与技术管理性文章（包括领导讲话、特约评论）；D——般动态性信息（通讯、报道、会议活动、专访等）；E—文件、资料（包括历史资料、统计资料、机构、人物、书刊、知识介绍等）。

（8）论文须有英文摘要（包括英文题名、作者姓名、单位、城市、邮编、省份、国名、摘要、关键词），一起放在中文摘要下方，英文题名字数不宜超过 10 个实词，姓名用汉语拼音，姓和名分开，姓在前，名在后，姓全部用大写，名首字母大写，双字名两字中间用短线相连。英文摘要内容须与中文摘要对应。

（9）论文的前言应该反映所研究领域的最新进展，对已有的研究成果要进行充分论述，对本文工作的创新思想和意义进行简要叙述。引用资料须给出文献。

（10）论文应该对研究方法、研究成果进行充分的论述和分析讨论，突出论文的创新点，并对研究成果作出实事求是的总结和评价。

（11）论文的参考文献要有代表性，要以近五年发表的论文为主。

（12）研究论文的中文字数一般应该控制在 8000 字以内；研究简报一般应该控制在 5000 字以内（含图表及英文摘要）。

12.9.2 文件格式

《设计创新实验》论文请用 word 软件输入；图用 Origin 绘图软件制作；文字和图表混合排版。

12.9.3 排版格式

（1）页面设置：全文采用单栏格式；纸张：A4；页边距：上边距 2.54cm、下边距 2.50cm、左边距 2.45cm、右边距 2.45cm。

（2）字体：中文用宋体字，英文和数字用 Times New Roman 字体；书眉：8 号字；第一页脚注：6.5 号字；题目：小二号黑体，居中，段落后 1 行；作者、单位：五号楷体，居中，人名间空格隔离，学院与城市间用中文逗号隔开，城市与邮编间空格隔开，段落后 1 行；中英文摘要、中英文关键词、中图分类号、文献标识码及文章编号用小五号宋体，标题加黑；一级标题（前言、材料与方法、结果与讨论、结论等）：标题编排应采用阿拉伯数字分级编号，编号应左起顶格，并用小四号宋体加黑，段落前后各 0.5 行；二级标题：标题编排应采用阿拉伯数字分级编号，编号应左起顶格，并用五号宋体加黑；正文：五号宋体；符号说明、参考文献：应左起顶格，用小五号宋体字，标题用五号宋体字加黑，段落前后各 0.5 行。

（3）图、表：插图下要有图序、图注、中英文图题。图中线条要清晰、光滑，主线和辅线线型分开，标识符号大小要适宜；图的大小尽量用双栏排，曲线图宜选总宽 6～7cm，总高 4.5～5cm，总宽最大不超过 8cm；图中字用小五号宋体，字数不宜过多；坐标图横纵坐标的起点和终点要有刻度和标识数字，横纵坐标刻度标识的疏稀要相当；图注放在图题上方，也可放在图中，用小五号宋体加黑；照片图要黑白清晰；表格采用三线表，含有表序、中英文表题，字体为中文用小五号宋体加黑，英文用六号 Times New Roman 字体；表中文字、数据、单位表达应清楚完整。表内不宜用“同上”、“同左”、“？〃”等表示法，应填入具体数字或文字，如未测或无此项则不填任何符号，以空白表示，未检出或未发现项用“—”表示，实测结果为 0 则用“0”表示。需要对表格作说明时，在表格底线下以表注形式给出；表的总注用“*”号在表题上方标注，然后在表格下用“*”号后给出标注内容；表中的注用①②③……注出，然后在表格下用①②③……给出。

（4）量和单位

① 文中及图表中的计量单位须采用我国颁布标准中规定的法定计量单位，不能使用已废弃的单位，单位符号用正体表示。

② 量符号尽量采用国家标准推荐的符号，要有正斜体之分。代表变量的用斜体，仅作为说明和注释用的字母或符号用正体；文中出现的量符号、缩写符号和自定的上下标含义全文应统一，并在文中说明含义或者在正文后用符号说明列出，量与单位间用“/”号隔开。

（5）公式：公式应该用公式编辑器编排，不能用文本框编排。

（6）参考文献

① 参考文献采用顺序编码制，在引文处，对引用的文献，按在论文中出现的顺序以阿拉伯数字连续排序，将序号置于方括号内，采用上角标形式标出。文后参考文献的序号应与文中对应。

② 参考文献著录项目顺序

• 主要责任者。责任者最多取 3 名，多于 3 名时，在 3 名后用“，等”（英文用“，et al.”）表示。无论中文还是外文名的责任者，都应以姓前名后的形式著录，姓不能缩写，外文名缩写时首字母大写，中间空开，不加其他标点。

• 文献题名及版本。题名不加书名号“《 》”；版本可以阿拉伯数字表示，例如“第 3 版”或“3rd ed.”，初版可省略。

• 文献类型及载体标识：

参考文献类型	专著	论文集	报纸文章	期刊文章	学位论文	报告	标准	专利
文献类型标识	M	C	N	J	D	R	S	P

• 出版项

出版地应包含地名；出版者按来源形式著录；出版年份、卷号（期号）著录顺序。

• 主要类型如下：

【期刊】作者（列 3 人以后用“等”）. 文献题名［J］. 刊名，年，卷（期）：起—止页.

【专著、论文集、学位论文、报告】作者. 书名［M 或 C 或 D 或 R］. 版本. 出版地：出版者，出版年. 起—止页（任选）.

【论文集中的析出文献】析出文献主要责任者. 析出文献题名［A］. 原文献题名［C］. 出版地：出版者，出版年. 析出文献起—止页.

【专利】专利所有者. 专利题名［P］. 专利国别（或区），专利号. 出版年-月-日.

12.10　开放实验项目成果管理

为了鼓励大学生科技创新实验取得的成果，规范科学研究成果的管理，特制定本办法。

（1）本办法适用于所有在实验中心从事科研工作学生所取得科技成果的管理。

（2）在实验中心所属实验室完成的科研工作，知识产权归实验中心和研究者共同所有。

（3）不经实验中心主任允许，实验人员不得私自公开发表论文和申报专利，不得与企业、科研部门等洽谈与本项目有关的合作。

（4）对于可充分体现科技创新能力的高水平成果，实验中心按有关规定给予实验技术成果完成人相应的奖励。

① 大学生在科技创新实验期间发表论文，自己的研究成果在核心期刊发表论文者每篇奖励 500 元，被 EI 收录者每篇奖励 1000 元，被 SCI 收录者每篇奖励 2000 元；申报专利通过者每项专利奖励 2000 元。

② 对于完成某项科研成果有突出贡献者，奖励500～5000元。

(5) 涉及国家秘密的科技成果，按国家科技保密的有关规定进行管理。

(6) 严格保守技术秘密，严禁违规转移、转让科学技术成果，牟取私利，损害学校的声誉和技术经济权益。一经发现，学校有权按国家及学校有关规定予以处理。

(7) 科技创新实验所取得的技术成果实行登记、备案制度。

(8) 本办法若有与学校规定相抵触，则以学校规定为准。

12.11 创新实验奖学金评定标准

为了奖励在设计（研究）创新实验中取得突出成果的学生，特制定创新实验奖学金评定标准。

12.11.1 奖学金等级

该项奖学金是由高新技术企业为激励本科生创新活动设置的专项奖学金，分三个等级，即：创新实验一等奖学金、创新实验二等奖学金、创新实验三等奖学金。

一等奖学金：每项金额为2000元人民币。

二等奖学金：每项金额为1000元人民币。

三等奖学金：每项金额为500元人民币。

12.11.2 获奖者应具备的基本条件

(1) 热爱祖国，拥护中国共产党的领导，坚持四项基本原则，认真学习马列主义、毛泽东思想和邓小平理论，思想积极要求进步，关心集体，热爱社会工作，主动为同学服务，积极参加公益活动，集体主义观念强。

(2) 学习刻苦钻研，目的明确，态度端正，学习成绩优秀。

(3) 模范遵守大学生守则，遵守学校、学院的各项规章制度，没有违纪现象发生。

(4) 体育课合格，达到大学生体育合格标准。

12.11.3 获奖者应具备的具体条件

(1) 创新实验一等奖学金：平时实验认真，设计创新实验成绩突出。实验习惯成绩10分。积极参加科学研究并取得显著的科研成果或在国内外重要刊物上（SCI、EI索引）发表有创见的学术论文，或获得省级以上“挑战杯”一等奖或金奖以上奖励，或申报国家专利。

(2) 创新实验二等奖学金：积极参加科学研究并取得较好的科研成果或在核心刊物上发表文章或申请发明专利或获得校级“挑战杯”一等奖以上奖励。

(3) 创新实验三等奖学金：积极参加科学研究并取得较好的科研成果或在公开刊物上发表文章，或获得校级“挑战杯”三等奖以上奖励。

12.11.4　评选方式

由本人提出书面申请，上报实验中心，再由实验中心提出候选人名单，最后由创新实验专项奖学金评审委员会讨论通过。

12.11.5　管理办法

（1）实验中心成立该项奖学金管理委员会，保证本项奖学金专款专用，公平、公正、合理地使用该项经费。

（2）获奖者须每半年向奖学金管理委员会汇报一次学习情况。

（3）如获奖者在获奖年度内有任何违法违纪现象发生，奖学金管理委员会有权收回该年度所获全部奖学金，并取消其以后的评奖资格。

（4）该奖学金每年发放一次。

（5）获奖者有义务参加由该项奖学金提供者举办的一些指定学术活动并进行文化宣传。

第十三章

教学实验室环境与安全的管理

实验室环境与安全建设是实验室建设与管理工作的重要组成部分。实验室是教学人员、仪器设备、实验材料、技术资料档案集中的地方，做好实验室安全与环境建设工作，是实验室人身、财产、物质安全，实验教学、科研工作顺利进行的重要保证。实验室安全与实验室环境两者之间的关系密不可分。

实验室环境与安全保护要坚持“以人为本、预防在先”的安全管理理念，加强对新教师、新学生及新实验室投入运行前和新实验项目开始前的安全教育。制订以实验室安全运行为目标的实验室环境与安全保护的管理标准，并在管理中严格贯彻和执行。实验室布置合理、通道畅通、整洁卫生，安全标志齐全、醒目直观，实验室安全防护设施与报警装置齐备可靠，安全事故抢救设施齐全、性能良好。

为了使学生和教师有一个更好的实验工作环境，本实验中心大力加强实验室环境设施建设，同时，制定了包括仪器安全使用操作规程、“三废”处理方式、化学危险品安全管理、有害微生物管理、质粒及细胞管理、安全与卫生管理制度、压力容器安全管理细则、实验室处理应急情况指南、水电气（汽）安全管理、机房与多媒体教室安全管理、日常安全环保管理（实验室安全工作记录、废弃物（有毒）处理记录、洁净室检测记录）等11项有关安全环保的规章制度。

13.1 实验室环境设施建设

每层楼设有实验室分布图，方便外来人员了解实验室分布情况（图13-1-1）。每个实验室设有学生存放物品的专用柜（图13-1-2），方便学生存放私人物品，保证实验环境井然有序。实验室摆放了生物学特色花卉，不但美化了实验环境，也增添了温馨的气氛（图13-1-3）。每个实验台安有供学生实验用的自来纯净水，方便学生取用（图13-1-4）。为了保障学生的人身安全，实验室安有冲眼器和紧急喷淋，以处理实验中遇到的紧急危险情况（图13-1-5、图13-1-6）。实验室配有防腐药品柜（图13-1-7）、通风橱（图13-1-8）、饮用水（图13-1-9）、防火系统（图13-1-10）、排风系统（图13-1-11）、急救药箱（图13-1-12）、防盗系统（图13-1-13）。实验中心配备了实验教学用的图书室和资料室（图13-1-14、图13-1-15），为学生查阅资料提供方便。为了规范实验中心的各项管理，创造以人为本的教学环境，在每个楼层设立温馨提示（图13-1-16），在每个实验室内黏贴提示图标（图 13-1-17、图 13-1-18），以保障实验教学的顺利进行。

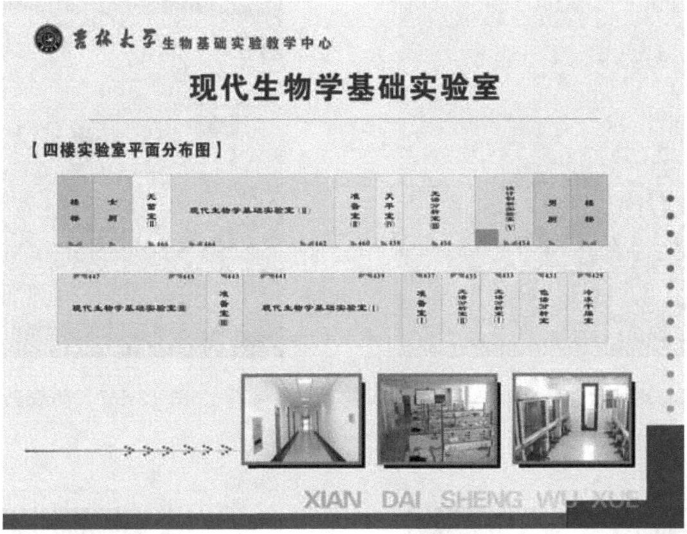

图 13-1-1　实验室分布图

图 13-1-2　学生存放物品专用柜

图 13-1-3　生物学特色花卉

图 13-1-4　供学生实验用纯水

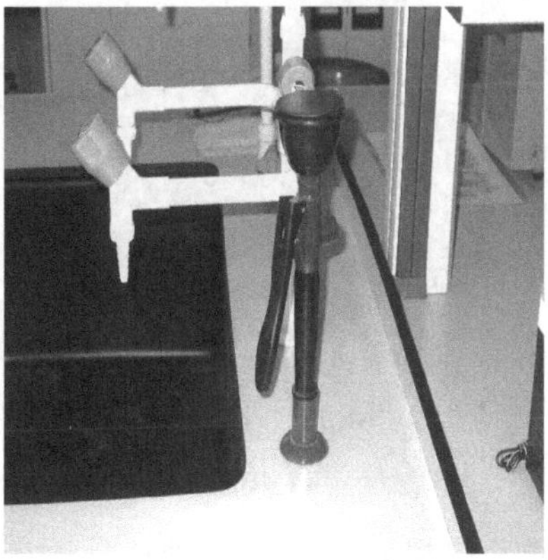

图 13-1-5　冲眼器

图 13-1-6 紧急喷淋

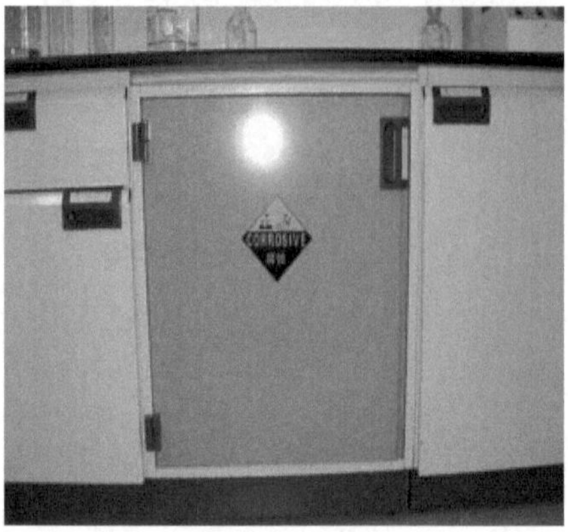

图 13-1-7 防腐药品柜

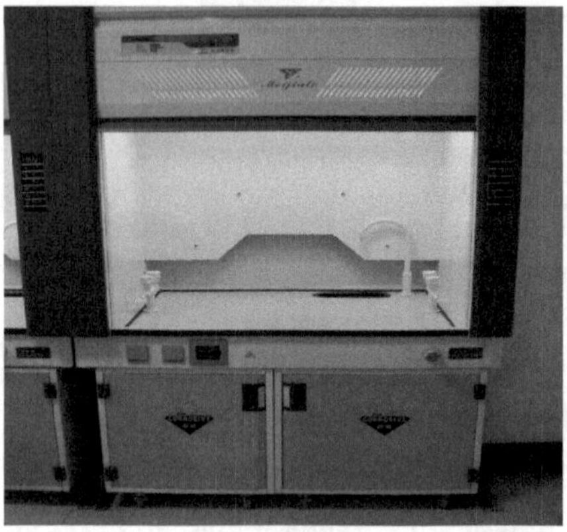

图 13-1-8 通风橱

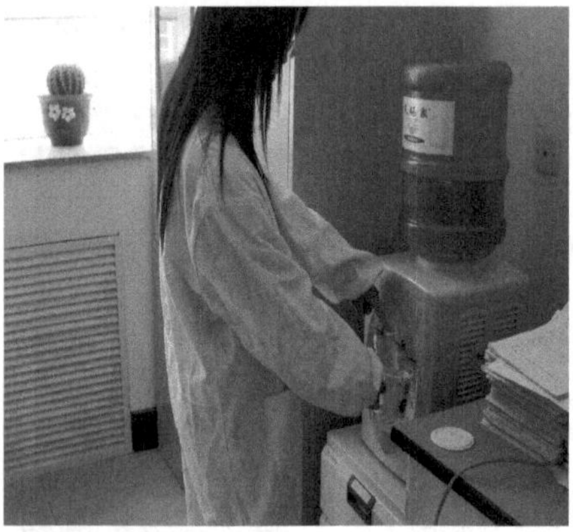

图 13-1-9 供学生用的饮用水

图 13-1-10 防火系统

图 13-1-11 排风系统

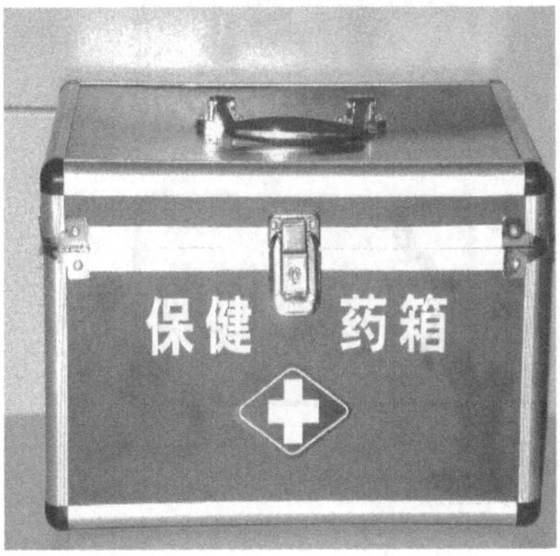

图 13-1-12　急救药箱

图 13-1-13　防盗系统

图 13-1-14　实验中心图书室

图 13-1-15　实验中心资料室

图 13-1-16　温馨提示

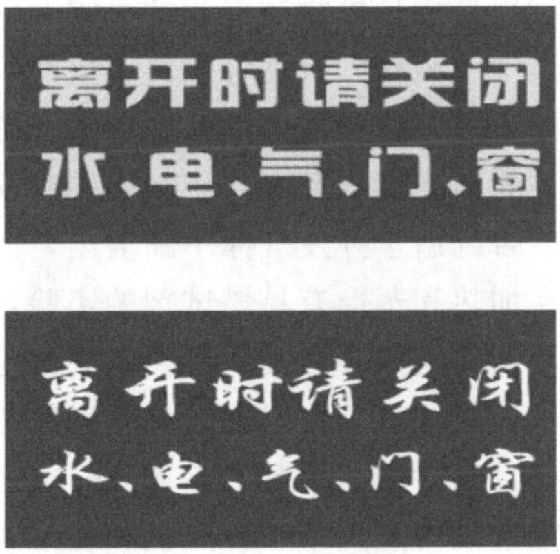

图 13-1-17　提示图标 1

图 13-1-18　提示图标 2

13.2　学生安全、环保、行为习惯教育

本实验中心为了更好履行高等院校实验室所承载的使命，一贯把实验室的安全放在首位，只有安全方能使实验室诸项工作得以顺利进行。所以将学生进入实验室的第一堂课做为“安全、环保、行为习惯教育课”。

13.2.1　防火

火灾对实验室构成的威胁最为严重，最为直接。一场严重的火灾，将对实验室的人身、财产和资料造成毁灭性的致命打击。而引起火灾要有三个因素：易燃物，助燃物，点火源。

(1) 电器设备引起的火灾

包括保险丝失灵，仪器控制器失灵，电器继续加热而达到周围物品的燃点而失火，最重要是由于操作人员和管理人员的疏忽。另外要注意，到一个实验室工作，一定要清楚电源总开关、煤气总开关、水源总开关的位置，有异常情况，要关闭相对应的总开关。并要了解冲眼器、紧急喷淋、急救药箱的位置，出现情况能做好相应的自我救护。

(2) 易燃易爆物品引起的火灾

煤气、酒精、汽油等燃料，氢气、氧气等气体，乙醚、二甲苯、丙酮、三硝基苯磺酸、松节油、苦味酸等液体，松香、硫磺、无机磷等固体，这些易燃易爆物品在一定条件下均能引起燃烧和爆炸，必须妥善安置，正确使用。不能将乙醚等易挥发品放入普通冰箱，否则由于挥发气体不断溢出，而普通冰箱启动时有电火花出现，就有可能引起火灾。在加热和蒸馏有易燃试剂的实验，一定不能用明火，需用水浴并在通风橱中进行。对高压气体钢瓶要分类保管，直立固定，严禁将氯与氨、氢和氧、乙炔和氧混放在一个房间里，氢和氧等可燃性的氧体钢瓶与明火距离 10m 以上。

(3) 生活用品引起的火灾

最常见的是火柴、打火机和香烟，实验室内严禁吸烟，这是最基本的防范措施。灭火的一切手段基本上围绕破坏形成燃烧的三个条件中任何一个来进行（可燃物，助燃物，点火源），基本方法：①隔离法；②冷却法；③窒息法；④化学中断法。实验室常用的灭火方法：①用水灭火；②砂土灭火；③灭火器。小火有时用湿毛巾覆盖上，就可以使火焰熄灭。如果实验出现火情，要立即停止加热，移开可燃物，切断电源，停止通风。大火用灭火器，同时报警。如果灭火器扑灭不了，需尽快疏散、撤离人员，最好将实验室门关上，以免火势蔓延。出现火灾时，一定要冷静，做出正确的判断：

① 住在高楼的居民，还是外出住高层饭店的客人，都应事先了解和熟悉建筑物的太平门和安全出口，做到心有数，以防万一。

② 发生浓烟时应迅速离开，当浓烟已窜入室内时，要沿地面匍匐前进，因地面层新鲜空气较多，不易中毒而窒息，利于逃生，逃至门口，千万不要站立开门，避免被大量浓烟熏倒。

③ 逃到室外走廊，要尽量做到随手关门，如有防火门随即关上，这样可阻挡火势随人运动迅速蔓延，增加逃生的有效时间。

④ 外逃时千万不要乘坐电梯，因为火灾发生后，电梯可能停电或失控，同时，由于"烟筒效应"，电梯井常常成为浓烟的流通道。

⑤ 如果下层楼梯冒出浓烟，不要硬行下逃，因为火源可能就在下层，向上逃离反而更可靠，可以到凉台，天台，找安全的地方，候机待救。

⑥ 若被困到室内，应迅速打开水龙头，将所有可盛水的容器装满水，并把毛巾、被单、毛毯打湿，以便随时使用。用湿毛巾捂嘴，三层湿毛巾可以遮住 30％的浓烟不被吸入，12 层湿毛巾可以遮住 90％浓烟，但湿毛巾也容易引起人的窒息，水分不能超过本身重量三倍。

13.2.2　防中毒

毒物进入人体有三条途径，即皮肤，消化道和呼吸道，实验室防毒主要采取加强个人防护。

(1) 绝对不允许口尝鉴定试剂和未知物。

(2) 不允许直接用鼻子嗅气味，应以手煽出少量气体。

(3) 一切有可能产生毒性蒸气的工作必须在通风橱中进行，并有良好的排风设备。

(4) 从事有毒工作必须穿工作服，防护面具，处理完毕后方能离开。

(5) 如果到一个房间，嗅有煤气味，立即开窗通风，千万不要打开任何电源，以免电火花引起煤气爆炸燃烧。

(6) 在微生物实验中，注意病菌的感染。同学们在微生物实验中一定要有"有菌观念"和"无菌操作意识"，操作中一定要按正确的程序严格无菌操作，一方面避免感染，另一方面加强自我防护，如果实验出现意外（如菌种管打破等），立即用消毒剂（84 消毒剂）清洁桌面，洗手等，及时杀灭细菌和病毒，避免污染面扩大，每次实验必须清洁消毒桌面，并彻底洗手等。

(7) 在分子生物学实验中接触溴化乙锭（EB），及在遗传学实验接触的秋水仙素，均为致癌物质，做这样的实验不能让药品接触到皮肤上，在电泳的实验中，单体丙烯酰胺和甲叉双丙烯酰胺均为神经性毒物，接触皮肤均有吸收，做实验时格外注意，万一接触，用流水冲洗 5 分钟。

(8) 如果发现有中毒现象，立即停止工作，送医院急救。

13.2.3 防触电

(1) 使用新的电学仪器，要先看说明书，弄懂它的使用方法和注意事项，才能使用。

(2) 使用搁置的电器应预先检查，发现有损坏之处及时修理。

(3) 湿手不可接触电体，不能在潮湿处用电器。

(4) 要按电学仪器安全用量来选择适当保险丝，盒匣开关，例如，电泳仪保险丝是1A的，不能用大于1A的保险丝。

(5) 电器装置不能裸露，漏电部分应及时修理好。

(6) 使用后的电器设备，闭上开关，拨掉电源。

(7) 各种电器应绝缘良好，并接地线。

(8) 各种电器材料按规定范围使用，发生火灾时，应先切断电源开关，再进行灭火。

13.2.4 防烧烫伤

(1) 在实验室稀释浓硫酸时，不能将水往浓硫酸里倒，而应将酸缓缓倒入水中，不断搅拌均匀。

(2) 加热液体的试管口，不能对着自己或别人，以免烫伤。

(3) 浓硫酸一旦落在身上，以大量水冲洗，以弱碱（2%碳酸钠）或肥皂液中和洗涤。

(4) 碱液落在皮肤上，以大量水洗净，用4.5%乙酸或1.5%左右的盐酸中和洗涤。

(5) 在化学实验中，尽量不要戴隐形眼镜，如眼睛被溅上药品，立即用冲眼器冲洗。

(6) 橡皮或塑料手套应经常检查有无破损，特别是接触酸时。接装玻璃管时，注意割伤，带线手套或用手巾垫着操作。

13.2.5 防溢水和防盗

防溢水，使用完水龙头一定要关闭，有时可能停水，打开水龙头忘关了，夜间来水便溢了出来，如果漏在电学仪器上，就会损坏仪器设备，如果水漏到楼下，楼下的房顶和墙壁上会出现一块一块、水浸过的黄斑。堵塞下水道的纸片、火柴杆、胶布，动物、植物残体及离心残渣等，要及时清理。

防盗就是离开实验室时，一定要关好门窗，瞬间离开，也要关好门，我们要求学生实验后，值日生要填写值日生工作完成日志，检查水、电、煤气、窗户是否关好，每个同学都要养成习惯。离开实验室，逐项检查，遇有陌生人一定要上前询问。

在做危险实验时，必须要有两人以上。做实验很晚时，同学回宿舍要结伴同行，女同学必须要有男同学护送。

13.2.6　遵守仪器安全使用操作规程，爱护实验室仪器和设备，注意人身安全

（1）使用仪器时，一定要严格按照操作规程使用，注意安全。使用离心机，如果离心管不平衡，就可能造成事故。

（2）在实验台上使用煤气一定要垫防火板，如用煤气灯拉毛细管，把用煤气灯烧过的玻璃管放在实验台上，会使实验台出现烫伤。凡是违反实验操作规程而造成事故者一律给予通报批评、罚款和扣实验习惯学分。

13.2.7　环境保护

过去在对同学的安全教育上，一般不谈环境保护，这说明我们的落后，另一原因就是实验教学没有环境保护的资金。实际上高等院校应该成为全社会环保的典范。实验室的环保就是对废渣、废液、废气的处理，这首先就是我们教师在实验内容设计过程中尽量选择无公害、无毒或低毒物品做实验，实验的残液、残渣要少，要可回收，以免造成污染，保护环境。

（1）实验室对浓酸，浓碱的处理。浓酸，浓碱不经处理，沿下水道流走，对管道产生很强的腐蚀，又造成水质的污染，一般要中和后倾倒，并用大量的水冲洗管道。

（2）有机溶剂，例如，吡啶、二甲苯、氯酚等，能破坏人体机能，做完实验要回收，并蒸馏后再利用。

（3）实验中用到的致癌物质，例如，溴化乙锭（EB）、秋水仙素等，实验后回收，通过化学反应，使其变为无害物质。

（4）微生物实验中，一些污染或盛有有害细菌和病菌的器皿、不要的菌种等，一定要消毒和高压灭菌处理后方可弃掉，而器皿才能再利用。

（5）实验解剖用过的动物尸体，要放入塑料袋中，交由有关部门统一处理。

必须强调，安全管理的规章制度，都是前人用鲜血甚至生命换来的经验教训的总结，切莫等闲视之。同学在自己的头脑中，在具体实验过程中牢牢的树立“安全第一，预防为主”，“安全为了实验，实验为了安全的思想”，要警钟长鸣。让我们发扬对国家、集体高度负责的精神，兢兢业业的从每一细小的实事做起，加强实验室的安全管理，确保实验教学正常进行。

13.3　“三废”处理

实验室需要排放的废水、废气、废渣称为实验室“三废”。由于各实验室实验内容不同，产生的三废中所含化学物质的毒性不同，数量也有很大的差别。为了保证实验人员的健康及防止环境污染，实验室三废的排放也应遵守我国环境保护法的有关规定。

13.3.1　汞蒸气及其他废气

长期吸入汞蒸气会造成慢性中毒，为了减少汞液面的蒸发，可在汞液面上覆盖化学液体；甘油效果最好，5% $Na_2S \cdot 9H_2O$ 溶液次之，水效果最差。对于溅落的汞，应尽

量拣拾起来。颗粒直径大于1mm的汞可用以吸气或真空泵抽吸的拣汞器拣起来。拣过汞的地点可以洒上多硫化钙、硫磺或漂白粉，或喷洒药品使汞生成不挥发的难溶盐，干后扫除。药品为：①20%三氯化铁溶液；②1%碘-1.5%碘化钾溶液，每平方米使用300～500mL。对吸附在墙壁、地板及设备表面上的汞可以用加热薰碘法除去，按每平方米0.5g碘，加热薰蒸，下班前关闭门窗，任其自然升华，次日移去。以上除汞方法中，三氯化铁及碘蒸气对金属有腐蚀作用，采用这两种方法时要注意对室内精密仪器的保护。另外，也可用紫外灯除汞，紫外辐射激发产生的臭氧可使分散在物体表面和缝隙中的汞氧化为不溶性的氧化汞。紫外灯（市售品常为30W/220V）的安装方法与一般荧光灯相同。高度2.5～3.0m，每米20.5～0.8W。可以利用无人的非工作时间辐照。实验室的少量废气一般可由通风装置直接排至室外，排气管必须高于附近屋顶3m，毒性大的气体可参考工业气处理办法用吸附、吸收、氧化、分解等方法处理后排放。

13.3.2 废液

我国国家标准GB8978-88《污水综合排放标准》中对能在环境或动植物体内蓄积，对人体产生长远影响的污染物称第一类污染物，它们的允许排放浓度作了严格的规定（表13-3-1）。对于长远影响小于第一类污染物的称第二类污染物，根据排入水域的3种级别对挥发酚、氰化物、氟化物、生化需氧量、化学耗氧量等20种污染物规定了最高允许排放浓度。

表13-3-1 第一类污染物的最高允许排放浓度

污染物	最高允许排放浓度/(mg/L)	污染物	最高允许排放浓度/(mg/L)
总汞	0.05（烧碱行业采用0.005mg/L）	总砷	0.5
烷基汞	不得检出	总铅	1.0
总镉	0.1	总镍	1.0
总铬	1.5	苯	
六价铬	0.5	苯并芘	0.00003（试行标准，二、三级）

实验室废液可以分别收集进行处理，下面介绍几种常用处理方法：

（1）无机酸类：将废酸慢慢倒入过量的含碳酸钠或氢氧化钙的水溶液中或用废碱互相中和，中和后用大量水冲洗。

（2）氢氧化钠、氨水：用6mol/L盐酸水溶液中和，用大量水冲洗。

（3）含汞、砷、锑、铋等离子的废液：控制酸度0.3mol/L [H^+]，使其生成硫化物沉淀。

（4）含氰废液：加入氢氧化钠使pH值10以上，加入过量的高锰酸钾（3%）溶液，使CN^-氧化分解。CN^-含量高，可加入过量的次氯酸钙和氢氧化钠溶液。

（5）含氟废液：加入石灰使生成氟化钙沉淀。

（6）可燃性有机物：用焚烧法处理。焚烧炉的设计要确保安全、保证充分燃烧，如有有毒气体产生应设洗涤器。不易燃烧的可先用废易燃溶剂稀释。

13.3.3　废渣

废弃的有害固体药品严禁倒在生活垃圾处，必须经处理解毒后丢弃。

13.4　化学危险品安全管理

为了加强实验中心的建设与管理，确保实验教学安全有序的进行，保障师生和国家财产的安全，使安全环保达标率为100%。结合国家和吉林大学对化学危险品安全管理办法的有关规定，本实验中心特制定本管理细则。

(1) 本办法所指化学危险品，系指具有易燃、易爆、有毒、致病菌、腐蚀、放射性等性质的固体、液体、气体，不包括一般的化学药品。

(2) 化学危险品的采购要由实验中心主任根据开设实验的需要审批后，方可购入。

(3) 购入化学危险品，按实验项目所需材料，随用随购。因特殊原因提前购入的化学危险品及实验结束后结余的化学危险品要放入学校库房中保存，原则上不允许存放实验室。

(4) 化学危险品的购入及管理由实验中心指派工作认真、责任心较强、工作作风严谨的人来负责。

(5) 化学危险品购入时必须认真组织验收，严格履行保管和使用手续。临时存放的化学危险品，要由专柜双人双锁管理，使用时要由使用人填写使用申请单，中心主任签字后方可取用。

(6) 化学危险品保管地点应有相应的防火、防爆、防静电、隔离、监测、报警等设施。物品的保管应该科学化，化学危险品要储存在通风、低温、阴凉、干燥的房子内，特别要注意性质相抵触的危险品绝对不能堆放在一起。

(7) 加强化学危险品的安全保卫工作，化学危险品管理教师要认真学习保管业务，掌握保管方法和危险品燃烧的灭火知识及其他应急知识。

(8) 对剧毒和放射性物品的出、入库须有精确计量和记载。库存的各类物品，应根据原始凭证，及时进行增减记账，定期进行账物核对，必须做到账物相符，并建立计算机管理信息档案。

(9) 采用化学危险品进行实验必须谨慎小心，严格按操作规程进行，做好劳动保护工作，必要时应有人监护。

(10) 实验教学尽可能使用安全菌种，使用后要进行高压灭菌处理。废气、废水和废物要根据种类分别采取适当措施处理，避免污染环境。

(11) 接触化学危险品、剧毒以及致病微生物等的仪器设备和器皿必须有明确醒目的标记。使用后及时清洁，特别是维修保养或移至到其他场地前必须进行彻底的净化。

(12) 使用化学危险品的地方应备齐急救器材和用品，人员具备消防、急救知识，并有定期检查和培训制度。

(13) 定期检查，奖优罚劣，严防事故的发生。

(14) 按国家有关规定处理有毒、带菌、腐蚀性的废气、废水和废物。

（15）集中统一处理放射性废物，慎防污染环境。

13.5 有害微生物管理

国家根据病原微生物的传染性、感染后对个体或者群体的危害程度，将病原微生物分为四类：

第一类病原微生物，是指能够引起人类或者动物非常严重疾病的微生物，以及我国尚未发现或者已经宣布消灭的微生物。

第二类病原微生物，是指能够引起人类或者动物严重疾病，比较容易直接或者间接在人与人、动物与人、动物与动物间传播的微生物。

第三类病原微生物，是指能够引起人类或者动物疾病，但一般情况下对人、动物或者环境不构成严重危害，传播风险有限，实验室感染后很少引起严重疾病，并且具备有效治疗和预防措施的微生物。

第四类病原微生物，是指在通常情况下不会引起人类或者动物疾病的微生物。

第一类、第二类病原微生物统称为高致病性病原微生物。

为了加强有害微生物的安全管理，保护实验室工作人员和学生的健康，依据国务院《病原微生物实验室生物安全管理条例》制定以下管理制度。

（1）对病原微生物实行分类管理，对实验室实行分级管理。在同一个实验室的同一个独立安全区域内，只能同时从事一种高致病性病原微生物的相关实验活动。

（2）采集高致病性病原微生物样本的工作人员在采集过程中应当防止病原微生物扩散和感染，并对样本的来源、采集过程和方法等作详细记录。

（3）实验室使用新技术、新方法从事高致病性病原微生物相关实验活动的，应当符合防止高致病性病原微生物扩散、保证生物安全和操作者人身安全的要求，并经国家病原微生物实验室生物安全专家委员会论证；经论证可行的，方可使用。

（4）实验室在相关实验活动结束后，应当及时将病原微生物菌（毒）种和样本就地销毁或者妥善保管。

（5）实验室的设立单位应当定期对有关生物安全规定的落实情况进行检查，定期对实验室设施、设备、材料等进行检查、维护和更新，以确保其符合国家标准。

（6）实验室应当每年定期对工作人员进行培训，保证其掌握实验室技术规范、操作规程、生物安全防护知识和实际操作技能，并进行考核。工作人员经考核合格的，方可进行实验操作。

（7）实验室应当建立实验档案，记录实验室使用情况和安全监督情况。

13.6 质粒、细胞的管理

为进一步加强实验室规范化管理，保证实验工作的健康高效运转，特制定如下质粒、细胞管理细则，请实验室成员遵照执行。

（1）所有质粒、细胞均为实验室所有，其保存和使用由专人管理。

（2）所有质粒、细胞均保存双份，个人所构建的质粒等均需在实验中心保留备份。

（3）质粒、细胞入库后，保管员应进行统一编号并记录质粒、细胞的详细信息，并录入质粒、细胞信息数据库。

（4）所有质粒、细胞实验中心成员共享，均可领取使用。

（5）对于个人所构建的质粒，其他成员在使用时视为合作，文章发表时应有署名。

（6）实验室成员需领取使用质粒、细胞时，应遵循预约、领取、登记制度，质粒、细胞管理教师只在固定时间段为使用者领取。

（7）质粒按用途分普通、优质和转染级，采取不同的纯化方式：普通级别使用传统的碱裂解方法进行纯化，主要用于构建载体阶段质粒的纯化；优质级别使用国产质粒 DNA 纯化试剂盒进行纯化，主要用于质粒保存和测序；转染级别使用 Endotoxin-free 质粒 DNA 纯化试剂盒进行制备，主要用于细胞转染、体外转录等。

（8）非本实验中心成员使用质粒、细胞时，需签署文件，经实验中心主任同意后再由管理教师交给使用者。

（9）毕业后离开本实验中心的人员经实验中心主任同意可以领取商业化质粒及其个人所构建的质粒。

以上所有条款最终解释权归本实验中心所有，欢迎实验室成员提出宝贵意见进行完善、补充。

13.7　安全与卫生管理制度

为确保实验教学和实验中心建设等工作的顺利进行，保障实验中心的安全和卫生，特制定本制度。

（1）学生进实验室前，必须对学生进行安全教育，并进行安全考核。

（2）实验中心主任全面负责实验室安全和卫生管理，各实验室均应指定专人负责安全和卫生工作，必须加强四防（防火、防水、防盗、防事故）工作，经常做好下列事项：

① 实验结束后必须认真检查水、电、气是否关闭，检查值日生工作；每天下班前负责检查门、窗、水、电、易燃物品、细菌、剧毒、易燃易爆气体和药品、放射性物品等。

② 管理好消防安全器具，经常性保持室内整齐清洁。

（3）实验室钥匙的管理应由实验中心主任掌握，钥匙的配制、发放要报实验中心备案，不得私自配制钥匙或给他人使用。

（4）严禁在实验室吸烟、用膳，不准带与工作无关的外来人员进入实验室、仓库及办公室。

（5）加强用电安全管理，不准超负荷用电。

（6）贵重仪器设备和有计算机等易被盗的房间尽可能安装防盗系统，各实验室安装消防系统。

（7）开放实验室要安装摄像监控系统，以便监督实验室的安全情况。

（8）增强环保意识，力争安全环保达标率为 100%，以保证实验人员的安全和健康。

(9) 实验室必须根据实际情况，配置一定的消防器材和防盗装置。

(10) 发生事故后如实上报损失情况，不隐瞒不虚报，安全事故按国家有关规定处理。

13.8 压力容器安全管理细则

为了实现压力容器管理工作的制度化、规范化，有效地防止或减少事故的发生，结合国务院颁布的《锅炉压力容器安全监察暂行条例》，原劳动部颁发的《压力容器安全技术监察规程》、《在用压力容器检验规程》等一系列法规，对压力容器安全使用管理提出了明确的内容和严格的要求，为了确保实验教学安全有序的进行，对压力容器的安全使用管理工作做以下规定。

第一条　实验中心的压力容器包括电加热蒸汽发生器、灭菌设备、气瓶、液氮存储设备等。

第二条　压力容器的使用管理

正确和合理地使用压力容器，是提高压力容器安全可靠性，保证压力容器安全运行的重要条件。

(1) 负责压力容器使用的技术人员必须对本实验室内的压力容器的安全技术管理负责，并根据设备的数量和对安全性能的要求，负责对学生进行压力容器使用方法及安全的培训。

(2) 各实验室必须贯彻压力容器的有关法规，编制本实验室压力容器的安全管理规章制度及安全操作规程。

(3) 各实验室使用压力容器必须建立《压力容器技术档案》，每年应将压力容器的数量、变动和使用情况的统计报表报送实验中心。

(4) 压力容器使用单位应做好压力容器运行、维修和安全附件校验情况的检查，做好压力容器检验、修理、改造和报废等技术审查工作，压力容器受压部件的重大修理、改造方案应报上级安全监察机构审查批准。

(5) 发生压力容器爆炸及重大事故，应迅速报告上级安全监察机构和实验中心，并立即组织调查，根据调查结果填写《压力容器事故报告书》，报送当地安全监察部门和主管部门。

第三条　压力容器安全管理制度

建立和完善压力容器安全使用管理的各项规章制度，并有效地执行和落实，是确保压力容器使用安全的基本条件，为此，制定相应的规章制度。

(1) 压力容器管理责任制。实验中心除由主要技术负责人对容器的安全技术管理负责外，还应根据实验室所使用容器的具体情况，设专职或兼职人员，负责容器的安全技术管理工作。容器的专职管理教师应在技术总负责人的领导下认真履行下列的职责：

① 具体负责压力容器的安全技术管理工作，贯彻执行国家有关压力容器的管理规范和安全技术规定。

② 参加新进压力容器的验收和试运行工作。

③ 编制压力容器的安全管理制度和安全操作规程。

④ 负责压力容器的登记、建档及技术资料的管理和统计上报工作。

⑤ 监督检查压力容器的操作、维修和检验情况。

⑥ 负责组织对压力容器操作人员进行安全技术培训和技术考核及仪器使用证的发放工作。

(2) 压力容器操作责任制。每台压力容器都应有专职的操作人员，压力容器专职操作人员应具有保证压力容器安全运行所必需的知识和技能，并经过技术考试合格。压力容器操作人员应履行以下职责：

① 按照安全操作规程的规定，正确操作使用压力容器。

② 认真填写操作记录。

③ 做好压力容器的维护保养工作，使压力容器经常保持良好的技术状态。

④ 经常对压力容器的运行情况进行检查，发现操作条件不正常时及时进行调整，遇紧急情况应按规定采取紧急处理措施并及时向上级报告。

⑤ 对任何有害压力容器安全运行的违章指挥，应拒绝执行。

⑥ 努力学习业务知识，不断提高操作技能。

(3) 压力容器安全操作规程。为了保证压力容器的正确使用，防止因盲目操作而发生事故，教师在指导学生使用时，要先按实验要求和容器的技术性能制订压力容器安全操作规程。安全操作规程至少应包括以下的内容：

① 压力容器的操作工艺控制指标，包括最高工作压力、最高或最低工作温度、压力及温度波动幅度的控制值、介质成分，特别是有腐蚀性的成分控制值等。

② 压力容器的岗位操作法，开、停机的操作程序和注意事项。

③ 压力容器运行中日常检查的部位和内容要求。

④ 压力容器运行中可能出现的异常现象的判断和处理方法以及防范措施。

⑤ 压力容器的防腐措施和停用时的维护保养方法。

第四条　压力容器的安全操作一般要求

压力容器的安全与容器使用关系极大。使用压力容器的各实验室除应设专人负责对压力容器进行安全技术管理、建立和健全管理制度外，还应对压力容器的操作人员提出具体要求，并在压力容器运行过程中，从使用条件、环境条件和维修条件等方面采取控制措施，以保证压力容器的安全运行。

(1) 压力容器操作人员必须取得该仪器使用合格证后，方可使用压力容器。

(2) 压力容器管理教师要熟悉有关容器的结构、类别、主要技术参数和技术性能，严格按操作规程操作，掌握处理一般事故的方法，认真填写仪器使用记录。

(3) 压力容器要平稳操作。容器开始加压时，速度不宜过快，要防止压力的突然上升。高温容器或工作温度低于0℃的容器，加热或冷却都应缓慢进行。尽量避免操作中压力的频繁和大幅度波动，避免运行中容器温度的突然变化。

(4) 压力容器严禁超温、超压运行。液化气体严禁超量装载，并防止意外受热。随时检查安全附件的运行情况，保证其灵敏可靠。

(5) 严禁带压拆卸螺栓。

(6) 坚持容器运行期间的巡回检查，及时发现操作中或设备上出现的不正常状态，并采取相应的措施进行调整或消除。检查内容应包括工艺条件、设备状况及安全装置等方面。

(7) 正确处理紧急情况。

第五条　本细则如有与上级主管部门规定相抵触，按上级主管部门执行。

13.9 实验室处理应急情况指南

13.9.1 一般割伤

取出伤口内异物，保持伤口干净，用酒精棉清除伤口周围的污物，涂上外伤膏或消炎粉。若严重割伤，可在伤口上部 10cm 处用纱布扎紧，减慢流血，并立即送医院。

13.9.2 一般烫伤和烧伤

不弄破水泡，在伤口处用 95%的酒精轻涂伤口，涂上烫伤膏或涂一层凡士林油，再用纱布包扎。

13.9.3 化学药品灼伤

(1) 酸灼伤

皮肤上：立即用大量水冲洗，然后用 5%的碳酸氢钠溶液洗涤，再用清水洗净，涂上甘油。若有水泡，则涂上紫药水。

眼睛上：抹去溅在眼睛外面的酸，立即用水冲洗，用洗眼器或橡皮管套上水龙头，用慢水对准眼睛冲洗后，用稀的碳酸氢钠溶液洗涤，最后滴入少许蓖麻油。

衣服上：若衣服上沾有浓硫酸，可先用棉花或干布吸取浓硫酸，再用水、稀氨水和水冲洗。

(2) 碱灼伤

皮肤上：先用水冲洗，然后用饱和硼酸溶液或 3%的乙酸溶液洗涤，再涂药膏并包扎好。

眼睛上：抹去溅在眼睛外面的碱，用水冲洗，再用饱和硼酸溶液洗涤，最后滴入蓖麻油。

衣服上：先用水冲洗，然后用 10%的乙酸溶液洗涤，再用氨水中和多余的乙酸，最后用水冲洗。

(3) 溴灼伤

如滴落到皮肤上，应立即用水冲洗，再用 1 体积 25%的氨水，1 体积松节油和 10 体积（75%）酒精混合液涂敷；也可先用苯甘油除去溴，然后用水冲洗。如果眼睛受到溴蒸气的刺激，暂时不能睁开眼睛时，应对着盛有酒精的瓶口尽力注视片刻。

(4) 磷灼伤

先用水冲洗多次，然后用 2%的碳酸氢钠溶液浸泡，以中和生成的磷酸。再用 1%

的硫酸铜溶液洗涤，使磷转化为难溶的磷化铜，再用水冲洗残余的硫酸铜，最后按烧伤处理，但不要用油性敷料。

(5) 氢氟酸灼伤

先用水多次冲洗，然后用 5%的碳酸氢钠溶液洗涤，再涂上 33%的氧化镁甘油糊剂，或敷上 1%的氢化可的松软膏。

(6) 酚灼伤

先用浸了甘油或聚乙二醇和酒精混合液（7∶3）的棉花除去污物，再用清水冲洗干净，然后用饱和硫酸钠溶液湿敷。

皮肤上沾有酚，也可以用 4 体积 75%的酒精和 1 体积 1mol/L 的氯化铁溶液组成的混合液冲洗，但不可用水冲洗污物，否则有可能使创伤加重。

(7) 汞的处理

汞在常温就能蒸发，汞蒸气能致人慢性或急性中毒。因此汞撒落在地上，尽量用纸片将其收集。再用硫粉或锌粉撒在残迹上。

13.9.4 中毒

溅入口中而尚未下咽的毒物应立即吐出，用大量水冲洗口腔；如已吞下应据毒物性质服解毒剂，并立即送医院。

(1) 腐蚀性毒物

对强酸，先饮用大量水，再服用氢氧化铝膏，鸡蛋白；对于强碱，也先饮用大量的水，再服用乙酸果汁，鸡蛋白。不论酸或碱中毒，都需灌注牛奶，不要吃呕吐剂。

(2) 刺激性及神经性中毒

先服牛奶或鸡蛋白使之缓和，再服用硫酸铜溶液（30g 溶于一杯水中）催吐；有时也可以用手指伸入喉部催吐后，立即送往医院。

(3) 吸入气体中毒

通过呼吸道吸进有毒气体、蒸气、烟雾而引起呼吸系统中毒时，应立即将病人移至室外空气新鲜的地方，解开衣领，使之温暖和安静，切勿随便进行人工呼吸。因吸入少量氯气、溴蒸气而中毒者，可用碳酸氢钠溶液漱口，不可进行人工呼吸；一氧化碳中毒，不可施用兴奋剂。

13.9.5 火灾

实验室一旦起火，一方面立即灭火，一方面防止火势蔓延（切断电源、移走易燃物品）。灭火的方法要针对起因选用合适的方法。一般小火可用湿布、石棉布或沙子覆盖燃烧物即可灭火。火势较大可用灭火器。但电器设备所引起的火灾，只能用二氧化碳或四氯化碳灭火，不能用泡沫灭火器或水灭火，以免触电。

衣服着火时，切勿奔跑，应就地打滚，其他人员迅速帮其灭火。

13.9.6 触电

发生触电时，迅速切断电源，将触电者上衣解开，取出口中异物，然后进行人工呼吸，切禁注射兴奋剂。当患者恢复呼吸后，立即送医院。

以上方法仅为救急措施，若伤势严重，应速送医院诊治。

13.10 水、电、气（汽）的管理

为了加强实验室水、电、气（汽）的管理，合理、安全、节约用好水、电、气（汽），为学校的发展开源节流，增收节支，特制订水、电、气（汽）的管理办法，请各实验室按此管理办法认真执行。

（1）各部门必须节约用水、电、气（汽），应形成人人自觉节约用水、用电的良好风气。

（2）实验室、办公室等场所的照明电器及其他用电设备，由学校负责统一装配，不准私自改装，不准私拉乱接，如需增加电器设备，须学校批准，并由学校指派电工安装。

（3）要时常检查电线、开关、灯头、插头和一切电器用具是否完整，有无漏电、潮湿、霉烂等情况。稍有毛病应马上修理。每年雨季节之前，要全面检查一次。

（4）不要用潮湿手碰开关、电线和电器。

（5）电炉、烘箱（尤其是高温烘箱）在工作状态下不要离人。

（6）学校指派专人负责水、电、气（汽）管理，加强宣传教育，养成随手关灯、关水习惯。

（7）值班人员应加强对水、电、气（汽）管理使用情况的检查，如发现违反本制度，视情节轻重给予批评教育，纪律处分。

13.11 机房与多媒体教室

13.11.1 多媒体教室安全管理制度

（1）多媒体教室的建设、使用、维护及管理要严格按国家相关安全标准执行。

（2）多媒体教室内布线要规范、标准，线路接点要禁止裸露在外，电源插座、电源开关要符合安全标准。

（3）多媒体教室要设有安全负责人，负责本教室的安全工作，负责人不在现场的情况下，使用教师要负责教室的安全。

（4）多媒体设施要采取防尘和防潮措施。

（5）不得将黄色、有害、国家查禁等不健康的信息输入教学多媒体内。

（6）要定期清洁、维护、保持设备运行良好。

（7）加强安全教育，确保防火、防盗、防磁、防雷、防触电等各项安全。应配备相应的防护系统和器材，并制定重大事故的应急预案，防护器材定期按标准进行检测，并及时更换不达标或过期的产品。

（8）预防计算机病毒和黑客侵入。对未经杀毒的外接存储器，一律不准在多媒体电脑上使用。

13.11.2 计算机教室安全管理制度

（1）计算机教室建设、使用、维护及管理要严格按国家相关安全标准执行。

（2）电源供电系统的容量要有足够保证，线径要等于或大于规定安全标准。电源开关的额定电流要大于实际负载的总电流。

（3）布线要规范，线路接线端点要禁止裸露在外，布线不能阻碍消防通道，电源插座要符合安全标准。

（4）要设置电源总开关，并做到人走闸关。

（5）计算机教室要设有安全负责人，负责本教室的安全工作，负责人不在现场的情况下，使用教师要负责教室的安全。

（6）加强安全教育，确保计算机教室用电、防雷、防潮、防火、防盗等各项安全，应配备相应的防护系统和器材，并制定应对重大事故的应急预案。定期检测防护器材，及时更换过期或不达标的产品。

（7）计算机教室要采取防尘措施，有条件的学校要安装防静电地板或其他防静电设施。

（8）做好计算机教室取暖和散热工作，配备散热风扇，有条件的学校安装空调。

（9）机房管理、维护人员要保证计算机软、硬件运行正常，满足教学需要。

（10）严禁登录黄色网站，预防计算机病毒和黑客侵入。对未经杀毒的外接存储器，一律不准在电脑上使用。

13.12 日常管理

13.12.1 实验室安全、工作记录

每个实验室都设有《实验室安全、工作记录簿》，要求实验教学人员和实验室管理人员每天对实验室安全进行检查，并做好记录（图 13-12-1）。

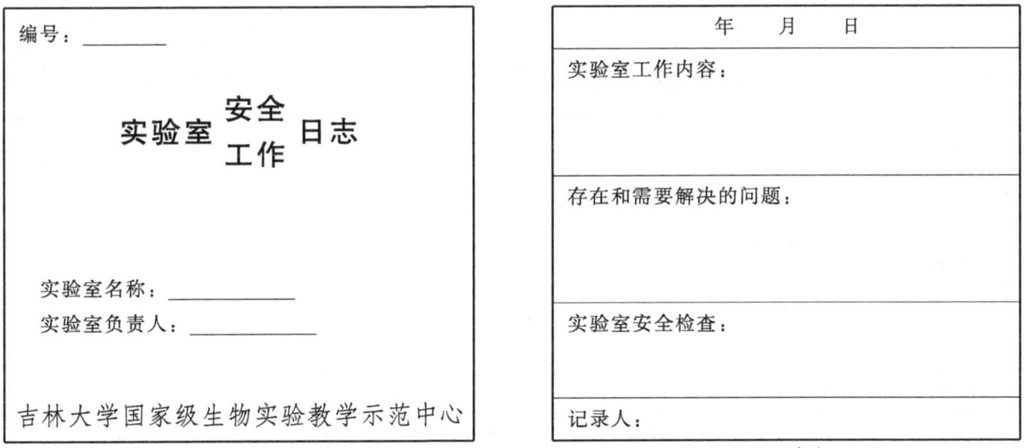
编号：________

实验室 安全/工作 日志

实验室名称：________

实验室负责人：________

吉林大学国家级生物实验教学示范中心

年 月 日

实验室工作内容：

存在和需要解决的问题：

实验室安全检查：

记录人：

（a）封面　　（b）内文

图 13-12-1 实验室安全、检查记录

13.12.2 废弃物（有毒）处理记录

实验室的废物和有毒有害物质是污染实验室环境、危害实验室工作人员和学生身体健康的重要途径之一，应高度重视废弃物和有毒有害物质使用后的处理。对于不同类别的废弃物和有害物质要分类回收，分别处理，并做好处理记录。废弃物（有毒）处理记录（图 13-12-2）。

编号：________

实验室废弃物（有毒）处理记录本

吉林大学国家级生物实验教学示范中心

（a）封面

实验室废弃物（有毒）处理记录			
年　月　日　星期（　）　实验室门牌号			
实验课程		实验题目	
实验室名称		废弃（有毒）物名称	
处理的具体措施			
备注			
处理人（签章）			

（b）内文

图 13-12-2　废弃物（有毒）处理记录

13.12.3 洁净室检测记录

对于要求有洁净级别的实验室，要经常检测实验室的洁净情况，随时填写浮游菌和沉降菌检测报告记录（表 13-12-1、表 13-12-2）。使用洁净室时认真填写使用记录（图 13-12-3）。

表 13-12-1　浮游菌测试报告

测试单位：__________　测试日期：__________　测试依据：__________　编号：__________

测试区域（房间或层流工作台）：__________　洁净度级别：__________

面积：__________ m^2　测试状态：__________　温度：__________℃　相对湿度：__________%

静压差：__________ Pa　采样器名称：__________　编号：__________　培养基名称：__________

	送风口			工作区				
采样点编号								
采样速率/L·min^{-1}								
采样量								
开始时间								
菌落数/CFU								
平均浓度/CFU·m^{-3}								

最高浓度：__________ CFU·m^{-3}　最低浓度：__________ CFU·m^{-3}　评定标准：__________　结论：__________

测试人：__________　日期：__________　结果报告人：__________

复核人：__________　日期：__________

表 13-12-2 沉降菌测试报告

测试单位：________　　测试依据：________　　测试状态：________　　编号：________

环境温度：________℃　　相对湿度：________%　　培养基批号：________　　培养温度：________℃

检测日期：________　　静压差：________Pa　　报告日期：________

区 域	1	2	3	4	平均数	级 别	备 注

测定标准：________　　结论：________　　检验者：________　　复核者：________

编号：

洁净室使用记录本

吉林大学国家级生物实验教学示范中心

（a）封面

<table>
<tr><td>实验题目</td><td colspan="2"></td><td>实验类型</td><td></td></tr>
<tr><td>指导教师</td><td colspan="2"></td><td>使用日期</td><td></td></tr>
<tr><td rowspan="2">使用记录</td><td>紫外灯开启时间</td><td>关闭时间</td><td>进入操作时间</td><td>进入人员</td></tr>
<tr><td></td><td></td><td></td><td></td></tr>
<tr><td rowspan="4">使用后处理记录</td><td>处理方法</td><td>处理开始时间</td><td>处理结束时间</td><td>处理人</td></tr>
<tr><td></td><td></td><td></td><td></td></tr>
<tr><td>水、电、气关闭情况</td><td>记录人</td><td>复核人</td><td>记录时间</td></tr>
<tr><td></td><td></td><td></td><td></td></tr>
</table>

（b）内文

图 13-12-3 洁净室使用记录本

第十四章

特殊实验室的管理

在实验室建设中，各高校根据各自人才培养目标的需要，建立了一些专业性较强、具有特殊功能的实验室。根据这些实验室的性质和特点，需要制定特殊的管理办法。本实验中心根据我校实验教学的需要建立了洁净实验室、细胞培养室、药品库、动物实验室、低温冷库、计算机室、GMP 实验室和一些大型仪器室等实验室，由于实验中心原有管理制度不能完全涵盖这些实验室特殊的管理要求，所以我们针对这些特殊实验室的具体情况分别制定了相应的管理办法，以确保这些实验室高效、安全运行并实现开放共享。

14.1 洁净实验室使用管理规定

为使洁净实验室能够节能、环保、安全、高效的运行，确保教学和科研工作的顺利进行，根据实验室具体情况，特制定本管理制度。

14.1.1 实行预约制度

使用者必须提前一周进行预约，并参加由洁净实验室管理教师组织的洁净实验室使用技术、标准操作规程（SOP）及有关注意事项的培训，经考核合格后则由管理教师再行安排具体使用时间。

14.1.2 使用前的准备工作

（1）使用时间预约成功后，使用者必须严格按洁净实验室标准操作规程（SOP）中的消毒灭菌程序，对室内天棚、墙壁、地面、玻璃、门、所有仪器表面、室内空间以及准备带进洁净室的物品等，进行科学、合理的消毒和灭菌处理，以确保洁净实验室的洁净度。

（2）实验前要充分地做好准备工作，备齐所有必须的实验器材、药品、试剂及各种实验材料等，经消毒灭菌处理后，由传递窗进入洁净区。

（3）与实验无关人员和不必要物品不得进入洁净室。具有下列情况者不允许进入洁净室：皮肤有晒焦、剥离、外伤和炎症、搔痒症者；对化学纤维，化学溶剂有过敏或异常反应者；手汗严重者；鼻子排出物过多者；感冒、咳嗽和打喷嚏者；过多掉头皮及头发者以及其他易引起细菌、病毒等微生物交叉感染的实验人员。

14.1.3 使用过程中的操作要求

（1）实验操作人员进入洁净实验室必须更换洁净服和洁净室专用鞋帽，戴防护眼镜及手套等防护用品。一旦进入室内做实验，内部实验者不得中途外出取物、接待来访者，如有必要则用对讲电话联系。

（2）在洁净实验室内不得从事其他与实验无关的活动。争取每天洗澡、换衣，保持身体的清洁，男性尽量每天刮胡须，女性要戴好工作帽，头发不要暴露在外面。

（3）在洁净室内不要拖足行走，不要振臂、转动，不做不必要的动作，严格无菌操作技术，实验时尽量减少说话、少走动，在洁净室内更不允许吸烟和饮食。

（4）实验室内所需设备必须经消毒处理后方可移入，除按规定洁净室可带入的实验必需品外，一切个人物品（包括钥匙、手机、手表、手帕、纸和笔、记事本等）尽量不要带入。

（5）实验操作中，要养成严谨的操作习惯，应防止实验材料溅出或雾化，坚决杜绝溶液、试剂滴落污染或腐蚀地面、台面和仪器设备。禁止使用口吸移液技术，应使用机械移液装置。

（6）在使用锐利器具时，应特别谨慎。这些器具包括针头、注射器、盖玻片、载玻片、移液器、毛细管和刀片等。

（7）要正确使用仪器设备，严格按照仪器设备的标准操作规程进行操作并及时详细地填写仪器设备使用记录。

14.1.4 使用后的清理工作

（1）使用后必须将生物废弃物就地包装，经消毒处理后由传递窗传出，必须把使用过的各种废物清理干净，将自己的物品带走。

（2）必须对室内天棚、墙壁、地面、玻璃、门、所有仪器表面、室内空间进行消毒灭菌。

（3）清理完毕后必须详细填写仪器和洁净室使用记录本及实验室开放记录本，关好水、电、气、门等。

（4）使用后必须通知管理教师进行检查、验收，如有不符合要求的，管理教师有权责令整改，情节严重的将停止以后使用洁净实验室。

（5）洁净实验室的卫生应由专职人员负责，并严格执行洁净实验标准操作规程和实验室的消毒和灭菌方法，洁净室的卫生用具应专用，并妥善保管，定期消毒，实验室清理应不留死角，每周配合消毒彻底清理一次。

（6）不经洁净实验室管理教师同意，任何人（包括值班人员）不得私自打开洁净实验室的门和私自使用洁净室或附属设备，违者将追究责任。

（7）本洁净实验室一般不应用于危险性生物、毒素、放射性物质等可能给人类或环境带来危害的实验。

14.2 细胞培养室管理细则

为保证细胞培养室各项功能完好和有效运行，确保教学和科研工作的顺利开展，特制定本细则。

14.2.1 实行预约制度

使用者必须提前 24 小时进行预约，并参加管理教师组织的细胞室使用技术和注意事项培训且合格后，由管理教师再行安排具体使用时间。

14.2.2 使用前准备工作

(1) 使用时间预约成功后，由使用者按洁净室的消毒灭菌程序，对室内天棚、墙壁、地面、玻璃、门、所有仪器表面、室内空间以及准备带进细胞室的物品等，严格按照洁净室操作规程进行科学、合理的消毒灭菌处理，以确保细胞室洁净度。

(2) 未经管理教师同意，任何人不得进入细胞室并使用室内附属设备。

14.2.3 操作使用过程要求

(1) 进入细胞室前要进行个人及用品消毒。

(2) 必须更换实验服，换室内拖鞋或穿鞋套。

(3) 杜绝溶液、试剂滴落污染、腐蚀地面、台面和仪器设备。

(4) 正确使用仪器设备，并及时填写仪器设备使用记录。

14.2.4 使用后清理工作

(1) 使用后必须将使用过的各种废物清理干净，将自己的物品带走；并对室内天棚、墙壁、地面、玻璃、门、所有仪器表面、室内空间进行清洁消毒；关好水、电、气、门。

(2) 细胞室清洁消毒工作所用试剂由使用者自备。

(3) 使用后必须通知管理教师进行检查。

(4) 管理教师要每天检查细胞室的情况，每周配合消毒彻底清理一次。

14.3 药品（试剂）库管理细则

药品（试剂）库是放置教学、科研用药品（试剂）的重要场所，为了确保其安全存放和有序的出入库，特制定如下规则：

(1) 库内及附近严禁烟火，不准穿带钉的鞋入库。非管理教师不准随便入库。库内应备有效的消防器材，并按照学校有关安全的规定执行。

(2) 药品（试剂）必须存放在专用仓库中，不得随意乱放，存放地点必须符合规定的要求，根据试剂的毒性、易燃性、腐蚀性、挥发性，采取妥善方式入库保管，防止变质、自燃或易爆事故，对变质、过期药品（试剂）必须及时处理。要保持药品（试剂）的密封及标签的完整，封口开裂及标签脱落要及时处理。

（3）各类药品（试剂）库根据药品（试剂）性质采取有效的降温通风措施、各库房应备有室温计，室温登记本记录室温，室温超出规定时要及时采取措施。

（4）危险品应分类分级储存保管，在储存过程中，要根据各类危险品的性质，采取必要的防潮、除热、防晒、防冻、防风化等防护措施。

（5）药品（试剂）入库，应进行严格的检查和验收，凡库房及实验室使用的药品（试剂），必须有明显的标识、账目。无标识的药品一律禁止存放和使用。

（6）危险品库房必须指定专人（工作认真，熟悉药品（试剂）性能的人员）负责，双人管理库门钥匙。

（7）搬运发放危险品时，应具备防护设备及适当工具。在接触有毒试剂时，必须带橡皮手套。在接触有毒气体时，必须带口罩或防毒面具。

（8）进出药品（试剂）库的药品要进行登记。建立专门账目，做到日清月结，账物相符。药品（试剂）从库内提出，领用人需按有关规定登记、签字。

（9）领用危险品，必须由领用人按实际需要提出申请，经实验中心主任严格审查签字批准后，方可发给。领用时必须由实验教师负责办理，不得由学生领取。学生使用时，教师要认真指导，以所需最少量为限。剧毒性药品（试剂）则用多少领多少。危险品不得在实验室过夜，剩余部分要及时退回仓库，或者放到保险柜内。

（10）剧毒品（如氰化钾）入保险库保管，双人双锁管理，严格领用手续，剩余量能够及时处理，对剧毒性试剂的容器、废液、残渣等，应予妥善处理，严禁随意抛弃；易燃品（如钠、钾）存入温度较低的沙池中，并定期检查；易氧化、易分解的药品（试剂）存放干燥处，周密遮盖，勿使阳光暴晒，以防潮、防水、防变质；腐蚀性药品（试剂）（如碱类、酸类）按性质异同分别存放、不得超过规定储存量。

（11）药品（试剂）库必须配备消防和防护设备（如通风、控温、避光、防潮、去湿等设备），不用交流电照明，以防开关打火或使用防爆装置的照明设备。

（12）药品（试剂）的空容器、废溶液和渣滓要妥善处理后，倒入废液池，严禁随意抛弃或带出实验室。

（13）实验室督导协同药品（试剂）库管理员每周清查药品库房安全，实验中心主任要每月检查药品（试剂）库房的安全工作，尤其对剧毒、易燃、易爆试剂的专用柜进行重点检查，杜绝不安全隐患。库房门窗安装防盗设施，屋顶防水、隔热。

（14）对违反化学药品安全管理办法，造成事故者，将追究相关人员的刑事责任。

14.4 动物实验室管理规则

为保证动物室各项功能完好和有效运行，确保教学和科研工作的顺利开展，特制定本制度。

14.4.1 实行预约制度

（1）使用者必须于使用前24小时进行预约，提交实验周期计划。进行动物实验的时间尽量安排在8：00～17：00之间，在此时间之外要有指导教师签字同意，以确保实验过程的安全。动物实验人员必须参加管理教师组织的实验动物室使用技术和注意事项的培训合格后，由管理教师再行安排具体使用时间。

（2）未经管理教师同意，任何人不得私自打开实验动物室的门和私自使用实验动物室及附属设备。

14.4.2 使用前准备工作

使用时间预约成功后，由使用者按实验动物室的消毒清洁程序，对室内地面、玻璃、门、所有器具表面、实验所用动物笼子、动物饮水瓶子等物品严格按照实验动物室操作规程进行科学、合理的消毒清洁处理，以确保实验动物室洁净度。

14.4.3 操作使用过程要求

（1）购入或领取实验动物时，应严格检查实验动物健康情况，包括动物的皮毛、眼、耳、四肢、肛门，查看合格证书并填写记录。

（2）保持实验动物饮食充沛、环境舒适卫生；健康饲育，不影响实验数据及结果。

（3）实验动物饮食不应过量，至少保证隔天查看动物一次，确保每星期更换垫料两次。更换的垫料要及时处理掉，不能在实验动物房存放。

（4）意外死亡的动物要及时汇报，分析死亡原因，确定不是传染性疾病后，封存好放入冰柜；如是传染性疾病致死应及时采取措施，并上报。在饲育实验动物过程中要及时、真实填写实验记录。

14.4.4 实验后动物房的清理

（1）实验动物房的清理范围：实验动物的饲育盒、饮水瓶、架子等；实验动物房的台面、窗台、地面、水池等。

（2）实验动物房的清理过程：清水擦拭除去灰尘、血迹、废物、污物；用消毒剂擦拭实验动物房的台面、窗台、地面、水池。

（3）实验完全结束时应把实验动物所用盒子清洗干净，用消毒剂擦拭，并将上面标记记号除去，将实验动物所用饮水瓶刷净，放于指定位置。

（4）使用后必须通知管理教师进行检查。完全符合要求方可离开。

（5）管理教师要每天检查实验动物室的情况，并定期消毒灭菌。

14.5 低温冷库使用管理规定

为确保低温冷库能安全有效的运行，特制定本规定。

（1）低温冷库由专人日常管理、使用登记、卫生清理工作，发现异常及时上报维修。

（2）凡使用低温冷库的老师及同学事先应与管理教师预约，经管理教师同意后方可使用。

（3）在低温冷库内存放物品时必须填写存入登记表，详细标明物品名称、存放日期及存放人，放好后由管理教师确认。

（4）取出物品时必须填写取出登记表，详细取出物品名称、日期及取出人，由管理教师确认方可取走。

（5）任何人未经管理教师同意不得随意存放或取走冷库内物品。

（6）外来人员使用冷库必须经实验中心主任审批后，由管理教师负责安排具体使用时间，并必须遵守相关规定。

（7）晚上和休息日需要使用，或特殊情况下急需使用，必须与管理教师取得联系后，由管理教师委托值班人员按要求使用。

（8）值班人员每天必须认真检查低温冷库，填写好值班记录，发现异常及时上报。

14.6　计算机室管理规定

微机室是学校实施信息化教育的重要设施，必须严格管理、充分利用。

（1）微机教室内设备按统一要求分类、登记、入账，机台要定位、编号、贴上标签。

（2）学生上机要凭上机证，实行定机、定位，并建立学生用机档案资料，其中包括学生的姓名、编号、班级、机号等。

（3）每台电脑要建立维修、保养等情况的技术档案，以确保设备的完好状态。严格控制使用外来盘片（发霉盘片和带有病毒的盘片），定期做好病毒检测和清毒工作。

（4）微机教室的重要技术资料要妥善保存，并登记造册归档，及时做好数据整理与软件备份。重要软件要保存好原始盘，尽量使用备份盘。

（5）管理教师要做好微机室的防火、防盗、防尘、防潮、防晒、通风等日常工作，严禁危险品入室，使用之前检查电路电压，结束要切断电源。

（6）微机室使用温度：冬季控制在16～23℃，夏季控制在18～26℃；湿度控制在45％～65％；雷雨季节及潮湿天气每天至少开机2小时。

（7）师生进入微机室必须换鞋或加鞋套，不得在室内大声喧哗、吃零食、乱扔杂物等。

（8）学生开机前应检查电源电压及机器完好情况，并查看使用记录，发现问题要及时报告管理教师。如发现室内设备有损坏和丢失，管理教师要及时追查原因，追究责任，及时向实验中心主任汇报。若人为造成损坏，要按规定赔偿。

（9）微机室设备一律不得外借，确属公务需要，必须经实验中心主任同意后，与管理教师办理外借手续。

（10）任何人不得私自拆卸微机，确需维修的，必须经实验中心主任批准同意后进行维修。

（11）未经管理教师允许，外来人员不得随意进入微机室。

（12）微机室使用后，安排值日生及时清理卫生。

14.7 GMP 实验室管理规定

为了更好地培养现代生物制药人才，使制药工程专业的学生能够更直观、更具体、更有效地掌握现代医药企业《药品生产质量管理规范》（GMP）知识，增强学生的工程观念和意识，提高学生的综合素质。我们通过改造洁净实验室，装备小型工业化药物制剂设备，建设符合制药行业 GMP 标准的制药工程专业实验室，用来满足制药工程专业特色实验教学的需要。同时制定了严格的 GMP 实验室使用管理制度。

14.7.1 GMP 实验室工作人员管理

（1）本实验室主要用于制药工程及相关专业的实验教学，作为校内的实训基地，与实验教学无关人员不得随便进入实验室。外来人员（检查、检测人员、设备厂家检修人员）进入实验室的洁净区时需经中心主任批准，并由实验室管理人员陪同。参观人员一般谢绝进入洁净区，必要时可在走廊内参观。

（2）具有下列情况者决不允许进入 GMP 实验室：皮肤有晒焦、剥离、外伤和炎症、搔痒症者；对化学纤维、化学溶剂有过敏或异常反应者；手汗严重者；鼻子排出物过多者；感冒、咳嗽和打喷嚏者；过多掉头皮及头发者以及其他易引起细菌、病毒等微生物交叉感染的实验人员。

（3）每一位实验室上岗人员尤其是学生必须经过系统的培训，并经考核合格后才能上岗。培训包括三个方面：

① 药品生产企业 GMP 相关知识。

② 实验室标准操作规程（SOP）。

③ 实验室内仪器设备的操作及注意事项。

使其明确洁净技术与制剂生产的关系，在思想上重视，自觉严格地遵守实验室的一切规章制度。

（4）进出洁净区都要严格执行人员净化程序，进入洁净区时，先进行登记后按本实验室标准操作规程（SOP），换鞋更衣，消毒后方可进入。一旦进入洁净区，内部实验者尽量避免中途外出取物、接待来访者，如有必要则用对讲电话联系。

（5）在实验室内工作人员必须穿工作衣、工作鞋、戴安全防护眼镜，根据实验的特殊要求，穿戴个人防护用具（面罩、帽子、围单、绝缘橡胶或特殊处理的手套），禁止在实验室穿宽松的衣服及披散长发，不得化妆和佩戴饰物。

（6）在实验室内不得从事其他与实验无关的活动，不要拖足行走，不要振臂、转动，不做不必要的动作。严格执行无菌操作技术，实验时尽量少说话、少走动，在室内更不允许吸烟、饮食或嚼口香糖。

（7）实验操作人员不得直接用手接触药品，100 级洁净室（区）内的操作人员不得裸手操作，不准穿戴工作服、鞋、帽等离开所进入的特定的实验区域。

14.7.2 GMP实验室仪器设备管理

（1）仪器、设备、管道等的设计、选型、安装应符合GMP要求，应易于拆洗、消毒或灭菌，便于实验操作和维修、保养，并能防止差错和减少污染。设备主体要清洁整齐，无跑、冒、滴、漏，设备与药品直接接触的表面均应光洁、平整、易清洗、耐腐蚀，且不与物料发生化学反应或吸附物料。

（2）产尘而又暴露的生产设备，应加以封闭或遮盖，并附有吸尘设备，保温层要求全部包扎平整、光洁，不得有颗粒物脱落，并能耐清洗消毒。

（3）实验室内所需仪器设备及零部件需经除尘、清洗、消毒灭菌等必要的净化处理后方可移入，尽量减少搬入搬出。设备运转部件要密封良好，能有效地防止润滑剂、冷却剂污染物料。

（4）大型仪器设备必须设专人负责管理，由专人使用操作和维修保养。不常用的仪器设备（如冻干机等）应定期运行检测，以确保其性能良好。

（5）要正确使用仪器设备，严格按照仪器的标准操作规程（SOP）进行操作，及时详细地填写仪器设备使用记录。

（6）污染的设备在送去维修前或经过包装从实验室移出前，必须根据相应规定进行消毒灭菌处理。

（7）空气净化调节系统应实行科学管理，定期进行清洁。其停止运行期间应注意洁净室内的温度、湿度、洁净度等，尤其应注意温度参数，防止结露和产生静电。

（8）应做好净化空调设备的维修、保养，并达到最大限度节能。空气净化调节系统运行时，要做好运行值班记录，运行中发现问题要及时处理，确保GMP实验室正常使用和运行。

14.7.3 GMP实验室物品和原材料管理

（1）除按规定GMP实验室可带入的实验必需品外；一切个人物品包括钥匙、手表、手机、手帕、纸和笔、记事本等原则上不允许带入。

（2）实验仪器设备、玻璃器材、实验成品、中间产品，以及各种试剂均定置存放，并有状态标记。

（3）实验材料、物料的外包装要求完好，无受潮、混杂发霉、变质、虫蛀、鼠咬等，各种标记应齐全，并有检验合格证，方可领用。

（4）物料应在准备间进行外包装清洁和处理，必要时采取有效的消毒措施，并按规定的净化程序进入洁净区，同时记录运入时间、品名、数量、送料人等。

（5）操作结束后，应将剩余物料整理并包封好，贴上状态标志及时结料、退库，操作时间不允许存放多余的物料。物料管理的重点在于预防污染、混淆与差错，以确保药品的质量。

（6）进入GMP实验室的材料、工具、仪器、零部件、设备等均应进行除尘、清洗、消毒、灭菌等必要的净化处理。

（7）实验用的原料、辅料应包装严密，标志明显，内外包装层均要有标明品名、规格、生产厂家及批号的凭证，洁净区内的物料放在不影响气流的规定位置，并有明显的状态标志。

14.7.4 GMP实验室环境和卫生管理

(1) GMP实验室洁净区的卫生应由专职人员负责，并严格执行实验操作程序和实验室的消毒和灭菌方法。实验室应使用无脱落物、易清洗、易消毒的专用的清洁卫生工具，并妥善保管，定期消毒；实验室清理应不留死角，每周配合消毒彻底清理一次。

(2) 使用实验室前，由使用者按GMP实验室的消毒灭菌程序，对室内天棚、墙壁、地面、玻璃、门、所有仪器表面、室内空间以及准备带进实验室的物品等，严格按照GMP实验室标准操作规程（SOP）进行科学、合理的消毒灭菌处理，以确保实验室的环境达标。

(3) 实验室工作人员必须随时保持设备和工作区整洁，工作完毕，应清理好工作台面。实验操作中，养成严谨的操作习惯，应防止实验材料溅出或雾化，坚决杜绝溶液、试剂滴落污染或腐蚀地面、台面和仪器设备。

(4) 使用后必须将生物废弃物或药品原料以及其他废弃物品，就地包装后由传递窗传出，必须把使用过的各种废物清理干净，将自己的物品带走。

(5) 清理完毕后必须详细填写仪器和GMP实验室使用记录本及GMP实验室开放记录本，关好水、电、气、门。

(6) 所有的培养物、组织、体液标本或具潜在传染性的废弃物必须存放在耐用、防扩散的容器内，交于本实验中心专职消毒员高压蒸汽灭菌无害化处理。防止在收集、处理、贮存、转移或运输中扩散到环境中，造成二次污染。

(7) 空气净化系统及设备应定期检测，室内洁净度也应定期检测。

(8) 对清洁工具的基本要求如下：

① 不易脱落纤维与微粒，防止污染。

② 尽量一次性使用，否则应能洗涤干燥。

③ 不同级别的洁净室（区）的清洁工具不能混用。

④ 无菌区的设备与工具，不得选用易滋生微生物的材料，如木质。

(9) 使用后的设备、管道与容器，应及时清洗，必要时用无菌水冲洗或消毒。

(10) 使用的消毒剂不应对设备、物料和成品等产生污染。消毒剂应定期更换，以保证消毒效果，防止产生耐药菌株。

14.7.5 GMP实验室安全管理

(1) 实验室工作人员不仅要了解工作场所中所有可能发生紧急情况的处所，还要熟悉安全门、安全通道、消防设施的位置及使用方法。

(2) 不要堵住通道和应急出口的门，近灭火设备处及附近永远不能堆放物体或堵塞。要了解紧急喷淋的位置和洗眼器的位置及使用方法。

(3) 在进行消化、蒸馏、回流、加热等凡有火源的操作时，实验人员不容许离开岗位。不能用嘴吸取任何液体，要使用吸球或液体分配器。

（4）易燃液体必须贮存在安全柜内，并且不能在电炉等明火附近使用。酸碱等有腐蚀性的试剂应存放在耐腐蚀柜中，并分开存放。

（5）凡发生事故，不论大小，都应及时上报，并由实验室管理教师尽快报告给实验中心，以便及时采取补救措施。中心主管应对事故进行调查，要有调查报告，并采取措施，防止类似事故再发生。

（6）当突然发生停电时，正在运行的仪器设备操作者应迅速切断电源开关，待通知来电，并电源稳定后，再接上这些仪器设备的电源，检查仪器是否有问题，如无问题，可以继续使用，如有问题应立即报修。必要时，有些设备可以先由专业维修人员检查后再接上电源。

（7）当遇到应急情况，需紧急疏散时，正在运行的仪器设备的操作者应以最快速度按照程序，关闭所用仪器设备的电源后，从应急出口疏散。如果不能及时关闭的，疏散后应将情况及时汇报给应急反应小组。

（8）当发生化学品泄漏时，使用人员应立即采取措施（如关闭阀门、堵漏等），防止泄漏的进一步扩大。泄漏制止后，应迅速用吸收棉将泄漏物围起来，然后将泄漏化学品收集起来，并将现场清理干净。

（9）泄漏发生后，应及时上报，并将收集物放在垃圾袋中，贴上标签标明泄漏化学品名称。所有泄漏处理的废料一律交由专业部门处理。在处理时需注意戴上相关的防护用具，做好自我保护。

（10）实验做完或离开实验室时，应全部关闭水、电、气，并由指定的安全负责人进行安全检查，若必须在晚上无人时运行的仪器和设备要挂上“正在运行”的标牌。

14.8 离心室管理规定

离心室是教学、科研中分离实验样品的大型离心设备的实验室，为了加强室内贵重仪器设备的管理，确保其安全使用和正常运转，结合实验室的具体情况，制订管理规定如下：

（1）进入离心室须经管理教师同意，离心机操作者必须着白色工作服，与实验无关人员不准入内。

（2）使用前，必须参加仪器使用、简单的维护保养和注意事项培训。未经培训不准单独使用离心机，必须使用时，须在管理教师指导下操作。

（3）使用离心机前，要详细阅读仪器使用说明书及其操作程序和注意事项。

（4）操作过程中要严格按操作规程进行，要注意离心机各参数额定使用范围，例如，最高转速、最高温度，设置时不能超过最大值。

（5）使用离心机期间，要保持室内地面、桌面、操作台、和所有物品及器具的清洁卫生，做到无灰尘、无污垢。

（6）离心前，要离心的样品必须配平后，将离心杯对称地放入离心桶内。设置离心转速、温度和时间后进行离心操作。

（7）离心时，必须盖好转子盖和离心机机盖，否则不能进行离心操作。

（8）离心结束，待操作面板上速度显示为零后一分钟方可打开离心机盖子。

（9）离心机用完后，不要马上关闭离心机盖子，应敞开一段时间，待冷冻造成的霜自然晾干后，再关闭盖子。

（10）使用后，要将离心机的离心桶及转子内部、转子盖擦洗干净。

（11）离开离心室前，要清扫室内地面、操作台面卫生；详细填写仪器使用记录和开放实验记录。

（12）实验人员未经管理教师同意，不准随意动用室内其他设备。

（13）实验人员离开实验室必须关好门窗，关闭照明灯，切断离心机电源，关闭自来水阀门；实验室内无人的情况下，绝不允许敞门离开。

（14）任何人（含值班人员）未经管理教师同意，不得私自进入离心室。

14.9 发酵室管理规定

发酵室是供教学和科研中微生物发酵培养的贵重仪器实验室，为了加强其设备的管理，结合本实验室的实际情况，制订管理规定如下：

（1）使用发酵罐必须提前三天向管理教师预约，填写预约申请单，由管理教师安排具体使用时间。

（2）进入发酵室，操作者必须着白色工作服，与实验无关人员不准入内。

（3）使用前，必须参加仪器使用技术培训。未经培训或培训不合格者不准单独使用发酵罐，必须使用时，须在管理教师指导下操作。

（4）使用发酵罐前，要详细阅读仪器使用说明书及其操作注意事项。

（5）使用发酵罐，必须按管理教师要求，对水处理系统进行全面维护，即对三个过滤罐进行正反清洗，洗至流出清水为止，从而保证发酵罐过滤水的供给，如果不清洗造成过滤罐堵塞不能供水，或由此造成不良后果要追究当事人的责任。

（6）必须检查水、电、气（汽）和补料系统是否正常；标定好 pH 电极、溶氧电极，确认正常后方可使用。

（7）发酵罐 pH 电极、溶氧电极价格极其昂贵，要高度注意，在拆卸和安装时，一定严格按程序操作，慎防碰撞电极，造成仪器零部件损坏。

（8）发酵罐灭菌过程中，使用者不要离开现场，否则中间出现（断水、断电等）问题容易造成仪器设备损坏、或材料浪费。正确使用蒸汽发生器，防止被高压蒸汽烫伤，灭菌后剩余蒸汽要放尽。

（9）操作过程中要严格按操作规程进行，要注意水、电、汽（气）安全，厉行节约，严禁跑冒滴漏。要特别注意使用酸碱等液体时，不要滴到仪器设备表面，避免造成仪器表面污染或腐蚀。

（10）使用发酵罐期间，要保持室内地面、桌面、操作台、及其各种物品和器具的清洁卫生，同时也要保持发酵罐体外及其管路的卫生，做到无灰尘、无污垢。

（11）使用后，要对发酵罐清洗干净，并对发酵罐灭菌处理，清扫室内卫生。详细填写仪器使用记录和开放实验记录（填好实验名称、实验目的、开机时间、关机时间、主要控制参数、实验结果、设备运行状况等）。通知管理教师检查发酵罐和室内卫生等情况，如没有按规定处理发酵罐，或室内卫生清理的不干净，或没有详细记录仪器使用记录，视其情节予以通报批评、令其重新清理。

（12）实验人员未经管理教师同意，不准随意动用室内其他设备。

（13）实验人员离开实验室必须关好门窗，关闭照明灯开关和自来水阀门；实验室内无人的情况下，绝不允许敞门离开。

（14）外单位使用发酵罐，必须经实验中心主任批准后，方可安排使用。

（15）任何人（含值班人员）不经管理教师同意，不得私自进入发酵室。

14.10 色谱室管理规定

色谱室是进行色谱分析的精密仪器室，进入该室必须遵守以下规定：

（1）进入色谱室须经管理教师同意，色谱仪器操作者必须着白色工作服。使用色谱仪器，必须提前一周预约，由管理教师安排时间、指定仪器。

（2）色谱室内仪器之相关配套设备（主要指色谱柱、进样针等）不允许交叉使用或挪做它用。

（3）所有进行色谱分析的操作人员必须经过专门的培训，考核并获得色谱仪器使用证书方可在指定的时间内使用指定的色谱仪。

（4）每次色谱分析后，必须如实填写仪器使用登记本，真实记录分析条件及使用过程中出现的任何情况（包括故障和检修情况）。

（5）精心保养和使用仪器设备，使用过程中出现的任何不正常状况须及时报告管理教师。保持室内卫生和实验台面的整洁，节约使用流动相。

（6）一般情况下，不允许自带U盘拷贝分析测试资料。如有特别需要，由管理教师用专门的U盘给予拷贝，以防病毒感染。

（7）任何人（含值班人员）不经管理教师同意，不得私自进入色谱室并使用色谱仪器。

14.11 光谱室管理规定

光谱室是进行光谱分析的精密仪器室，进入该室必须遵守以下规定：

（1）进入光谱室须经管理教师同意，光谱仪器操作者必须着白色工作服。使用光谱仪器，必须提前一天预约，由管理教师安排时间、指定仪器。

（2）光谱室内仪器之相关配套设备（特别是比色皿）不允许交叉使用或挪做它用。

（3）所有光谱分析的操作人员必须经过专门的培训、考核并获得光谱仪器使用证书方可在指定的时间内使用指定的光谱仪。

（4）进行光谱分析时，样品杯须用擦镜纸擦拭干净，不允许将比色液体或其他酸碱溶液滴至仪器上，以免污染腐蚀仪器，比色杯用后须及时清洗并擦拭干净。

（5）每次光谱分析后，必须如实填写仪器使用登记本，真实记录分析条件及使用过程中出现的任何情况（包括故障和检修情况）。

（6）精心保养和使用光谱仪器，使用过程中出现的任何不正常状况须及时报告管理教师。保持室内卫生和实验台面的整洁，节约使用水电。

（7）一般情况下，不允许自带U盘拷贝分析测试资料。如有特别需要，由管理教师用专门的U盘给予拷贝，以防病毒感染。

（8）离开光谱室须打扫实验室卫生，擦拭台面、关闭电源和门窗。

14.12 放射性同位素实验室的安全与管理

14.12.1 放射性实验室安全管理制度

进行同位素实验操作的人员必须遵守如下规定：

（1）按照实验计划提前一天与实验室预约，确定使用同位素实验室的时间、核素名称、操作放射性量、放射性废物去向等。如果取消实验，第一时间告知管理人员。

（2）为确保实验顺利完成，实验前仔细研究实验过程，认真准备实验用具、仪器等。

（3）实验应在指定位置进行，禁止随意摊放实验用具。

（4）实验过程中要小心操作，避免放射性沾污。根据具体情况做好个人防护，产生的放射性废物（固、液）分类收集存放。

（5）发生放射性污染应立即停止实验，第一时间作出标示、报告管理人员，做出恰当处置，避免污染扩大。

（6）存放在实验室的同位素要进行严格的使用登记。

（7）与实验无关人员禁止进入试验场所。

（8）实验室内禁止嬉笑打闹、进食饮水。

（9）实验过程中禁止佩戴手套乘坐电梯，接触实验室门窗、桌椅等家具。

（10）实验结束，需告知管理人员，经检测合格后方可离开。鉴于放射性实验室的特殊性，在节假日、公休日关闭。

14.12.2 放射性同位素实验室安全操作的一般步骤

（1）器材充分准备。实验室内严禁存放食物及其他与工作无关的物品，严禁在实验室内吸烟、饮水和进食。

（2）遵照预约时间进行实验，登记实验内容、时间、核素名称和实验用量。

（3）按管理人员指定位置铺放报纸或防渗垫，摆放实验用具。一切操作应在铺有吸水纸的瓷盘内进行，注意使用放射性保护屏和β闪烁计数器。

（4）根据操作核素性质，开启通风设备，选择有机玻璃或铅玻璃防护屏。

（5）进入实验室前必须穿戴个人防护用品，包括防护工作服、工作鞋、手套，必要时要戴口罩、帽子等，通过防护屏遮挡躯干及头面部，操作时动作要稳、快、准，避免错误操作和放射性污染。实验室应保持卫生清洁。

（6）实验过程中应尽量减少放射性废物的产生量，使用过的枪头、试管、瓶及废液分类收集存放，并作出标示，按放射性废物有关规定处理。

(7) 操作结束，用表面沾污仪检测手套、实验服及操作台等可能发生污染的位置。未发生污染的手套、鞋套、纸垫等按普通垃圾处理，发生污染的按放射性废物收集；实验服污染可根据污染程度和核素半衰期放置一定时间后清洗；发现实验台面及地面污染时要立即报告管理人员，并作出标示，及时采取措施，避免污染扩大。

(8) 工作完成后，清理好台面，清洗双手，登记实验完成时间，关闭水、电、门、窗，由管理人员检查通过后方可离开。

14.12.3　放射性同位素开瓶取液注意事项

(1) 开瓶时必须针对放射性同位素所放出的射线种类、能量大小、放射源的强弱而采取不同的防护措施，对 γ 射线放射源，能量又比较大者（例如 ^{65}Zn, ^{60}Co）必须采用铅砖、铅玻璃等作为防护屏，并计算安全工作时间；^{125}I 用铅玻璃作为防护屏；^{32}P 用有机玻璃作为防护屏，^{3}H 一般不用防护屏。

(2) 开瓶必须在通风橱进行，操作的每一步骤都必须熟练、快速、避免失误，杜绝发生事故。

(3) 溶液转移于其他容器时，要用标签标明放射性同位素的名称、强度、体积和日期。准备好合适的吸液器、垫有吸水纸或棉花的小烧杯，上述物品均放在垫在吸水纸的瓷盘上。

14.12.4　实验室去污和放射性污物处理

操作气态、液态或颗粒状的放射性物质时，必然会对所接触器械造成污染。为了使这些器械能够重复使用，通常需要去污操作，需要注意，怎样处理放射性废物和在何处处理的问题。

(1) 实验室去污

实验室预防和去除污染首先依赖于对实验室的良好管理，其次是工作人员始终保持清洁。在放射性同位素实验室里，最重要是是谨慎和清洁，保持工作场所各种表面光滑而无尘。

真空吸尘器对去污是有用的，但必须配有高效过滤器，否则被吸集的只是较大的尘粒，而微生物被扬起后可能造成空气污染。高速排出过滤空气的方式常常无法令人满意，因为这样会搅起尘埃，扩大污染的危险。吸尘器和笤帚联合起来使用效果很好，吸尘器随时可把笤帚擦下来的尘粒吸收聚集起来，但是刷子上或许会保留下一些污染物，因而有必要对所有的清扫器械进行检测，而且清扫“放射性”和“非放射性”区域应该使用专用刷子。

(2) 放射性污染物的处理

① 通过检测仪检查实验物品是否被污染。

② 材料不同，去污的方法也不同（表 14-12-1）。

③ 放射性废物的处理。

放射性三废——废水、废气和固体废物。有机闪烁放射性浓度若大于 37Bq/L，需作为放射性废物处理。处理放射性废弃物必须遵照相关规定进行，绝不能随意处理。放射性废物处理的一般原则是如何达到处理目的的而又不会危及公众健康。对于废气，通过装有高效过滤器的通风橱排出。通风管道的高度应高出周围最高建筑物12m；短半衰期（<60d）的废液和废物，需放置10个半衰期；中长半衰期（≥60d）的废液和废物，装入专门容器交三废处理站处理。

表 14-12-1 不同材料去污专用方法

材料类别	去污的专用方法及特点
玻璃	迪庚（Decon）90或类似的洗剂；10%的硝酸溶于盐酸（10%）中的载体溶液；2%的氟化
铝	10%的硝酸、磷酸钠或偏硅酸钠
钢	抑制磷酸［例如125号或127号脱氧剂（Deoxidine）1加润湿剂；以钢部件作为阳极在1%的硝酸内电解］
黄铜	稀盐酸冲洗、中和；此种试剂亦常用于铅，但若已发生化学交换，去污将比较困难
未加防护层的木料、混凝土或砖	这些材料去污很困难，因为用水溶液清洗无济于事。木料一般必须刨除一层，混凝土可用喷砂或吹管焰猛烈加热的方法使其表面剥落
涂料	用去垢剂，柠檬酸铵或酚化氢铵洗涤
衣服	常规洗衣程序通常足够，一般不采用激烈方法。若洗不净时可再用EDTA（二钠盐，pH3.4～4.0）溶液洗

注意：(a) 去污过程中应先擦拭外围，逐渐向污染严重的内部擦干净，防止污染面积进一步扩大；(b) 去污后进行放射性临测，以控制在规定限值以下

主要参考文献

戴克俊．浅谈高校家具的管理．徐州师范大学学报（哲学社会科学版），1993，(3)：147～148

董贾寿，张文桂．实验室管理学．成都：电子科技大学出版社，2004，13～77

樊路嘉．重点高校基层实验室固定资产管理探讨．实验技术与管理，2003，(1)：140～142

宫赤霄．浅析实验室管理体系中对于消耗材料的采购控制．标准与认证，2005，(6)：64～65

黄婧．高校实验室固定资产管理中存在的问题及对策．机械管理开发，2006，(2)：155～156

蒋景华．借鉴多元智能理论，加强实验室育人功能．实验室研究与探索，2006，25 (4)：409～411

李芳等．高校实验材料信息化管理研究．实验科学与技术，2005，(1)：99～101

李志宁，李钧．药品 GMP 简明教程．北京：中国医药科技出版社，2003，277～344

刘大军等．实验队伍建设是推进实验教学创新的源泉．西南农业大学学报（社会科学版），2006，4 (2)：281～282

刘智平等．刍议高校实验教师队伍建设．和田师范专科学校学报，2005，25 (5)：165～166

孟庆繁．生命科学创新实验教学体系的构建与实践．实验室研究与探索，2006，(12)：1547～1549

孟庆繁等．实验教学示范中心管理模式与运行机制的研究与实践．实验技术与管理，2006，(9)：1～3

沈波等．符合 GMP 标准的制药工程专业实验室建设与实践．实验技术与管理，2007，24 (9)：142～145

滕利荣等．高等学校实验教学创新团队建设的思考．中国大学教学，2008，(4)：79～80

滕利荣等．国家级生物实验教学示范中心建设的研究与实践．中国大学教学，2007，(7)：36～38

张明林．最新高等学校实验室内部管理制度全集．北京：中国科技文化出版社，2005，473～951

张锐等．加强实验室管理，提高实验教学质量．实验室科学，2007，(6)：105～107

张志巍．LIMS 在检化验系统建立的必要性及实施建议．太钢科技，2007，(3)：36～39

附　　录

附录Ⅰ

国家教育委员会印发《关于高等院校物资工作若干问题的规定》的通知

教备［1990］013号

各省、自治区、直辖市及计划单列市教委、高教（教育）厅（局），国务院有关部委教育司（局），国家教委直属各高等学校：

现将《关于高等院校物资工作若干问题的规定》印发给你们，望结合实际，拟订实施细则，认真抓好这项工作。

过去十年中，全国高等院校有很大发展，办学条件有不同程度的改善。在物资管理岗位上的广大教职工为此做了大量工作，取得了很大成绩。

目前高等学校的情况与过去相比，有许多新的变化。第一，学校仪器设备拥有量大幅度增加。1982年全国高等院校仪器设备拥有量27亿元，1988年已达到89亿元，一些大学拥有几千万元以至上亿元以上的资产，需要进一步加强物资工作的力量把它管好用好。第二，学校任务多样化，随着改革开放，学校里教学、科研、生产和各种社会服务一齐开展，形成了工作单位、隶属关系、经费来源和物资渠道的多样化，物资工作量也大幅度增加。物资工作要适应这一形势，改进和完善物资管理体制。第三，国内市场放开，学校将部分采购权下放，一方面提高了供应的及时性和灵活性，另一方面也出现了一些混乱现象，例如账外物资增多，浪费和违纪现象增加，这些问题发展下去要损坏校风、影响工作，使国家财产遭受损失。因此，在放权的同时要加强管理，进一步改进物资管理工作，以适应新的形势。

此件请各省、自治区、直辖市转发至本地区所有高等学校（包括国务院各部委所属院校）。

中华人民共和国国家教育委员会

一九九〇年三月二十八日

• 附件

关于高等院校物资工作若干问题的规定

第一条　为了适应高等教育事业的发展和深化改革，加强高等院校的物资工作（含仪器、设备、器材、材料的供应和管理，下同)，特制定本规定。

第二条 要加强物资工作的归口管理，理顺管理体制。所有产权属于学校的物资，不论来自何种渠道或使用何种经费，都要按学校制度统一管理，都要在一个学校批准的正式建制的单位入账。

第三条 国家教育委员会由条件装备司归口管理物资工作。省市教育行政部门也要明确机构归口主管物资工作。

第四条 各高等院校应由一位副校长主管物资工作，并设物资工作的归口管理机构协助校长工作。规模较大的学校可以设立专项物资（如生产、基建）的二级管理机构。

第五条 物资工作归口管理机构的职责是：

(1) 贯彻执行国家有关物资工作方针、政策和法令，结合实际拟订实施细则；

(2) 代表学校或部门管理教学、科研、生产、基建、行政、后勤等单位及校办经济实体的物资工作，组建好物资工作系统，加强队伍建设；

(3) 国家管理物资的计划编审、对上申报、对内分配和使用情况的核查；指导和管理市场采购；

(4) 制订完善物资工作的管理制度和措施，建立和健全物资账册，制订物资统计报表，提高物资利用效益。

第六条 要努力改善物资供应工作，重视和充分发挥各级物资机构在物资供应中的主渠道作用。各物资机构应做到保障供应、优质、优价、优良服务。

一切采购活动应遵守国家政策法令。物资采购中实行计划采购为主，市场采购为辅的原则，努力争取计划内平价物资供应和发挥集团采购（批量采购）优势，保证紧缺物资的供应，减少经费开支。使用单位通过市场自购急用零星物资，一律要到学校指定单位验收，才能报销、入账和领发使用。只有具有法人代表资格者可以签订采购合同。

第七条 要在认真研究学校历年需求情况的基础上，建立常备物资库。既要防止积压，及时调整贮备品种，又要提高物资工作的适应能力。出库价格可随着物价上涨，适当调高，差价结余必须用于物资贮备，不得用于奖酬金。鼓励各地区高等学校之间开展库存服务协作，可适当收取管理费。削价处理呆滞物资须经主管校长批准。

第八条 要加强校、系两级对重大设备布局的统筹，避免低使用效率的重复购置。

重点实验室建设及重大建设项目的关键设备的购置须经论证，论证工作必须吸收实验室及校物资主管部门的专业人员参加，并经由该部门联合签署后采购，复核后报销。

第九条 教育改善在用物资的管理，按照原部、财政部（84）教供字 020 号文件印发的《高等学校仪器设备管理办法》和《高等学校材料、低值品、易耗品管理办法》的规定，做好在用物资的管理工作。

第十条 私人不得占用或变相占用公物。已经发生的要限期清理收回；已经使用陈旧或损坏的要折价赔偿。禁止将免税进口的教学科研用品转让其他部门或私人，凡有发生的，一律按偷漏关税处理。

第十一条 因工作失职造成物资严重损失的，应追究当事人及有关领导人的责任。

第十二条 凡利用学校仪器设备和设施开展社会服务或兴办企业，必须以不妨碍正常教学、科研和生活秩序为原则，并应向学校上交设备折旧费和各种消耗费，补偿相关费用。

第十三条 要提高设备器材的利用效益。通用的大型仪器设备原则上要向全校开放使用，有的要按中心实验室建制，由学校或系领导协调，拟订办法实行共用；一般实验室按面向的范围不同，在系一级或教研组（或研究室）一级建制，仪器设备器材在系或教研组统一协调下使用。凡是将实验室分得过小，建制过多，分散了人力、物力，降低了利用效益的，要进行实验室建制的整顿。

第十四条 建立仪器设备保管、维修和标定的责任制。不能正常运行或测试结果不可靠的仪器设备，原则上不能进入实验课。凡使用未标定仪器设备做出的研究报告，不得作为正式论文发表。

第十五条 定期检查物资工作，及时处理发现的问题，不断完善管理措施和制度。

第十六条 要加强勤俭节约和廉洁奉公的教育，在各项工作中发扬艰苦奋斗的精神。物资工作的各个环节，包括投资决策、采购、保管和使用，都要少花钱，办好事。要认真总结和推广物资工作的先进经验，表彰先进典型。对各种不良作风要进行批评教育。健全财会制度，加强财会核算、审计和监察工作。对各种谋私行为、违纪行为、浪费行为和重大失误，要认真查清，严肃按法纪处理。

第十七条 学校和省、市教育行政部门要加强对物资工作的领导，要重视物资工作。每年排上议事日程，认真研究，并抓好宏观协调和各项工作的落实。抓好物资队伍的建设，要组建一支结构合理的物资工作的专业人员队伍，要采取措施，保持队伍的稳定，大力提高政治业务素质，做到一专多能，以适应管理工作的需要。健全各项管理制度，要加强检查督促，采取措施加强管理。

第十八条 本规定自发布之日起施行。过去发布的文件中，凡与本规定不符的，以本规定为准。

附录Ⅱ

高等学校实验室工作规程

中华人民共和国国家教育委员会［1992］20号

第一章　总　　则

第一条　为了加强高等学校实验室的建设和管理，保障学校的教育质量和科学研究水平，提高办学效益，特制定本规程。

第二条　高等学校实验室（包括各种操作、训练室），是隶属学校或依托学校管理，从事实验教学或科学研究、生产试验、技术开发的教学或科研实体。

第三条　高等学校实验室，必须努力贯彻国家的教育方针，保证完成实验教学任务，不断提高实验教学水平；根据需要与可能，积极开展科学研究、生产试验和技术开发工作，为经济建设与社会发展服务。

第四条　实验室的建设，要从实际出发，统筹规划，合理设置。要做到建筑设施、仪器设备、技术队伍与科学管理协调发展，提高投资效益。

第二章　任　　务

第五条　根据学校教学计划承担实验教学任务。实验室完善实验指导书、实验教材教学资料，安排实验指导人员，保证完成实验教学任务。

第六条　努力提高实验教学质量。实验室应当吸收科学和教学的新成果，更新实验内容，改革教学方法，通过实验培养学生理论联系实际的学风，严谨的科学态度和分析问题、解决问题的能力。

第七条　根据承担的科研任务，积极开展科学实验工作。努力提高实验技术，完善技术条件和工作环境，以保障高效率、高水平地完成科学实验任务。

第八条　实验室在保证完成教学科研任务的前提下，积极开展社会服务和技术开发，开展学术、技术交流活动。

第九条　完成仪器设备的管理、维修、计量及标定工作，使仪器设备经常处于完好状态。开展实验装置的研究和自制工作。

第十条　严格执行实验室工作的各项规范，加强对工作人员的培训和管理。

第三章　建　　设

第十一条　高等学校实验室的设置，应当具备以下基本条件：

（一）有稳定的学科发展方向和饱满的实验教学或科研、技术开发等项任务；

（二）有符合实验技术工作要求的房舍、设施及环境；

（三）有足够数量、配套的仪器设备；

（四）有合格的实验室主任和一定数量的专职工作人员；

（五）有科学的工作规范和完善的管理制度。

第十二条　实验室建设、调整与撤销，必须经学校正式批准。依托在高等学校中的部门开放实验室、国家重点实验室的建设、调整与撤销，要经过的上级主管部门批准。

第十三条　实验室的建设与发展规划，要纳入学校及事业总体发展规划，要考虑环境、设施、仪器设备、人员结构、经费投入等综合配套因素，按照立项、论证、实施、监督、竣工、验收、效益考核等“项目管理”办法的程序，由学校或上级主管部门统一归口，全面规划。

第十四条　实验室的建设要按计划进行。其中，房舍、设施及大型设备要依据规划的方案纳入学校基本建设计划；一般仪器设备和运行、维修费要纳入学校财务计划；工作人员的配备与结构调整要纳入学校人事计划。

第十五条　实验室建设经费、要采取多渠道集资的办法。要从教育事业费、基建费、科研费、计划外收入、各种基金中划出一定比例用于实验室建设。凡利用实验室进行有偿服务的，都要将收入的一部分用于实验室建设。

第十六条　有条件的高等学校要积极申请筹建开放型的国家重点实验室、重点学科实验室或工程研究中心等实验室，以适应高科技发展和高层次人才培养的需要。

第十七条　高等学校应通过校际间联合，共同筹建专业实验室或中心实验室。也可以同厂企业、科研单位联合，或引进外资，利用国外先进技术设备，建立对外开放的实验室。

第十八条　凡具备法人条件的高等学校实验室，经有关部门的批准，可取得法人资格。

第四章　体　　制

第十九条　高等学校实验室工作，由国家教育委员会归口管理。省、自治区、直辖市、国务院有关部委的教育主管部门负责本地区或本系统高等学校实验室工作。

第二十条　高等学校应有一名校（院）长主管全校实验室工作并建立或确定主管实验室工作的行政机构（处、科）。该机构的主要职责是：

（一）贯彻执行国家有关的方针、政策和法令，结合实验室工作的实际，拟定本规程的实施办法；

（二）检查督促各实验室完成各项工作任务；

（三）组织制定和实施实验室建设规划和年度计划，归口拟定并审查仪器设备配备方案，负责分配实验室建设的仪器设备运行经费，并进行投资效益评估；

（四）完善实验室管理制度。包括：实验教学、科研、社会服务情况的审核评估制度；实验室工作人员的任用、管理制度；实验室在用物资的管理制度；经费使用制度等；

（五）主管实验室仪器设备、材料等物资，提高其使用效益；

（六）主管实验室队伍建设。与人事部门一起做好实验室人员定编、岗位培训、考核、奖惩、晋级职务评聘工作。

规模较大的高校，系一级也可设立相应的实验室管理岗位或机构。

第二十一条　高等学校实验室逐步实行以校、系管理为主的二级管理。规模较大、师资与技术力量较强的高校、也可实行校、系、教研室三级管理。

第二十二条　实验室实行主任负责制。高等学校实验室主任负责实验室的全面工作。

第二十三条　高等学校可根据需要设立实验室工作委员会，由主管校长、有关部门行政负责人和学术、技术、管理等主面的专家组成。对实验室建设、高档仪器设备布局科学管理、人员培训等重大问题进行研究、咨询，提出建议。

第五章　管　　理

第二十四条　实验室要做好工作环境管理和劳动保护工作。要针对高温、低温、辐射、病菌、毒性、激光、粉尘、超净等对人体有害的环境，切实加强实验室环境的监督和劳动保护工作。凡经技术安全的环境保护部门检查认定不合格的实验室，要停止使用，限期进行技术改造，落实管理工作。待重新通过检查合格后，才能投入使用。

第二十五条　实验室要严格遵守国务院颁发的《化学危险品安全管理条例》及《中华人民共和国保守国家秘密法》等有关安全保密的法规的制度，定期检查防火、防爆、防盗、防事故等方面安全措施的落实情况。要经常对师生开展安全保密教育，切实保障人身和财产安全。

第二十六条　实验室要严格遵守国家环境保护工作的有关规定，不随意排放废气、废水、废物、不得污染环境。

第二十七条　实验室仪器设备的材料、低值易耗品等物资的管理，按照《高等学校仪器设备管理办法》、《高等学校材料、低值易耗品管理办法》、《高等学校物资工作的若干规定》等有关法规、规章执行。

第二十八条　实验室所需要的实验动物，要按照国家科委发布的《实验动物管理条例》，以及各地实验动物管理委员会的具体规定，进行饲育、管理、检疫和使用。

第二十九条　重点高等学校综合性开放的分析测试中心等检测实验室，凡对外出具公证数据的，都要按照国家教委及国家技术监督局的规定，进行计量认证。计量认证工作先按高校隶属关系由上级主管部门组织对实验室验收合格后部委所属院校的实验室，由国家教委与国家技术监督局组织进行计量认证；地方院校的实验室，由各地省政府高校主管部门与计量行政部门负责计量认证。

第三十条　实验室要建立和健全岗位责任制。要定期对实验室工作人员的工作量和水平考核。

第三十一条　实验室要实行科学管理，完善各项管理规章制度。要采用计算机等现代化手段，对实验室的工作、人员、物资、经费、环境状态信息进行记录、统计和分析，及时为学校或上级主管部门提供实验室情况的准确数据。

第三十二条　要逐步建立高等学校实验室的评估制度。高等学校的各主管部门，可以按照实验室基本条件、实验室管理水平、实验室效益、实验室特色等方面的要求制定评估指标体系细则，对高等学校的实验室开展评估工作。评估结果作为确定各高等学校办学条件和水平的重要因素。

第六章　人　　员

第三十三条　实验室主任要由具有较高的思想政党觉悟，有一定的专业理论修养，有实验教学或科研工作经验，组织管理能力较强的相应专业的讲师（或工程师）以上人员担任。学校系一级以及基础课的实验室，要由相应专业的副教授（或高级工程师）以上的人员担任。

第三十四条　高等学校的实验室主任、副主任均由学校聘任或任命；国家、部门或地区的实验室、实验中心的主任，副主任，由上级主管部门聘任或任命。

第三十五条　实验室主任的主要职责是：

（一）负责编制实验室建设规划和计划，并组织实施和检查执行情况；

（二）领导并组织完成本地规程第二章规定的实验室工作任务；

（三）搞好实验室的科学管理，贯彻、实施有关规章制度；

（四）领导本室各类人员的工作，制定岗位责任制，负责对本室专职工作人员的培训及考核；

（五）负责本室精神文明建设，抓好工作人员和学生思想政治教育；

（六）定期检查、总结实验室工作，开展评比活动等。

第三十六条　高等学校实验室工作人员包括：从事实验室工作的教师、研究人员、工程技术人员、实验技术人员、管理人员和工作。各类人员要有明确的职责分工。要各司其职，同时要做到团结协作，积极完成各项任务。

第三十七条　实验室工程技术人员与实验技术人员的编制，要参照在校学生数，不同类型学校实验教学、科研工作量及实验室仪器设备状况，合理折算后确定。有条件的学校可以进行流动编制。

第三十八条　对于在实验室中从事有害健康工种的工作人员，可参照国家教委(1988)教备局字008号文件《高等学校从事有害健康工种人员营养保健等级和标准的暂行规定》，在严格考勤记录制度的基础上享受保健待遇。

第三十九条　实验室工作人员的岗位职责，由实验室主任根据学校的工作目标，按照国家对不同专业技术干部和工作职责的有关条例定及实施细则具体确定。

第四十条　实验室各类人员的职务聘任、级别晋升工作，根据实验室的工作特点和本人的工作实绩，按照国家和学校的有关规定执行。

第四十一条　高等学校要定期开展实验室工作的检查、评比活动。对成绩显著的集体和个人要进行表彰和鼓励，对违章失职或因工作不负责任造成损失者，提行批评教育或行政处分，直至追求法律责任。

第七章　附　　则

第四十二条　各高等学校要根据本规程，结合本校实际情况，制定各项具体实施办法。

第四十三条　本规程自发布之日起执行。教育部一九八三年十二月十五日印发的《高等学校实验室工作暂行条例》即行失效。

中华人民共和国国家教育委员会

一九九二年六月二十七日

附录Ⅲ

国家教育委员会关于加强高等学校实验室工作的意见

教备［1992］44号

1983年第一次全国高等学校实验室工作会议以来，由于各地区、各部门、各高等学校积极贯彻会议精神，加强领导，采取措施加速高等学校的实验室建设，取得了显著成绩。为教学、科研任务的完成，培养社会主义建设人才提供了有力保证。

但是，应该看到，目前高等学校实验室的状况还不能适应国家经济建设和教育事业发展的需要，还存在一些亟待解决的问题，主要表现在：

对高等学校实验室工作在新形势下的地位和作用认识不足，管理体制没有理顺，管理机构不健全；

教学实验室的建设与运行经费没有保障，基础课教学实验仪器设备陈旧，数量不足，出现了教学实验质量滑坡的趋势；

实验队伍人员老化，青年人思想不够稳定，专职技术人员编制不足，缺乏进一步调动现有专职工作人员积极性的有效措施；

实验室的管理方式比较落后，缺乏对人员、技术、环境和仪器设备等财产的归口综合管理，缺乏对投资效益的评估机制。“八五”计划期间，实验室工作方针是：深化改革，发挥效益，把实验室工作提高到一个新水平。为了实现这一目标，对高校实验室工作提出以下意见。

一、统一思想，提高认识，把实验室工作摆上重要的位置。

要加强各级领导对高等学校实验室工作地位和作用的认识。实验室建设是办好高校、培养合格人才的一项基础性工作。我们现在的高等教育，应着眼于21世纪，为我国四化建设培养高等专门人才，使他们各方面有较高的素养，有坚定正确的政治方向，有较高的科学文化素质，以适应社会主义经济建设和社会发展的需要。实验室在育人方面有其独特作用，不仅可以授人以知识和技术，培养学生动手能力与分析问题、解决问题的能力，而且影响人的世界观、思维方法和作风。现在的问题是，常常对实验教学的理解不全面，甚至仅仅理解为教学辅助手段。重书本、轻实验，重灌输、轻启迪，重业务、轻品德等旧的教育观影响实验教学功能的全面发挥，甚至把实验教学看成是可多可少、可有可无的工作环节，这是非常错误的。

实验室建设也是高等学校成为科学技术重要方面军的基本支柱。近代科技发展史表明：对经济建设有重大影响的发明，多数来自实验室；愈是现代科技愈是依靠科学实验来发展。我国近十年来高等教育事业发生“质”的变化的标志之一，就在于我国高等学校已成为发展我国科技的重要方面军。高等学校要想对我国科技进步继续做贡献，必须首先花大力气建设好实验室。

实验室建设除了育人和科研的功能以外，还应进一步发挥高校的社会职能，把科技成果转化为生产力，直接为经济建设作贡献。科技成果转化为生产力，涉及一系列应用于生产的再开发、技术咨询和人员培训，大量工作要依托实验室。有条件的实验室可以通过改革、挖掘潜力，力争为社会多做一点工作。在多数工作的过程中获得新思想、新信息和产业部门物质上的支持，也有利于学科和实验室自身的发展。

总之，要充分理解实验室的重要性，充分发挥其作用，把它作为办好大学的十分重要的环节来抓。

二、加强领导，理顺管理体制，健全管理机构。

实验室工作是综合性很强的工作，又是为多种工作打基础的工作，必须加强校一级的综合管理。除了重大事项由校领导集体研究决定以外，一定要有一名分管副校长主持日常领导工作。要理顺管理体制。根据这几年高校实验室和物资管理的经验，学校最好有一个实验室和物资工作的综合管理部门，协助主管校长抓好综合管理工作，并与有关部处的业务管理相协调。实验室逐步实行校、系两级管理体制，规模较大的院校，可按三级管理。

各省、自治区、直辖市、国务院有关部委、局、总公司的教育行政主管部门也要有相应的主管负责人和职能部门，归口管理高等学校的实验室工作。

三、认真做好实验室工作的“八五”计划，抓好计划的落实工作。

“八五”期间，高校实验室应区别不同情况，一方面继续抓充实、整顿和配套，同时要逐步把工作重点转到“发挥效益、提高水平”上来。要努力实现下述目标：

——所有高校的教学实验室，特别是基础课及专业基础课实验室，教学实验开出率应逐步达到90%以上。着重抓好400余所教学仪器配备较差、教学实验开出率差距较大的大专院校，使其尽快具备基本合格的办学条件。

——要积极采用现代技术设备，有计划地对过于陈旧落后的教学仪器进行更新。对使用期超过十五年以上的教学仪器进行逐一鉴定，制订更新或留用计划。——制订基本教学实验的工作规范，开展质量普查，力争“八五”后期乃至更长一点时间，教学实验的师资、用房、仪器套数、教学文件资料及有关管理制度能配套，达到规定要求。

——在国家计划支持下，现建设一批国家重点实验室和重点学科实验室。已建好的重点实验室要进一步完善制度，面向全国。

——普遍推广开放实验室的经验，促进各级各类实验室开放进一步提高实验室仪器设备的使用效益。

——建立实验室技术开发和实验室工作的评估、培训考核等制度，提高实验室工作人没的思想素质各业务素质，做到基本适应现代教学和现代科技工作的需要。要加强全校实验室的统筹布局。要对实验室建制进行整顿，优化加强和发展学生受益面最大的实验室、最基本的实验项目和最基本的教学仪器。基本条件还不具备的实验室，原则上不应配置高档设备。要做到教师、实验技术人员、房屋、仪器、家具、运行经费和管理制度的综合配套，尽快达到设计的工作能力。重大项目的确定，必须经过严格的论证程序，才能签批，以避免大的失误。

四、重视和加强实验室工作队伍的建设。

提高实验室的效益和水平，关键在于提高队伍的素质，特别是骨干教师和技术人员的素质。

1. 要根据任务的变化合理定理定编。不同类别高等学校教学实验室中的工程技术与实验室技术人员要按承担的教学工作量合理配置，承担科研任务的实验室，要在专职科研编制时划出实验技术人员编制数。

2. 要试行固定编制与流动编制相结合的用工制度。流动编制可以是编制内的（既定编不定人部分）；也可以是编制外的（科研任务急需而临时增加部分）。但对编制外聘请人员要解决流动编制的经费来源，允许从有关基金中支付流动人员工资、福利及奖酬金。

3. 实行严格的聘任制。首先建立实验室工作人员的岗位规范，其次要有科学的考评办法，第三，按照考核结果实行奖罚和聘任。只有实行严格的聘任制度，才能调动起这支队伍的积极性。高等学校可对实验室工作人员试行岗位补贴，并对成绩显著的优秀人员政策性奖励等改革措施。

4. 奖励实验技术优秀成果。为了正确评价成果的价值，充分肯定和鼓励实验室工作者的实验技术工作的积极性，各类高等学校可设立实验技术成果奖或教学成果、科技进步成果予以鼓励。在“八五”期间，各院校、省、部委都要逐步开展这一工作。

5. 抓好实验室工作人员的培训。要将增人计划列入学校人事计划，有计划分批引进，形成合理的梯队。培训主要采取岗位培训，结合专业听课，专业证书班，业大、电大学习来进行，少部可以安排脱产进修，重点培养。

6. 要把专业技术职务评聘工作经常化。根据实际岗位及不同情况，高等学校实验室中的专业技术人员，可以评聘工程技术系列专业职务，也可以评聘实验技术系列职务。力争“八五”期间，全国高校实验室里高级工程技术人员的比例有较大的提高。

五、加强教学仪器经费的投入，并建立多渠道的机制，促进实验室的发展。

1. “八五”期间，要力争教学仪器设备费的投入有所增加，教育事业费中的教学仪费、基建投资中的设备费及教学设备的专项拨款要有所增加。同时争取专项外资贷款建立一批教学实验室和科研实验室。今后，高校征收的学杂费中应有一部分用于改善教学仪器和设施。

2. 适当增加科研经费中用于设备的比重。要按照高校类型和科研任务的不同情况，将科研经费中的一定比例有计划地用于设置仪器设备。

3. 高校社会服务的收入应有一定比例反馈到实验室。高校中社会服务和技术开发，很多都是以实验室为依托的，一部分收入应当反馈到实验室，才能有利于实验室及社会服务的长期稳定地发展。

4. 提高实验室的自我发展能力。在完成规定的教学或科研任务的基础上，通过改革挖掘潜力，增加对社会的服务，所获得的收入可以增强自我改善的能力。这是搞活实验室工作的一个重要途径。

六、加强对实验室的管理，建立和健全各项规章制度，逐步实现管理的科学化、规范化和标准化。各级教育主管部门和高等学校，要从实际出发，贯彻执行国家教委制订的《高等学校实验室工作规程》、《高等学校仪器设备管理办法》等制度，并制订具体的实施细则，使管理工作制度化。

七、继续开展实验室管理和技术物资供应等方面的理论研究。充分发挥高等学校学校实验室工作研究会这个学术团体的作用，促进高等学校的实验室工作朝着科学化、标准化、规范化的目标发展。

以上意见，请各教育主管部门和学校，结合实际情况，采取切实措施执行，并将执行中的经验和问题随时报我委。

中华人民共和国国家教育委员会

一九九二年七月四日

附录Ⅳ

高等学校基础课教学实验室评估办法

教备［1995］33号

根据《高等学校实验室工作规程》（国家教育委员会令第二十号），要逐步建立高等学校实验室的评估制度的要求，特制定本办法。

一、评估的目的

推动高等学校基础课（含技术基础课或专业基础课）教学实验室的建设，在设置、教学、设备、环境、队伍、制度等方面普遍达到基本条件和要求，改善实验教学手段，加强实验室的规范化管理，提高实验教学水平和投资效益，更好地为培养合格人才服务。

二、评估范围

适用于基础课与基本训练的实验室（含基础课或专业基础课）。

三、评估标准及应用

本评估标准是基础课（含技术基础课或专业基础课）教学实验室条件合格评估标准，教学质量和实验室水平评估规范应按有关规定进行。评估标准的体系分为6项39条目。其中重点条目（带*号）19条，一般条目20条。每条有评估内容、评估标准、评估方式、自评、评估、记事等栏目。“自评”是指各高校自己评估的结论，“评估”是指上级主管部门评估的结论，“记事”是记录该条目特色或不合格的主要差距等内容。评估要按各条目逐条评估，所有评估条目全部合格的，该实验室即为评估合格。如有一条重点条目或累计四条以下一般条目不合格的实验室，二个月内整改后可请评估组的二位专家复核。如有二条重点条目或累计五条一般条目不合格的，即为不合格实验室，需要认真整改，待下一年度重新申请评估。评估合格有效期为五年。

四、实施办法

（一）自行评估

各高校根据《高等学校基础课教学实验室评估标准》（以下简称标准）规定的各条标准组织自评；

（二）地区评估

学校自评合格的实验室由学校提出申请报请省、自治区、直辖市教委、高考局、教育厅组织地区评估；国务院有关部委所属高校，可在地区评估之前，组织本系统所属高校进行实验室评估工作；但必须按所在省、自治区、直辖市参加地区评估；地区评估的面不少于各高校应评估实验室总数3/4；评估合格的实验室，由省、自治区、直辖市教委、高教局、教育厅颁发合格证书，并报国家教委备案；国家教委根据全国各地的进展不定期组织抽查。

（三）国家教委评估

对于争取进入211工程的高校基础课（含技术基础课或专业基础课）教学实验室，在参加地区评估合格后，由学校提出申请报请国家教委组织评估验收。国家教委采取抽样方式评估，抽样数量不少于应评估数的1/4。评估结果向社会公布。

（四）操作办法

1. 评估组由5人组成。其中专职教师3人，管理专家2人。设组长1人，副组长1人。

学校自评的评估组在学校领导授权后，一般可由实验室主管处牵头设立；地区评估的评估组，由各省、自治区、直辖市教委、高教局、教育厅负责组建；国家教委的评估组由国家教委条件装备司牵头组建。

2. 评估采取现场实地考核评估方式，学校提供有关资料和数据，每位评估专家按照“标准表”上的内容逐条进行评审（听、问、考、查），然后逐条汇总5位评估专家的“标准表”，进行统计、审议，确定合格条目数。并写出实验室评估结论意见书。高等学校基础课（含技术基础或专业基础课）教学实验室，评估意见书格式附后。

3. 评估汇总资料及结论意见书，学校自评的由实验室主管处负责存档管理；地区评估的由省级教育行政部门负责存档管理。作为学校总体办学条件的重要内容，提供给有关部门使用或向社会公布。

中华人民共和国国家教育委员会

一九九五年七月六日

• 附件

高等学校基础课教学实验室评估标准

学校名称________ 实验室名称________ 实验室主任________

自评组组长签字________ ________年____月____日

评估组组长签字________ ________年____月____日

一、体制与管理

序号	评估内容	评估标准	评估方法	自评	评估	记事
1-1*	实验室的建立	实验室的建立经过学校的正式批准或认可	查阅学校批准文件或认可文件，有文件记Y，无文件记N。			
1-2*	管理机构	实验室有主管的处（科），有主管校长。主管处（科）能结合实际贯彻《高等学校实验室工作规程》（以下简称规程）第二十条规定的六项主要职责。	查阅学校文件和有关管理资料，确认有主管机构和主管校长，能贯彻记Y，无文件记N。			

续表

序号	评估内容	评估标准	评估方法	自评	评估	记事
1-3	建设计划	实验室有建设规划或近期工作计划	查阅学校建设规划或近期工作计划文件中有无实验室建设的内容。有记 Y，无记 N。			
1-4	体制	实验室实行校（院）系两级管理体制	现场调查实验室的管理体制，查看校级文件，属于校（院）、系级管理的记 Y，无文件记 N。			
1-5	管理手段	实验室基本信息和仪器设备信息实现了计算机管理	查阅实验室或主管机构的计算机管理的数据库文件确认。实现的记 Y，无文件的记 N。			

二、实验教学

序号	评估内容	评估标准	评估方法	自评	评估	记事
2-1	教学任务	有教学大纲或教学计划，实验室承担的教学任务饱满，达到每学年不低于 9 个教师的教学工作量，培训 50 名学生，即不低于 64800 人时数。4×9×36×50	查阅本门课程教学大纲或教学计划对本室所开实验的要求，查阅上年度对学生实验人时数的记录。达到的记 Y，不达到的记 N。			
2-2*	教 材	有实验教材或实验指导书。	检查所开实验的实验教材或指导书，有的记 Y，没有的记 N。			
2-3*	实验项目管理	每个实验项目管理规范，记载有实验名称，面向专业，组数，主要设备名称、型号规格、数量，以及材料消耗额等 。	检查所开每个实验的卡片或教材、文字材料或计算机管理数据库文件 ，有的记 Y，没有的记 N。			
2-4	实验考试或考核	有考试或考核办法，并具体实施。	检查实验考试或考核办法，学生的试卷成绩记录。有的记 Y，没有的记 N。			
2-5	实验报告	有原始实验数据记录，教师签字认可，有实验报告。	抽查三个组的实验的原始数据记录及经批改的三份实验报告。有的记 Y，没有的记 N。			
2-6	实验研究	有实验研究和成果	检查实验研究（含实验教学法、实验技术、实验装置的改进）的计划、设计、总结。有的记 Y，没有的记 N。			
2-7*	每组实验人数	基础课达到 1 人 1 组，技术基础课 2 人 1 组。某些实验不能 1 人（或 2 人）完成的，以满足实验要求的最低人数为准，要保证学生实际操作训练任务的完成。	抽查两周实验课表及实验使用仪器套数计算。达到的记 Y，达不到的记 N。			

三、仪器设备

序号	评估内容	评估标准	评估方法	自评	评估	记事
3-1*	仪器设备管理	仪器设备的固定资产账、物、卡相符率达到100%	抽查20台（件），其中以物对卡10台（件），以卡对物10台（件），仪器设备分类号、名称、型号、校编号等，完全正确的记Y，达不到的记N。			
3-2*	低值耐用品管理	单价低于500元的低值耐用品的账、物相符率不低于90%。	抽查10件，账（卡）物核对，其名称、规格、型号、价格等，差错不得超过1件达到的记Y，达不到的记N。			
3-3	仪器设备的维修	仪器设备的维修及时。	检查仪器设备损坏维修的原始记录本，维修及时的记Y，不及时的记N。			
3-4	仪器设备的完好率	现有仪器设备（固定资产）完好率不低于80%。	抽查5台不同类型仪器设备的3项主要性能指标，不能正常工作的不超过一台，达到的记Y，达不到的记N。			
3-5	精密、大型仪器设备的管理	单价5万元以上的仪器设备（计量、校验设备项除外）要有人管理和技术档案，每台年使用机时不低于400学时。	检查管理人员名单，报表、技术档案及开机使用的原始记录，达到的记Y，达不到的记N。无此项的记0。			
3-6	仪器设备的更新	仪器设备更新率达到以下要求： $G=\frac{\text{近十年该类新品种仪器设备的台件数}}{\text{该类仪器设备总台件数}}\times 100\%$ 机电类(04000000)$G>30\%$； 电子类(03190000，03020000，05000000)$G>75\%$； 计算机类(05010100，05010200，05010300)$G>90\%$。	由计算机数据库中调出统计计算，按《高等学校仪器设备分类编码手册》的类别计算，达到的记Y，达不到的记N。			
3-7	教学实验常规仪器配置套数	每个实验项目的常规仪器配置套数不低于5套(大型设备及系统装置除外)。	抽查5个实验项目的常规仪器，确认每个实验项目均达到5套，达到的记Y，达不到的记N。			

四、实验队伍

序号	评估内容	评估标准	评估方法	自评	评估	记事
4-1*	实验室主任	实验室主任由学校按规定任命或聘任，有高级技术职务，能认真贯彻《规程》第三十五条规定的实验主任六项主要职责。	检查学校任命或聘任文件，是否实行了主任负责制，考察实验室主任工作情况的资料、记录。符合的记 Y，不符合记 N。			
4-2*	专职人员	实验室专职技术职务人员有 3 人以上，以满足工作需要，具体人数视学校定编。	由计算机管理数据库中调出分析，或实际考察确认，达到的记 Y，达不到的记 N。			
4-3	人员结构	专职人员中，高级技术职务人员要占 20%以上。	由计算机管理数据库中调出分析，或实际考察确认，达到的记 Y，达不到的记 N。			
4-4	教学与实验技术人员的比例	参加实验教学的教师要比实验室专职人员多 2 倍。	由计算机管理数据库中调出分析，或实际考察确认，达到的记 Y，达不到的记 N。			
4-5*	岗位职责	实验室主任、技术人员和工人有岗位职责及分工细则，专职技术人员，每人有岗位日志。	检查实验室岗位职责文件，现场考察人员分工及落实情况，达到的记 Y，达不到的记 N。			
4-6*	人员的考核	实验室有对专职人员和兼职人员的具体考核办法和定期考核材料。	检查考核办法（文件）和考核材料，（表格和记录），有的记 Y，没有的记 N。			
4-7	人员的培训	实验室有培训计划，并落实到专职人员。	检查近 1～2 年培训计划及执行情况。有的记 Y，没有的记 N。			
4-8	实验指导教师	对本学年首次开的实验要求指导教师试做，对首次上岗指导实验的教师有试讲的要求。	检查实验室文件，考察执行情况，有的记 Y，没有的记 N。无此项内容的记 0			

五、环境安全

序号	评估内容	评估标准	评估方法	自评	评估	记事
5-1*	学生实验用房	实验室无破损，无危漏隐患，门、窗、玻璃、锁、搭扣完整无缺，墙面脱落及污损直径不超过3厘米，实验课上每个学生实际使用面积不低于两平方米，实验台、凳、架无破损，符合规范。	现场考察、检查有实验室课的实验室使用面积和容纳学生实验人数计算，达到的记Y，达不到的记N。			
5-2*	设施及环境	实验室的通风、照明、控温度等设施完好，能保证各项指标达到设计规定的标准。电路、水、气管道布局安全、规范。	按国家的有关标准在实验室现场考察，达到的记Y，达不到的记N。			
5-3*	安全措施	实验室有防火、防爆炸、防盗、防破坏的基本设备和措施。实验操作室、办公室、值班室要分开，实验室及走廊不得存放自行车及生活用品。	检查消防器材和四防措施，检查实验室与办公室、值班室是否分开，达到的记Y，达不到的记N。			
5-4*	特殊技术安全	1. 高压容器存放合理，易燃与助燃气瓶分开放置，离明火10米以外；2. 使用放射性同位素的有许可证、上岗证；3. 使用有害射线的有超剂量检测手段；4. 对病菌、实验动物有管理措施；5. 对易燃、剧毒物品有领用管理办法。	实际考察证件、文件，有该项内容的应达到要求，缺一不可，符合的记Y，不符合的记N，无此项内容的记0。			
5-5	环境保护	实验室有三废（废气、废液、废渣）处理措施，噪音少于70分贝。	实际考察有措施，符合实际，基本合理，不造成公害，达到的记Y，达不到的记N。			
5-6*	整洁卫生	与实验室无关的杂物清理干净。实验室家具、仪器设备整齐；桌面、仪器无灰尘；地面无尘土，无积水，无纸屑，无烟头等。室内布局合理，墙面、门窗、天花及管道、线路、开关板上无积灰尘及蜘蛛网等。	现场实际考察实验室及室外走廊等处，符合的记Y，不符合的记N。			

六、管理规章制度

序号	评估内容	评估标准	评估方法	自评	评估	记事
6-1*	物资管理制度	实验室有仪器设备的管理制度；仪器设备损坏、丢失赔偿制度；低值耐用品管理办法；有精密仪器、大型设备使用管理办法(或执行学校的办法)。	现场实际考察，前三项应挂在墙上或放在明显处，有的记 Y，不全的记 N。			
6-2*	安全检查制度	实验室有安全制度，成文挂在墙上，并有专人定期进行安全检查的制度。	检查有无安全制度和专人定期检查记录，有的记 Y，不全的记 N。			
6-3	学生实验守则	实验室有学生守则，学生能遵守。	查有无守则，并现场调查 1～2 名学生，确定 Y 或 N。			
6-4	工作档案管理制度	实验室建立工作档案管理制度并实施。	检查有无制度及近一、二年实验室工作档案，如人员工作和考核记录、设备运行与维修等档案资料，有制度，实施的记 Y，否则记 N。			
6-5*	人员管理制度	有各类人员岗位责任制度，培训、考核、晋升、奖惩制度或执行学校的制度。	有制度记 Y，无制度记 N。			
6-6	基本信息的收集整理制度	实验室的任务，实验教学，人员情况等基本信息有收集、整理、汇总上报制度。	检查实验室基本信息统计是否有制度，是否连续、全面；检查制度执行情况。有制度，实施的记 Y，否则记 N。			

附录Ⅴ

关于印发《高等学校仪器设备管理办法》的通知

教高［2000］9号

各省、自治区、直辖市教委（教育厅）、部属高等学校：

为了进一步加强对高等学校仪器设备的管理，提高使用效益，使其更好地为教学、科研服务。教育部在广泛征求意见的基础上，组织了对1984年原国家教委颁布的《高等学校仪器设备管理办法》的修定工作。

现将修定后的《高等学校仪器设备管理办法》印发给你们，请遵照执行，并请将实施过程中出现的问题和意见及时反馈给我部高教司。

中华人民共和国教育部

二〇〇〇年三月二十一日

• 附件

高等学校仪器设备管理办法

第一章　总　　则

第一条　为了加强对高等学校仪器设备的管理，提高其使用效益，根据《行政事业单位国有资产管理办法》、《高等学校实验室工作规程》的有关规定，制定本办法。

第二条　学校要在统一领导、归口分级管理和管用结合的原则下，由一位校（院）长分管仪器设备工作，并结合学校的具体情况，确定学校仪器设备的管理体制，明确机构和职责。

第三条　学校的仪器设备均为学校财产，对各种渠道购置、经营或非经营型的仪器设备应按照统一规定管理。仪器设备根据价格、性能等因素分别确定为部、省、校、院、系级管理。

学校配备仪器设备要实行优化配置的原则，要根据本校的实际，制定仪器设备申请、审批、购置、验收、使用、保养、维修等的管理制度，实行岗位责任制，充分发挥仪器设备的使用效益。

第四条　学校采购仪器设备，要做到力争优质低价，防止伪劣产品流入学校。进口仪器设备，到货后要在索赔期内完成验收工作，不合格的要及时提出索赔报告。

所购仪器设备在校级主管设备的部门入账后，财务部门方可予以报销，做到各部门仪器设备账物相符。管理范围的价格起点与财政部规定的固定资产价格起点一致。

第五条　仪器设备在使用中要保持完好率，根据需要做到合理流动，实行资源共享，杜绝闲置浪费、公物私化。仪器设备的调拨、报废必须按照有关规定，经技术鉴定和主管部门审批（备案）。有关收入交学校按照财务管理规定执行。

第六条　学校要对仪器设备的资料建立档案，实施计算机管理。对仪器设备的种类、数量、金额、分布及使用状况经常进行分析、研究和汇总，并按有关规定如期、准确上报各类统计数据。要加强校内、外网络资源建设，逐步做到有关数据网上传输，充分利用现代化手段实现对仪器设备的资源共享和科学化管理。

第七条　学校仪器设备的管理，必须贯彻勤俭办学的方针，从本校的实际出发，充分挖掘现有仪器设备潜力，重视维修、功能开发、改造升级、延长寿命的工作。学校要积极鼓励自制新型教学、科研仪器设备，经技术鉴定合格后登记入账。

第八条　学校从事仪器设备工作的人员，应具有相应的专业知识水平和业务能力，管理人员应具备相应的管理知识。学校要重视仪器设备工作人员队伍的建设，提供各种参加培训、研讨、考察活动的机会。对在实验技术方面作出成绩并取得成果的人员应给予奖励。要制定行之有效的业务考核及技术等级晋升办法，使他们热爱本职工作，努力提高业务及管理水平。

第二章　贵重仪器设备的购置

第九条　单价在人民币10万元（含）以上的仪器设备为贵重仪器设备。

第十条　教育部所管的贵重仪器设备范围。

1. 单价在人民币40万元（含）以上的仪器设备；

2. 单台（件）价格不足40万元，但属于成套购置或需配套使用，整套在人民币40万元（含）以上的仪器设备；

3. 单价不足人民币40万元，但属于国外引进、教育部明确规定为贵重、稀缺的仪器设备。

各省级教育行政部门和各高等学校可根据实际情况，明确各自所管贵重仪器设备的范围。

第十一条　高等学校应根据教育事业和学科的发展规划，合理制定仪器设备的购置方案。

1. 购置仪器设备的可行性论证报告

（1）仪器对本校、本地区工作任务的必要性及工作量预测分析（属于更新的仪器设备要提供原仪器设备发挥效益的情况）；

（2）所购仪器设备的先进性和适用性，包括仪器设备适用学科范围，所选品牌、档次、规格、性能、价格及技术指标的合理性；

（3）欲购仪器设备附件、零配件、软件配套经费及购后每年所需不低于购置费6%的运行维修费的落实情况；

（4）仪器设备工作人员的配备情况；

（5）安装场地、使用环境及各项辅助设施的安全、完备程度；

（6）校、内外共用方案；

（7）效益预测及风险分析。

2. 仪器设备的审批程序

(1) 校内申请单位提交可行性论证报告；

(2) 校级主管部门根据具体情况组织相关学科专家及学校有关人员对可行性报告进行论证，提出具体意见；

(3) 报主管校（院）长审批；

(4) 教育部及省级教育行政部门所管的仪器设备，必要时由教育部及省级教育行政部门组织同行专家进行评审。

第十二条　高等学校要建立切实可行的仪器设备购置和监督机制，实施公开招标或集团采购等方式，在节约学校经费的同时确保所购仪器设备的质量。

第三章　贵重仪器设备的使用和管理

第十三条　各校购置仪器设备，要选择能明确完善仪器设备安装、调试、验收、索赔、保修，并能随时提供零配件的公司或厂家，保证所购仪器设备符合所需要的技术指标，并在验收合格后，能在可用期内正常运转。

第十四条　仪器设备要逐台建立技术档案，要有使用、维修等记录。要按照国家技术监督局有关规定，定期对仪器设备的性能、指标进行校检和标定，对精度和性能降低的，要及时进行修复。

第十五条　高等学校仪器设备要实行专管共用、资源共享。各机组要在完成本校教学、科研任务的同时，努力开展对社会各单位的协作咨询、分析测试、培训等技术服务工作。要在开展校内、校际和跨部门协作共用的同时，积极培训能独立操作仪器设备的人员，并建立岗位责任制度，努力提高仪器设备使用率。要尽量使用外单位已有的仪器设备，避免出现区域性仪器设备的重复购置。

第十六条　高等学校使用仪器设备的收费标准应根据不同情况有所区别。

学校对内教学使用仪器设备不得收费，科研使用仪器设备可收取部分机时费。学校仪器设备对外服务应按有关规定收取机时费，所收经费由学校主管部门统一管理。学校主管部门将其中大部分经费返还有关实验室，实验室应根据学校、省级、国家级主管部门制定的相关管理办法，将返还的经费用于补偿仪器设备的运行、消耗、维护、维修及支付必要的劳务费用。

第十七条　仪器设备一般不准拆改和解体使用。确因功能开发、改造升级或研制新产品需拆改解体时，应经学校主管设备的部门批准。

第十八条　仪器设备配备人员的数量和结构层次，应以能保证仪器设备的正常运转和充分发挥效益为原则。

仪器设备的使用、维修、管理人员必须经过培训和考核，实行“持证上岗制”，并建立相应的岗位责任制和管理办法。

第四章　贵重仪器设备的报损和报废

第十九条　因技术落后、损坏、无零配件或维修费过高确需报废的仪器设备，要根据《行政事业单位国有资产处置管理实施办法》及时报损报废。

学校仪器设备报废工作按照国家有关规定进行。

1. 学校仪器设备所属单位提交报废申请；

2. 学校主管部门组织有关专家审议，提出技术鉴定报告和意见；

3. 报主管校（院）长审批；

4. 根据国家有关规定报主管部门审批或备案。

第二十条　报废仪器设备收回的残值，应根据《高等学校财务制度》、《高等学校会计制度（试行）》，纳入学校年度设备经费。

第五章　贵重仪器设备的考核与奖惩

第二十一条　高等学校仪器设备的使用和管理要实行考核制度。

1. 每年年终，由学校院、系（所、中心）根据《高等学校贵重仪器设备效益年度评价表》，对部管仪器设备进行自考核工作，对校管仪器设备的考核范围和内容可做适当调整；

2. 学校主管部门组织检查、核实，并向全校公布；

3. 教育部每年公布部管仪器设备（03 类）使用情况，并不定期组织检查和评估工作；

4. 省级教育行政部门自定每年检查所管仪器设备使用情况的办法。

第二十二条　高等学校仪器设备的使用和管理要实行奖惩制度。对在申请购置、使用管理、保养维修、技术改造等各项工作中成绩优秀的机组和个人，学校应及时予以奖励；对严重失职者要依情节轻重，依法追究当事人及负责人的责任。

第六章　附　　则

第二十三条　各省级教育行政部门、高等学校应根据本办法，结合本地区、学校的实际情况，制定仪器设备的管理办法。

第二十四条　属于财政部规定的固定资产起点线以下的，属高等学校材料、低值、易耗品的管理工作，各高校可根据有关文件精神，结合当前实际状况，自行制定管理办法。其中对于学校化学危险品的管理工作，要严格按照《关于加强高等学校实验室危险品管理工作的通知》文件精神进行管理。

第二十五条　本办法自 2000 年 4 月 1 日起开始施行。

附录Ⅵ

教育部关于印发《高等学校贵重仪器设备年度效益评价表》的通知

教高司条函［2000］010号

各省、自治区、直辖市教育委员会（教育厅）：

教育部《高等学校仪器设备管理办法》已于2000年4月1日起正式颁布实施，请参照执行。

文件中强调了要对高等学校的贵重仪器设备加强管理，建立评价考核制度，提高贵重仪器设备的使用效益。为贯彻落实文件精神，现将《高等学校贵重仪器设备年度效益评价表》（附件一）及填表说明（附件二）印发给你们，请按照填表说明认真做好每年贵重仪器设备的评价考核工作，并根据要求适时将03类仪器设备的评价结果上报我司教学条件处。

中华人民共和国教育部高等教育司

二〇〇〇年四月十五日

• 附件一

高等学校贵重仪器设备年度效益评价表

（　　）学年度

学校名称：____________　　购置日期：____________
仪器所在单位：____________　　仪器编号：____________
仪器名称及规格型号：____________　　评价日期：____________
单价（人民币万元）：____________　　学校审核意见（签字盖章）：____________
仪器负责人：____________
电话：____________

序号	项目	权重	内容	数量	满分	评分标准		分项得分	小计	加权得分
1	机时利用	35%	有效机时		100	×100%				
			定额机时							
2	人才培养	20%	获得独立操作资格人员数		100	10 分/人				
			在指导下能独立完成部分测试的人员数			3 分/人				
			进行教学演示实验人员数			1 分/30 人				
3	科研成果	25%	国家、国际奖		100	80 分/项				
			省、部级奖			60 分/项				
			核心刊物			20 分/项				
4	服务收入	15%	校外服务收入		100	5 分/千元				
			校内服务收入							
5	功能利用与开发	5%	原有功能利用数		100	×100%	100%　60 分			
			原有功能数				≥80%　48 分 ≥60%　36 分 ≥40%　24 分 ≥20%　12 分 <20%　0 分			
			本年度新增加功能数			10 分/项				
合　计										

• 附件二

填表说明

一、范围

此评价体系适用于各类高等学校03、04类人民币10万元（含10万元）以上通用和专用仪器设备，对具特殊用途的贵重仪器设备可进行单项或选项评价。

二、规定

此评价体系可评出优秀、良好、合格、不合格四类档次的仪器设备效益标准，共分五大项，14个数据项，仪器设备工作人员负责填写14个准确的数据项（空项则填零），交学校设备主管部门核对数据。核对无误后，计算得分。根据得分确定：

优秀设备：　　总分≥90分以上
良好设备：　　75分≤总分≤90分
合格设备：　　60分≤总分≤75分
不合格设备：　总分<60分

三、数据填写

（一）机时利用

1. 定额机时

03类仪器仪表：

通用设备：1400小时/年　公式＝7小时×5天×40周＝1400小时

专用设备：800小时/年　公式＝4小时×5天×40周＝800小时

04类机械类：800小时/年　公式＝4小时×5天×40周＝800小时

2. 有效机时：必要的开机准备时间＋测试时间＋必须的后处理时间

（二）人才培养

1. 获得独立操作资格人员数系指通过各种培训取得独立操作证书并经主管部门承认具有独立操作资格的人员数。

2. 在指导下能完成部分测试的人员数系指在仪器设备工作人员指导下能独立完成部分测试实验的人员数。

（三）科研成果

各类奖中包括同级的奖项、同级别的发明已授予的专利。

（四）服务收入

服务收入系指对校内、外的服务测试费，不包括本机组的科研费收入。

（五）功能利用与功能开发

1. 原功能数系指仪器设备本身原有的功能数。

2. 新增加功能系指自行研制开发，包括档次升级、技术改造及引进先进的软件功能等。

3. 利用数包括新增功能利用数。

即：功能利用数＝原功能利用数＋新增加功能利用数

四、数据审核办法

有效机时数	查使用记录
定额机时数	查本说明的三（一）1
获得独立操作资格人员数	查有关证件或考核审批记录
在指导下能独立完成部分测试人员数	查使用记录操作人员名单
教学演示实验人员数	查演示实验记录
国家、国际奖	查本年度获奖证书
省、部级奖	查本年度获奖证书
校级奖	查本年度获奖证书
核心刊物	查本年度出版的刊物
校外服务收入	查本年度财务收入账证明
校内服务收入	查本年度财务收入账证明
原有功能利用数	查实验内容记录
原有功能数	查仪器设备说明书
本年度新增加功能数	看本年度新增加功能演示

附录Ⅶ

关于加强高等学校本科教学工作提高教学质量的若干意见

教高〔2001〕4号

随着我国进入全面推进社会主义现代化建设的新阶段，以高质量的高等教育迎接新世纪的挑战，培养数以千万计的专门人才，是增强我国综合国力、完成“十五”计划各项奋斗目标的重要保证。高等学校要以江泽民同志“三个代表”重要思想为指导，努力促进先进生产力和先进文化的发展，不断满足人民群众日益增长的教育需求，把提高教育质量放在更加突出的重要位置，实现我国高等教育的可持续发展。为切实加强高等学校本科教学工作和提高教学质量，特提出意见如下：

一、充分认识教学工作的重要地位

高等学校的根本任务是培养人才，教学工作始终是学校的中心工作。近几年来，我国高等教育的改革与发展取得重大进展，特别是本科教育的规模迅速扩大，随着社会主义市场经济体制的完善和经济结构的战略性调整，社会各方面都对高等教育人才培养的质量提出了新的更高的要求。本科教育是高等教育的主体和基础，抓好本科教学是提高整个高等教育质量的重点和关键。当前，必须高度重视高等教育的质量建设，把加强本科教学工作列入重要工作日程。

各级教育行政部门要把教育质量特别是本科教育质量作为评价和衡量高等学校工作的重要依据。高等学校要处理好新形势下规模与质量、发展与投入、教学与科研、改革与建设的关系，牢固树立人才培养的质量是高等学校生命线的观念，学校党政一把手作为教学质量的第一责任人要亲自抓教学质量，定期召开教学工作会议，及时研究解决本科教学工作中的新情况、新问题，不断推进高等学校的观念创新、制度创新和工作创新，将本科教育质量提高到一个新水平。

二、进一步加大教学经费投入力度

省、自治区、直辖市教育行政部门要主动与同级政府有关部门沟通，在高等教育规模扩大的同时，增大对高等教育投入的力度，确保扩招后的高等学校生均教育事业费及时、足额到位。高等学校要在预算内增加教学经费，保证生均经费逐年有所增长，各项教学经费要达到并力争高于教育部制订的本科教学合格评估标准。学校学费收入中用于日常教学的经费一般不应低于20%，用以保障教学业务、教学仪器设备修理、教学差旅、体育维持等基本教学经费。学校要根据本校实际设立教学专项经费，加强对教学基础设施建设经费的投入，不断改善扩招后的办学条件。

教育部将定期检查并公布各高等学校教学经费投入情况。

三、大力提倡教授上讲台，加强本科基础课教学

高等学校提高教学质量的关键是要有大批优秀的教师工作在教学第一线。教授、副教授必须讲授本科课程。一般情况下，55 岁以下的教授、副教授原则上每学年至少为本科学生讲授一门课。如无特殊原因，连续两年不服从学校安排讲授本科课程的，可不再聘任其担任教授、副教授职务。

国家重点建设的高等学校要积极创造条件，鼓励院士和知名教授为本科生讲授基础课或开设专题讲座，一般院校也要从其他学校、科研机构聘请知名学者进行讲学，努力创造良好的学术氛围。

四、把教学工作质量作为教师职务聘任的重要标准

教师以育人为天职，教学工作的好坏是衡量教师工作的主要标准，也是考核教师工作和教师职务聘任的关键条件。在教师职务评聘中，实行教学考核一票否决权制。对于不主讲本科课程，或达不到本科教学基本工作量和质量要求的教师，不能聘任副教授或教授职务。对于教学效果较差、学生反映较大的教师，教务部门应根据有关规定暂停或取消其授课资格，并及时更换教师。

五、加强高校师德建设

高等学校教师的师德和教风，不仅直接关系到教学质量的高低，也对学生世界观、价值观、人生观的形成有着直接的影响。教师应具有高尚师德、优良教风和敬业精神，具有严谨的科学态度和高度的责任心。教师要把主要精力投入到人才培养和教学工作中，必须做到课前认真备课和准备教案，有条件的学校应通过网络等手段公布教学大纲和教学方案，学校教务部门要适时检查教师的教案和备课情况；教师要注重教学研究，重视教学内容和方法的改革，并通过教改研究不断提高自己的学术水平和业务水平。

六、建设一支适应高质量教学要求的中青年骨干教师队伍

提高本科教学的质量，必须把加强中青年教师队伍的建设放在重要位置。要逐步建立和完善国家、省市、高等学校三级教师培训制度，按计划、有目的地培训中青年教师，特别是承担基础课和公共基础课教学的中青年教师。对参加培训的中青年教师要颁发相应证书，并将培训情况记入教师业务档案，作为聘任岗位职务的重要依据。各高等学校要像重视培养学科带头人一样重视基础课中青年骨干教师的培养。

高等学校要大力吸引国内外优秀人才，充实教学第一线的工作。鼓励高校之间、高校与科研机构、企业的教学合作和有序的人才流动，鼓励派出优秀骨干教师到国外著名大学进行教学进修学习。

国家重点建设高等学校的本科课程主讲教师，一般应具有博士学位或讲师职务，其他高等学校的主讲教师一般应具有硕士学位或讲师职务。

七、切实加强学风建设，充分调动和发挥学生学习的积极性

优良校风、学风对学生起着潜移默化的作用，是保证教育质量的重要前提。高等学校要将学风建设作为教学工作的一项重要内容来抓。要针对新形势下学生的思想实际，加强大学生思想政治工作和文化素质教育，营造健康向上的校园文化，弘扬努力学习、刻苦拼搏的精神，引导学生树立正确的学习观、成才观、就业观。学校要排除社会不良风气的干扰，努力形成良好的育人环境。

健全和完善教学管理和学籍管理制度，要吸收学生参与教学管理和制度建设。要严明学习纪律，严格考试管理、严肃考场纪律、严格评分标准，坚决杜绝考试作弊现象。对于违反学校纪律的学生，要按照有关规定严肃处理。

八、积极推动使用英语等外语进行教学

按照“教育面向现代化、面向世界、面向未来”的要求，为适应经济全球化和科技革命的挑战，本科教育要创造条件使用英语等外语进行公共课和专业课教学。对高新技术领域的生物技术、信息技术等专业，以及为适应我国加入 WTO 后需要的金融、法律等专业，更要先行一步，力争三年内，外语教学课程达到所开课程的 5%－10%。暂不具备直接用外语讲授条件的学校、专业，可以对部分课程先实行外语教材、中文授课，分步到位。

九、大力提倡编写、引进和使用先进教材

教材的质量直接体现着高等教育和科学研究的发展水平，也直接影响本科教学的质量。高等学校要结合学科、专业的调整，加快教材的更新换代。对于信息科学、生命科学等发展迅速、国际通用性、可比性强的学科和专业可以直接引进先进的、能反映学科发展前沿的原版教材。鼓励使用“面向 21 世纪课程教材”、“九五”国家重点教材和教学指导委员会推荐的教材。理工类、财经政法类和农林医药类专业使用近 3 年出版新教材的比例应达到 50%左右。

建立科学的高校教材编写、评价和选用制度，鼓励有条件的高等学校编写具有特色的高水平教材、讲义，防止教材编写上的低水平重复，杜绝质量低劣的教材进入课堂。

十、应用现代教育技术提升教学水平

在教学活动中应用现代信息技术，是提高本科教学质量的重要手段和措施。高校的人才培养、教学的手段和方法必须适应信息技术发展的要求。高等学校要加强校园网、电子图书馆、多媒体教室等数字化教学环境的建设，为广大教师和学生使用信息技术创造条件。国家重点建设的高等学校所开设的必修课程，使用多媒体授课的课时比例应达到 30%以上，其他高等学校应达到 15%以上。

十一、进一步加强实践教学，注重学生创新精神和实践能力的培养

实践教学对于提高学生的综合素质、培养学生的创新精神与实践能力具有特殊作

用。高等学校要重视本科教学的实验环节，保证实验课的开出率达到本科教学合格评估标准，并开出一批新的综合性、设计性实验。文科学生要按专业要求参加必要的社会实践。要根据科技进步的要求，注重更新实验教学内容，提倡实验教学与科研课题相结合，创造条件使学生较早地参与科学研究和创新活动。学校的各类实验室、图书馆要对本科生开放，打破学科壁垒，加强统筹建设和科学管理，实现资源共享，提高使用效率。要建立和完善校内外实习基地，高度重视毕业实习，提高毕业设计、毕业论文的质量。

实验设备未达标的高等学校要抓紧建设，争取在两年内使实验设备达到本科教学合格评估标准。

十二、建立健全教学质量监测和保证体系

政府和社会监督与高校自我约束相结合的教育质量监测和保证体系，是提高本科教育质量的基本制度保障。各级教育行政部门要建立科学有效的本科教育质量评估和宏观监测的机制。教育部拟将进一步修改和完善高等学校本科教学评估指标体系，并适时开展本科教学工作的评估、检查；加强对不同层次、不同类型高等学校教学质量监测的分类指导；引导和规范社会评估高等学校人才培养质量的活动。高等学校要根据新世纪人才培养的要求，不断深化教学管理制度的改革，优化教学过程控制；建立用人单位、教师、学生共同参与的教学质量内部评估和认证机制；建立有利于加强提高本科教学的人事、劳动和分配制度。

各地教育行政部门和高等学校要从本地区、学校的实际情况出发，制订相应的具体措施和办法，创造性地贯彻本文件精神，把本科教育质量提高到一个新水平，为现代化建设作出更大贡献。

中华人民共和国教育部

二〇〇一年八月二十八日

附录Ⅷ

教育部关于开展高等学校实验教学示范中心建设和评审工作的通知

教高［2005］8号

各省、自治区、直辖市教育厅（教委），部属各高等学校：

为贯彻落实国务院批转教育部《2003－2007年教育振兴行动计划》和教育部第二次普通高等学校本科教学工作会议的精神，推动高等学校加强学生实践能力和创新能力的培养，加快实验教学改革和实验室建设，促进优质资源整合和共享，提升办学水平和教育质量，我部决定在高等学校实验教学中心建设的基础上，评审建立一批国家级实验教学示范中心，现就有关事项通知如下：

一、建设目标

实验教学示范中心的建设目标是：树立以学生为本，知识传授、能力培养、素质提高协调发展的教育理念和以能力培养为核心的实验教学观念，建立有利于培养学生实践能力和创新能力的实验教学体系，建设满足现代实验教学需要的高素质实验教学队伍，建设仪器设备先进、资源共享、开放服务的实验教学环境，建立现代化的高效运行的管理机制，全面提高实验教学水平。为高等学校实验教学提供示范经验，带动高等学校实验室的建设和发展。

国家级实验教学示范中心采取学校自行建设、自主申请，省级教育行政部门选优推荐，教育部组织专家评审的方式产生。从2005年至2007年，分批建立100个左右国家级实验教学示范中心。各省、自治区、直辖市应建立省级实验教学示范中心，形成国家级、省级两级实验教学示范体系。

二、建设内容

实验教学示范中心应以培养学生实践能力、创新能力和提高教学质量为宗旨，以实验教学改革为核心，以实验资源开放共享为基础，以高素质实验教学队伍和完备的实验条件为保障，创新管理机制，全面提高实验教学水平和实验室使用效益。

国家级实验教学示范中心主要应具有：

1. 先进的教育理念和实验教学观念

学校教育理念和教学指导思想先进，坚持传授知识、培养能力、提高素质协调发展，注重对学生探索精神、科学思维、实践能力、创新能力的培养。重视实验教学，从根本上改变实验教学依附于理论教学的传统观念，充分认识并落实实验教学在学校人才培养和教学工作中的地位，形成理论教学与实验教学统筹协调的理念和氛围。

2. 先进的实验教学体系、内容和方法

从人才培养体系整体出发，建立以能力培养为主线，分层次、多模块、相互衔接的科学系统的实验教学体系，与理论教学既有机结合又相对独立。实验教学内容与科研、工程、社会应用实践密切联系，形成良性互动，实现基础与前沿、经典与现代的有机结合。引入、集成信息技术等现代技术，改造传统的实验教学内容和实验技术方法，加强综合性、设计性、创新性实验。建立新型的适应学生能力培养、鼓励探索的多元实验考核方法和实验教学模式，推进学生自主学习、合作学习、研究性学习。

3. 先进的实验教学队伍建设模式和组织结构

学校重视实验教学队伍建设，制定相应的政策，采取有效的措施，鼓励高水平教师投入实验教学工作。建设实验教学与理论教学队伍互通，教学、科研、技术兼容，核心骨干相对稳定，结构合理的实验教学团队。建立实验教学队伍知识、技术不断更新的科学有效的培养培训制度。形成一支由学术带头人或高水平教授负责，热爱实验教学，教育理念先进，学术水平高，教学科研能力强，实践经验丰富，熟悉实验技术，勇于创新的实验教学队伍。

4. 先进的仪器设备配置思路和安全环境配置条件

仪器设备配置具有一定的前瞻性，品质精良，组合优化，数量充足，满足综合性、设计性、创新性等现代实验教学的要求。实验室环境、安全、环保符合国家规范，设计人性化，具备信息化、网络化、智能化条件，运行维护保障措施得力，适应开放管理和学生自主学习的需要。

5. 先进的实验室建设模式和管理体制

依据学校和学科的特点，整合分散建设、分散管理的实验室和实验教学资源，建设面向多学科、多专业的实验教学中心。理顺实验教学中心的管理体制，实行中心主任负责制，统筹安排、调配、使用实验教学资源和相关教育资源，实现优质资源共享。

6. 先进的运行机制和管理方式

建立网络化的实验教学和实验室管理信息平台，实现网上辅助教学和网络化、智能化管理。建立有利于激励学生学习和提高学生能力的有效管理机制，创造学生自主实验、个性化学习的实验环境。建立实验教学的科学评价机制，引导教师积极改革创新。建立实验教学开放运行的政策、经费、人事等保障机制，完善实验教学质量保证体系。

7. 显著的实验教学效果

实验教学效果显著，成果丰富，受益面广，具有示范辐射效应。学生实验兴趣浓厚，积极主动，自主学习能力、实践能力、创新能力明显提高，实验创新成果丰富。

8. 显明的特色

根据学校的办学定位和人才培养目标，结合实际，积极创新，特色显明。

三、国家级实验教学示范中心的评审

（一）评审范围

国家级实验教学示范中心评审面向全国各类本科院校，一般应是承担多学科、多专业实验教学任务的公共基础实验教学中心、学科大类基础实验教学中心和学科综合实验中心，重点是受益面大、影响面宽的基础实验教学中心。以物理、化学、生物、力学、机械、电子、计算机、医学、经济管理、传媒、综合性工程训练中心等学科和类型为主。

（二）申报要求

1. 申报条件。申报国家级实验教学示范中心，应为高等学校校、院级管理的实验教学中心，教学覆盖面广，形成规模化的实验教学环境，具备网上开放教学、开放管理的条件，具有高水平教授负责、组合优化的实验教学团队，教学效果突出。

2. 申报程序。国家级实验教学示范中心的申报，由学校向学校所在地省级教育行政部门提出申请，经省、自治区、直辖市教育行政部门组织专家评选汇总后，统一向教育部申报。

3. 申报材料。国家级实验教学示范中心申报材料包括申请书和相关支持材料（如实验教学中心录像，典型教学案例录像，典型教材样本、多媒体课件等）。

（三）评审方式

1. 评审方式。教育部根据不同学科、不同类型实验教学中心申报的情况，组织专家采取网络评议、集中评审、学校答辩、现场考察等不同方法相结合的方式进行评审。

2. 受理机构。国家级实验教学示范中心申报受理、组织评审和年度评审工作的具体部署由教育部高等教育司负责。

四、国家级实验教学示范中心的设立

通过教育部组织评审的高等学校实验教学中心，经网上公示后，授予“国家级实验教学示范中心”称号，予以公布。国家级实验教学示范中心应上网展示主要内容，承担相应的培训，宣传推广经验，扩大受益面，充分发挥其在全国范围的示范辐射作用。

国家级实验教学示范中心每五年进行复审。其间，实行年度报告上网公布，并视情况进行中期检查或抽查。对不合格者将取消“国家级实验教学示范中心”称号。

各省、自治区、直辖市教育行政部门和高等学校要高度重视这项工作，根据本通知精神和本地区、本学校的实际情况，科学规划，加大投入，加强领导，精心组织，尽快启动实验教学示范中心的建设和评审工作。

中华人民共和国教育部

二〇〇五年五月十二日

附录Ⅸ

教育部国家环境保护总局关于加强高等学校实验室排污管理的通知

教技［2005］3号

各省、自治区、直辖市教育厅（教委）、环保局，教育部属各高等学校：

随着高等教育的发展和高校科技创新能力的提升，高校实验室的科研教学活动更加频繁，实验室废气、废液、固体废弃物等的排放及其污染问题日渐凸现，越来越引起社会的关注。为规范和加强高校实验室排污管理工作，防止实验室废物污染危害环境，维护环境和公共安全，保障人民身体健康，促进建立和谐型社会，特通知如下：

一、地方各级教育行政部门和环境保护行政主管部门要提高对高校实验室排污管理工作的认识，切实加强领导和协调配合，将高校实验室、试验场等排污纳入环境监督管理范围，做到部署具体，措施到位，监管有效。

二、地方各级教育行政部门要建立健全高校实验室排污管理制度，指导、监督所在地高校实验室按照国家有关环境保护的法律法规，加强实验过程中的废气、废液、固体废物、噪声、辐射等污染防治工作，积极支持有利于环境与资源保护的实验技术和方法的研究、开发以及示范和推广工作。

三、地方各级环境保护行政主管部门，应对本辖区高校实验室严格执行排污申报登记制度、危险废物污染监控与处置制度、新化学物质环境管理制度、放射源与射线装置安全许可制度等，要全面做到稳定达标排放，有效防治高校实验室排污对环境和公众安全的影响，协同促进高等教育和科技事业的健康发展。

四、各高校应切实履行国家、地方环境保护法规和制度，落实专人负责环境保护工作，建立健全本校实验室排污管理规章制度和环境保护责任制，加强相关科研人员、研究生的环保教育和培训工作，把环境保护工作、尤其是实验室排污管理纳入学校日常工作计划，将实验室污染防治费用纳入学校年度预算。

实验室应定期登记和汇总本实验室各类试剂采购的种类和数量，存档、备查并报当地环境保护行政主管部门。实验室科研教学活动中产生和排放的废气、废液、固体废物、噪声、放射性等污染物，应按环境保护行政主管部门的要求进行申报登记、收集、运输和处置。严禁把废气、废液、废渣和废弃化学品等污染物直接向外界排放。

废气、废液、固体废物、噪声、放射性等污染物排放频繁、超出排放标准的实验室，应安装符合环境保护要求的污染治理设施，保证污染治理设施处于正常工作状态并达标排放。不能自行处理的废弃物，必须交由环境保护行政主管部门认可、持有危险废物经营许可证的单位处置。

危险废物的暂存、交换、运送和处置，应严格执行转移联单制度，接触危险物品的实验室器皿、包装物等，必须完全消除危害后，才能改为他用或废弃。

对使用性质调整、改变或废弃的实验室、试验场等，应在彻底消除污染隐患后，向当地环境保护行政主管部门登记备案；禁止将废弃药品以及已受污染的场地、建筑物、设备、器皿等转移给不具备污染治理条件的单位或个人使用；禁止丢弃有毒有害固体废物、废液等。

五、提倡实验室采用无毒、无害或者低毒、低害的试剂，替代毒性大、危害严重的试剂；采用试剂利用率高、污染物产生量少的实验方法和设备；应尽可能减少危险化学物品和生物物品的使用；必须使用的，要采取有效的措施，降低排放量，并分类收集和处理，以降低其危险性。鼓励高校实验室之间建立信息共享、试剂交换机制，尽可能地提高利用率，最大限度地降低试剂库存发生污染的危险。

六、提倡各高校，按照国家有关环境管理体系认证的规定，向国家认证认可监督管理部门授权的认证机构提出认证申请，通过环境管理体系认证，提高学校和实验室环境管理水平。

七、有污染物排放的实验室、试验场要建立环境污染事故预防和应急体系及报告机制，制定突发环境污染事件应急预案并配备应急设备，防止环境污染事故的发生。

八、对实验室污染防治措施不得力，造成污染的实验室，根据情节轻重，教育行政部门会同环境保护行政主管部门按有关规定，对学校及其相关实验室进行处理并通报；违反法律、法规的，依法给予处罚，并追究有关当事人法律责任。

中华人民共和国教育部　中华人民共和国环境保护总局

二〇〇五年七月二十六日

附录X

教育部财政部关于实施高等学校本科教学质量与教学改革工程的意见

教高〔2007〕1号

各省、自治区、直辖市教育厅（教委）、财政厅（局），新疆生产建设兵团教育局、财务局，有关部门（单位）教育、财务司（局），部属各高等学校：

为全面贯彻落实科学发展观，切实把高等教育重点放在提高质量上，经报国务院同意，教育部、财政部决定实施“高等学校本科教学质量与教学改革工程”（以下简称质量工程），现就该工程的实施提出如下意见。

一、实施质量工程的重要意义

（一）高等教育肩负着培养数以千万计的高素质专门人才和一大批拔尖创新人才的重要使命。提高高等教育质量，既是高等教育自身发展规律的需要，也是办好让人民满意的高等教育、提高学生就业能力和创业能力的需要，更是建设创新型国家、构建社会主义和谐社会的需要。党和政府高瞻远瞩，立足于我国高等教育实际，站在实现中华民族伟大复兴的历史高度，做出了把高等教育的重点放在提高质量上的重要决策，这对实现我国经济社会全面协调可持续发展具有重要的历史意义和现实意义。

（二）近年来，高等教育规模快速发展，质量有了较大的提高，为我国经济社会的快速、健康和可持续发展以及高等教育自身的改革发展做出了巨大贡献。但是，高等教育质量还不能完全适应经济社会发展的需要，不少高校的专业设置和结构不尽合理，学生的实践能力和创新精神亟待加强，教师队伍整体素质亟待提高，人才培养模式、教学内容和方法需要进一步转变。因此，迫切需要采取切实有效的措施，进一步深化高等学校教学改革，提高人才培养的能力和水平，更好地满足经济社会发展对高素质创新性人才的需要。

（三）实施质量工程，是坚持科学发展观，全面落实党中央、国务院战略决策和部署的重要举措，是落实科教兴国战略和人才强国战略的重要组成部分。质量工程以提高高等学校本科教学质量为目标，以推进改革和实现优质资源共享为手段，按照“分类指导、鼓励特色、重在改革”的原则，加强内涵建设，提升我国高等教育的质量和整体实力。质量工程充分考虑了提高教学质量的系统性和复杂性，确定了具有基础性、全局性、引导性的项目作为改革的突破口，以调动广大高校的积极性和主动性，引导高等学校教育教学改革的方向。质量工程的实施，对于扩大优质教育资源受益面，形成重视教学、重视质量的良好环境和管理机制，实现高等教育规模、结构、质量和效益协调发展，具有十分重要的意义。

（四）实施质量工程，需要调动政府、学校和社会各方面的力量，把发展高等教育的积极性引导到提高质量上来。各地要加强对高等教育工作的领导，充分利用各方面力量支持高等学校的发展，切实解决高等学校在提高质量方面的实际问题，为高等学校办学创造良好的外部环境。各地教育行政部门和高等学校要强化教学质量的“一把手责任”，把更大精力、更多财力投入到提高教学质量上，要根据当前高等教育改革和发展的新形势、新任务，围绕影响高等学校教学质量的主要方面，明确目标要求，制定具体政策，扎实推进质量工程。

二、指导思想与建设目标

（一）指导思想

坚持以邓小平理论和“三个代表”重要思想为指导，全面落实科学发展观，全面贯彻党的教育方针，全面推进素质教育；坚持“巩固、深化、提高、发展”的方针，遵循高等教育的基本规律，牢固树立人才培养是高校的根本任务、质量是高校的生命线、教学是高校的中心工作的理念；按照分类指导、注重特色的原则，加大教学投入，强化教学管理，深化教学改革，提高人才培养质量。

（二）建设目标

通过质量工程的实施，使高等学校教学质量得到提高，高等教育规模、结构、质量、效益协调发展和可持续发展的机制基本形成；人才培养模式改革取得突破，学生的实践能力和创新精神显著增强；教师队伍整体素质进一步提高，科技创新和人才培养的结合更加紧密；高等学校管理制度更加健全；高等教育在落实科教兴国和人才强国战略，建设创新型国家、构建社会主义和谐社会中的作用得到更好的发挥，基本适应我国经济社会发展的需要。

三、建设内容

（一）专业结构调整与专业认证

根据科学技术发展的特点，紧密结合我国高等教育实际，研究建立适应国家经济与社会发展需要的本科专业设置和调整制度，制订指导性专业规范，构建专业设置预测机制，定期发布各类专业人才的规模变化和供求情况，为高校优化专业布局和调整人才培养结构提供指导。大力加强本科专业建设，按照优势突出、特色鲜明、新兴交叉、社会急需的原则，择优选择和重点建设 3000 个左右特色专业点，引导各级各类高等学校发挥自身优势，努力办出特色。积极探索专业评估制度改革，重点推进工程技术、医学等领域的专业认证试点工作，逐步建立适应职业制度需要的专业认证体系。

（二）课程、教材建设与资源共享

继续推进国家精品课程建设，遴选 3000 门左右课程，进行重点改革和建设，力争在教学内容、教学方法和手段、教学梯队、教材建设、教学效果等方面有较大改善，全面带动我国高等学校的课程建设水平和教学质量。启动“万种新教材建设项目”，加强新教材和立体化教材建设，鼓励教师编写新教材，积极做好高质量教材推广和新教材选用工作。积极推进网络教育资源开发和共享平台建设，建设面向全国高校的精品课程和立体化教材的数字化资源中心，建成一批具有示范作用和服务功能的数字化学习中心，实现精品课程的教案、大纲、习题、实验、教学文件以及参考资料等教学资源上网开放，为广大教师和学生提供免费享用的优质教育资源，完善服务终身学习的支持服务体系。开发网上考试系统，研究制订相关标准，逐步实现大学英语和网络教育全国统考课程的网上考试，创造安全、便捷、高效的考试平台。

（三）实践教学与人才培养模式改革创新

大力加强实验、实践教学改革，重点建设500个左右实验教学示范中心，推进高校实验教学内容、方法、手段、队伍、管理及实验教学模式的改革与创新。开展基于企业的大学生实践基地建设试点，拓宽学生的校外实践渠道。实施大学生创新性实验计划，支持15000个由优秀学生进行的创新性试验，促进学生自主创新兴趣和能力的培养。择优选择500个左右人才培养模式创新实验区，推进高等学校在教学内容、课程体系、实践环节等方面进行人才培养模式的综合改革，以倡导启发式教学和研究性学习为核心，探索教学理念、培养模式和管理机制的全方位创新。继续开展大学生竞赛活动，重点资助在全国具有较大影响和广泛参与面的大学生竞赛活动，激发大学生的兴趣和潜能，培养大学生的团队协作意识和创新精神。

（四）教学团队与高水平教师队伍建设

加强本科教学团队建设，重点遴选和建设一批教学质量高、结构合理的教学团队，建立有效的团队合作的机制，推动教学内容和方法改革和研究，促进教学研讨和教学经验交流，开发教学资源，推进教学工作的老中青相结合，发扬传、帮、带的作用，加强青年教师培养。鼓励和支持校内及聘请国内外著名专家学者和高水平专业人才承担教学任务和开设讲座，推动双语教学课程建设，探索有效的教学方法和模式，切实提高大学生的专业英语水平和直接使用英语从事科研的能力。每年评选100名高等学校教学名师奖获得者，大力表彰在教学和人才培养领域做出突出贡献的教师。

（五）教学评估与教学状态基本数据公布

加强和改进高校本科教学工作评估，以评促建，以评促改，评建结合，重在建设，促进学校强化教学管理、深化教学改革、提高教学质量。研究制定高等学校分类指导、分类评估的政策和制度，引领高等学校合理定位，发挥优势，办出水平，办出特色。建立高等学校教学基本状态数据检测体系，定期采集各类高等学校本科教学基本状态信息和数据，统计和分析高等学校教学基本状态和变化趋势，逐步将教学质量和教学改革的数据向社会公布。

（六）对口支援西部地区高等学校

推进对口支援西部高校工作，促进东部和西部高等教育的协调发展。重点资助受援高校教师到支援高校进行半年以上的进修提高。在对口支援高校中实行干部交流制度，资助一批受援高校教学管理干部到对口支援高校学习锻炼，交流管理经验，提高受援高校的教学管理水平。

四、建设资金与组织管理

（一）质量工程由中央财政专项支持。专项资金按照统一规划、单独核算、专款专用的原则，实行项目管理。财政部、教育部将联合制订《高等学校本科教学质量和教学改革工程专项资金管理办法》（另发）。项目承担学校根据专项资金管理办法，具体负责经费的使用和管理。

（二）鼓励各地方、各部门和高校发挥自身特点，在中央重点支持项目的基础上，积极筹措资金支持质量工程项目的实施。

（三）教育部、财政部成立质量工程领导小组，协商决定质量工程的重大方针政策和总体规划。领导小组下设办公室，具体负责质量工程的日常工作。项目承担学校应指定相关部门作为专门机构，统筹负责本校质量工程项目的规划和实施。

（四）质量工程领导小组办公室根据质量工程建设目标和任务，制订和发布项目指南，确定项目遴选标准和基本条件，聘任评审专家，组织评审立项。项目采用学校先行立项建设、各省（自治区、直辖市）择优推荐、领导小组办公室组织评审立项、后补助建设经费的方式进行。通过这种方式，形成学校、地方和中央三级立项建设的体系，引导和带动学校和地方教育行政部门加强质量建设工作，扩大质量工程的影响。

（五）项目承担学校按照统一部署，根据质量工程的总体目标和任务，依据所承担项目的要求，在充分调查研究论证的基础上，结合学校的特色和办学定位，以改革创新促进发展的思路，确定项目建设实施方案，组织项目实施，并保证项目建设达到预期成效。

（六）质量工程领导小组办公室将加强对质量工程建设项目的检查、审计和绩效评估，并根据检查、审计、评估的结果，对有关高等学校的项目和资金进行调整。建设项目完成后，组织专家会同相关部门组织验收。充分发挥质量工程的示范和带动作用，把教学质量与教学改革作为高校评价的一项重要内容，从而更好地促进全国高校在提高教学质量、深化教学改革方面工作的开展。

中华人民共和国教育部　中华人民共和国财政部

二〇〇七年一月二十二日

附录XI

教育部关于进一步深化本科教学改革全面提高教学质量的若干意见

教高〔2007〕2号

各省、自治区、直辖市教育厅（教委），新疆生产建设兵团教育局，有关部门（单位）教育司（局），部属各高等学校：

为贯彻落实党中央、国务院关于高等教育要全面贯彻科学发展观，切实把重点放在提高质量上的战略部署，现就今后一段时期进一步深化高等教育本科教学改革，全面提高教学质量的工作提出以下意见。

一、全面贯彻落实科学发展观，进一步加强对教学工作的领导和管理

1. 切实加强对教学工作的领导。人才培养是学校的根本任务，质量是学校的生命线，教学是学校的中心工作。教育行政部门和高等学校要高度重视教学工作，加大教学投入，强化教学管理，深化教学改革，采用各种措施确保教学工作的中心地位，把提高教学质量工作落到实处。要把教学质量作为考核学校党政一把手和领导班子的重要指标。要加强高等学校教学管理组织建设，完善由校长负责、教务处牵头、院系为基础、各职能部门协调配合的本科教学管理组织体系。

2. 按照把重点放在提高质量上的要求，进一步加强教学管理制度建设。正确处理规模、结构、质量和效益之间的关系，进一步加强和推动各项教学管理制度建设。通过制度建设，进一步树立全员育人思想和好的教风，规范教师与管理人员教书育人活动和岗位职责，充分调动广大教师和管理人员的积极性；进一步端正学风，调动广大学生的学习积极性和主动性，强化对课堂、实验、社会实践、毕业设计等教学各环节的管理，保证正常教学秩序和教学质量。

3. 进一步加大对教学工作的经费投入，切实保证教学工作所需的各项经费。要按照教育部《关于进一步加强高等学校本科教学工作的若干意见》（教高［2005］1号）的有关规定，调整经费支出结构，加大对教学工作的经费投入，切实保证教学工作必需的各项经费。要进一步加强对实验实践、图书资料等教学基本条件的投入，加大对教学改革所需经费的支出力度。

4. 树立科学的质量观，促进学生德智体美全面发展。全面贯彻党的教育方针，坚持育人为本，德育为先，深入实施素质教育，培养适应经济社会发展需要的数以千万计的专门人才和一大批拔尖创新人才。高等学校要根据经济社会发展需要，科学定位，办出水平，办出特色。要切实加强大学生的思想政治教育，把社会主义核心价值体系融入大学教育全过程。要深化教育改革，提高教育质量，着力培养有理想、有道德、有文化、有纪律的大学生，要努力提高大学生的学习能力、创新能力、实践能力、交流能力

和社会适应能力。

二、适应国家经济社会发展需要，加强专业结构调整

5. 以社会需求为导向，合理设置学科专业。要从国家经济社会发展对人才的实际需求出发，加大专业结构调整力度，优化人才培养结构。研究建立人才需求的监测预报制度，定期发布高等教育人才培养与经济社会需求状况，引导高等学校及时设置、调整专业和专业方向，密切与社会用人单位的联系，培养满足国家经济社会需要的各种专门人才。要根据国家对各专业建设的要求，在进一步拓宽专业口径的基础上，大力倡导在高年级灵活设置专业方向。要大力培育优势明显、特色鲜明的本科专业，加大建设力度，逐步形成专业品牌和特色。设置新的本科专业，要进行科学论证，严格履行必要程序，充分考虑职业岗位和人才需求，要有成熟的学科支撑，符合学校的办学目标和办学定位，拥有相配套的师资条件、教学条件和图书资料等，并投入必需的开办经费，加强对新设置专业的建设和管理。

6. 密切与产业和行业的联系，加强紧缺人才培养。高等学校要根据我国经济社会发展，尤其是相关产业和行业对专门人才的实际需求，加强紧缺人才培养工作。要加强与产业和行业的结合，充分发挥行业主管部门和企业的作用，加大紧缺人才培养力度，为产业部门提供人才和智力支持。各级教育行政部门要采取政策引导、信息发布、行政规范等多种措施，加强对特殊专业的宏观调控和管理，保护特殊专业、国防急需专业、面向艰苦地区和行业的专业，扶持和培育国家急需的新兴专业。

三、深化教育教学改革，全面加强大学生素质和能力培养

7. 深化教学内容改革，建立与经济社会发展相适应的课程体系。要坚持知识、能力和素质协调发展，继续深化人才培养模式、课程体系、教学内容和教学方法等方面的改革，实现从注重知识传授向更加重视能力和素质培养的转变。要根据经济社会发展和科技进步的需要，及时更新教学内容，将新知识、新理论和新技术充实到教学内容中，为学生提供符合时代需要的课程体系和教学内容。要大力推进教学方法的改革，提倡启发式教学，注重因材施教。要优化课程结构，构建以核心课程和选修课程相结合、有利于学科交叉与融合的课程体系。

8. 推进人才培养模式和机制改革，着力培养学生创新精神和创新能力。要采取各种措施，通过推进学分制、降低必修课比例、加大选修课比例、减少课堂讲授时数等，增加学生自主学习的时间和空间，拓宽学生知识面，增强学生学习兴趣，完善学生的知识结构，促进学生个性发展。创造条件，组织学生积极开展社会调查、社会实践活动，参与科学研究，进行创新性实验和实践，提升学生创新精神和创新能力。全面推广和广泛使用“国家精品课程”，积极鼓励高等学校之间的跨校选修课程机制，加强高等学校之间学分互认等，使学生享受更多的优质教学资源，并逐步实现教学资源共享机制稳定化、常规化。

9. 高度重视实践环节，提高学生实践能力。要大力加强实验、实习、实践和毕业设计（论文）等实践教学环节，特别要加强专业实习和毕业实习等重要环节。列入教学

计划的各实践教学环节累计学分（学时），人文社会科学类专业一般不应少于总学分（学时）的15%，理工农医类专业一般不应少于总学分（学时）的25%。推进实验内容和实验模式改革和创新，培养学生的实践动手能力、分析问题和解决问题能力。要加强产学研密切合作，拓宽大学生校外实践渠道，与社会、行业以及企事业单位共同建设实习、实践教学基地。要采取各种有力措施，确保学生专业实习和毕业实习的时间和质量，推进教育教学与生产劳动和社会实践的紧密结合。

10. 进一步推进和实施大学英语教学改革。要全面推广大学英语教学改革成果，充分运用优质教学软件和教学资源，深化大学英语教学内容和教学方法改革，推动高校建立网络环境下的英语教学新模式，切实促进大学生英语综合应用能力，尤其是听说能力的提高。加强大学英语师资培训，造就一批大学英语教学改革的骨干教师。推进大学英语四、六级考试改革，研究建立四、六级网络考试系统。鼓励开展双语教学工作，有条件的高等学校要积极聘请国外学者和专家来华从事专业课程的双语教学工作，鼓励和支持留学回国人员用英语讲授专业课程，提高大学生的专业英语水平和能力。

11. 大力推进文化素质教育，营造良好的育人环境。要把人文教育和科学教育融入到人才培养的全过程，把德育、智育、体育、美育有机结合起来，落实到教育教学的各环节，通过文理交叉、学科融合，实现课程的有机结合，促进大学生综合素质的全面提高。寓教育于文化活动之中，积极支持高校学生组织开展丰富多彩、积极向上的学术、科技、体育、艺术和娱乐活动。要在师生中广泛开展践行社会主义荣辱观教育，把高等学校建成引领社会主义新风尚的精神家园。

12. 加强人才培养的国际合作。要不断加大与国外高水平大学合作培养人才的力度，积极探索国内外共同培养高素质创新人才的有效途径。要积极引进国外大学优质的教学资源，研究和借鉴先进的教学方法和手段，为提高我国人才培养质量服务。要大力引进国外优秀专家学者来华授课或开展教学领域的交流和研究活动。要制订学分互认的政策，积极鼓励大学生到国外大学选修课程学分和学习交流，拓宽学生的国际视野。

四、加大教师队伍建设力度，发挥教师提高教学质量的重要作用

13. 坚持教授上讲台，保证为学生提供高质量教学。教书育人是教师的天职，教学是教师的首要工作，教师是提高教学质量的根本保证。要把为本科生授课作为教授、副教授的基本要求。不承担本科教学任务者不得被聘为教授、副教授职务。被聘为教授、副教授后，如连续两年不为本科生授课，不得再聘任其教授、副教授职务。要发挥教授、副教授在教学改革中的主力军作用，积极鼓励教授、副教授投身教学改革，改进教学内容和教学方法，大力推进启发式教学，不断取得高水平教学改革成果。要重视兼职教师队伍建设，积极聘请国内外著名专家学者和高水平专业人才承担教学任务和开设讲座。

14. 进一步建立和完善青年教师助教制度，不断提升青年教师的教育教学能力。要建立和完善青年教师助教制度，使青年教师通过为教授、副教授的主讲课程进行辅导，学习先进的教学方法，积累教学经验，提升教书育人水平。未被聘为副教授的青年教师，原则上不得作为基础课程和主要专业课程的主讲教师。要加大青年教师培养与培训的工作力度，支持青年教师到企事业单位进行产学研合作、参加国内外进修和学术会议、与其他高等学校教师交流经验等，提高青年教师的素质和水平。新聘任的青年教师要有一定时间从事辅导员、班主任工作，提高他们教书育人的责任感和使命感。

15. 建设教学团队，培养可持续发展的教学队伍。教学是一项系统性很强的工作。要根据教学改革和教学任务需要，建设由教学水平高、学术造诣深的教授领衔，由教授、副教授、讲师、助教及教辅人员组成的教学团队。鼓励高等学校创建跨学科的教学团队。要通过创建教学团队，研究和改革教学内容，开发教学资源，开展启发式教学、讨论式教学和案例教学等教学方法改革，促进教学研讨、教学经验交流。要充分发挥教研室在开展教学讨论、交流教学经验、研究教学改革中的作用。

五、加强教学评估，建立保证提高教学质量的长效机制

16. 进一步加强高等学校教学评估工作。教育部将根据国家对提高高等教育质量的新要求，继续开展并不断完善高等学校教学质量定期评估制度，把教学评估的结果作为衡量高等学校办学水平的重要指标，以评促建、以评促改、重在促进教学工作、重在提高教学质量。建立高等学校教学基本状态数据年度统计和公布制度，并作为教学工作评估的重要依据。积极开展专业评估和工程教育认证、医学教育认证等试点工作，逐步建立高等学校、政府和社会共同参与的中国高等教育质量保障体系。

17. 进一步完善高等学校的内部质量监控和评价体系。各高等学校要进一步加强教学质量监控，建立用人单位、教师、学生共同参与的学校内部质量保障与评价机制，形成社会和企业对课程体系与教学内容的评价制度、课堂教学评估制度、实践教学评估制度、领导和教师听课制度、同行评议制度、学生定期反馈制度及教学督导制度等，加强对人才培养过程的管理。完善教师、院系、学校三级质量保障机制，逐步建立保证教学质量不断提高的长效机制。

六、加强教学基础建设，提高人才培养的能力和水平

18. 加强教学实验室和校内实习基地的建设。要根据培养学生动手和实践能力需要，不断改善实验和实习教学条件，采用多种方法改造和更新实验设备，提高实验设备的共享程度和使用效率，为教学提供必要的实验和实习条件。要进一步加强科学研究和教学实验的结合，推进实验教学内容、方法、手段及人才培养模式的改革与创新。要加强实验和实习教师队伍建设，通过政策引导，吸引高水平教师从事实验和实习教学工作。

19. 把信息技术作为提高教学质量的重要手段。信息技术正在改变高等教育的人才培养模式。高等学校要在教学活动中广泛采用信息技术，不断推进教学资源的共建共享，逐步实现教学及管理的网络化和数字化。要进一步培养和提高教师制作和使用多媒体课件、运用信息技术开展教学活动的能力，培养和提高本科生通过计算机和多媒体课件学习的能力，以及利用网络资源进行学习的能力。

20. 进一步加强教材建设。要采取有效措施鼓励教师编写国家规划教材和各种创新

教材。积极参与“马克思主义理论研究与建设工程”，努力建设以马克思主义为指导的中国特色中国风格中国气派的哲学社会科学教材体系。要加强纸质教材、电子教材和网络教材的有机结合，实现教材建设的立体化和多样化。

各级教育行政部门和高等学校要根据本意见精神，及时制定本地区、本学校的具体措施和办法，加大教学投入，强化教学管理，深化教学改革，提高教学质量。

中华人民共和国教育部

二〇〇七年二月十七日